Jörg Bremer POLEN

Jörg Bremer

POLEN
Alltag, Stolz und Hoffnung

Mit einem Nachwort von
Berthold Beitz

westermann

CIP-Kurzaufnahme der Deutschen Bibliothek

Bremer, Jörg:
Polen: Alltag, Stolz u. Hoffnung / Jörg Bremer.
Mit e. Nachw. von Berthold Beitz. – Braunschweig: Westermann 1987.
ISBN 3-07-508894-3

1. Auflage 1987
Schutzumschlag: Gerd Gücker, Braunschweig
Satz: Hagedorn GmbH, Braunschweig
Reproduktionen: büscherrepro bielefeld gmbh
Druck und Bindung: westermann druck GmbH, Braunschweig

ISBN 3-07-**508894**-3

Widmung
Einen Dank an Marcin,
Janusz, Celina und Krystyna,
Witold, Hanka, Slawka,
Stanek, Tadeusz, Lech,
Wojtek ...

Inhaltsverzeichnis

Botschafter – und doch nicht Diplomaten

So hatte ich mir den lieben Gott vorgestellt, der alles weiß. Grausilbern und lang war sein Vollbart, und von seinen Augen ging ein Strahlen aus. Ludwig Zimmerer berichtete seit 1956 für verschiedene Zeitungen und Rundfunksender aus Warschau. Fast fluchtartig hatte er die Bundesrepublik verlassen und grub von da an seine Wurzeln ins polnische Leben. Er nahm Polens Frauen, Wodka, Lebensgefühl und Gewohnheiten an. Neben ihm berichtete für die „Frankfurter Allgemeine" seit 1957 Hansjakob Stehle, den 1962 Angela Nacken ersetzte, die in der dpa-Korrespondentin Renate Marsch-Potocka nach 1965 eine Kollegin und Freundin gewann. Dies Grüppchen wohnte erst im ehrwürdigen und heute geschlossenen Hotel „Bristol", dann in kleinen Zimmern im Pensionat „Zgoda". Das heißt Eintracht.

Während die deutsch-französische Zusammenarbeit schon zementiert wurde, blieb der andere Nachbar, Polen, fern. Das lag nicht nur an dem dort oktroyierten System. Polen war in den Geschichtsbüchern weniger wichtig, meist eh geteilt. Polen wurde nur chic, wenn es in Aufständen blutete. Polnische Landarbeiter waren geschätzt, polnische Grubenleute auch. Aber wer wußte von polnischen Dichtern und Schauspielern? Wer sang polnische Lieder? Und wenn sie angestimmt wurden, dann hielt man sie für deutsches Volksgut. Die Zeit, in der nur in Staatsnationen gedacht wurde, hatte die deutsch-polnische Verwandtschaft zugeschüttet. Die Leistungen deutscher Bürger für Polen in der Neuzeit gerieten in Vergessenheit.

Polens größter Dichter, Adam Mickiewicz, bemühte sich in Weimar um engeren Kontakt zu Goethe. Aber auch der nahm kaum Notiz. Die Sprache war Barriere und ist es bis heute. Europa kannte polnische Emigranten, aber die sprachen Französisch. Die schwärmten von ihrer Heimat, aber konnten nie dorthin einladen. Das handwerklich oberflächliche Tagebuch einer Polenreise von Alfred Döblin in den zwanziger Jahren wurde gelesen wie der Bericht über eine Exkursion von Sven Hedin. Deutsche Korrespondenten nach dem Zweiten Weltkrieg vertraten nicht nur eine Nation, die Unheil über Polen gebracht hatte. Sie mußten Jahrhunderte westlichen Hochmuts über den Osten überwinden. Auch für sie war polnische Kultur vielfach Neuland. Chopin – das schon; aber Szymanowski? Lutoslawski? Die Korrespondenten berichteten nicht nur von politischen Ereignissen; sie beschrieben den Umbruch von einer Adels- und Bauernkultur in eine Zivilisation nivellierter Kleinbürger. Sie wurden Zeugen, wie sich Osteuropa eines Teils von Mittel-Europa bemächtigte.

Die ersten Berichterstatter machten allein schon Politik, weil sie da waren. Sie prägten die Stimmung zwischen Polen und der Bundesrepublik mit. Sie leisteten ihren Beitrag zum Vertrag „über die Grundlagen der Normalisierung ihrer gegenseitigen Beziehungen" Anfang Dezember 1970. Noch in den fünfziger und sechziger Jahren war es unschicklich gewesen, überhaupt von Versöhnung zu reden. Da mußten erst katholische Intellektuelle wie Stanislaw Stomma und Wladyslaw Bartoszewski für Kontakte sorgen. Die katholische Kirche in Polen und die Protestanten in der Bundesrepublik wurden besonders aktiv. Westdeutsche Industrielle, der bekannteste ist Bertold Beitz, bauten erste Brücken. Schließlich trugen zum Vertragswerk auch Journalisten der anderen Seite bei, wie zum Beispiel Ryszard Wojna, der für die Warschauer Tageszeitung „Zycie Warszawy" in Bonn arbeitete oder Mieczyslaw Rakowski, damals bei der wichtigen Zeitschrift „Polityka": Heute ist er Vizemarschall des polnischen Parlaments (Sejm) stellvertretender Leiter des außenpolitischen Ausschusses.

Nach dem Vertrag im Dezember 1970 kamen – wenn auch eigenartig verspätet – die Diplomaten im September 1972 nach Warschau. Die Handelsvertretung wurde Botschaft. Und von da an wurde alles weniger unnormal. Die Vertretung fand ihre Bleibe, die sich jedoch bald als zu beengt erwies, gleich neben dem Heim von Ludwig Zimmerer in der Dabrowiecka, im einstmals feinsten Viertel von Saska Kepa. Nun gab es zwei Vertretungen der Bundesrepublik. Die ältere barg die größte Volkskunstsammlung Polens unter ihrem Dach, und die jüngere mußte sich allmählich beweisen. Aber man war und blieb aufeinander angewiesen. Ganz besonders im Winter 1981/1982, als General Jaruzelski das Kriegsrecht verhängte. Jeden Nachmittag um vier Uhr trafen sich die Korrespondenten beim Pressereferenten der Botschaft, Klaus Reiff. Meist ging Ludwig Zimmerer in Hauspantoffeln die paar Meter, einen abgetragenen Mantel über Wolljacke und Rollkragenpulli. Er verließ ungern sein Haus; die Leute sollten zu ihm kommen.

Erfreulich war in jenem Winter nur der reichliche Schnee. Die Soldaten auf den Straßen wärmten sich an Öfen, die aus einem Stahleimer bestanden, in dem Holz oder Koks brannte. An den Brücken über die Weichsel hatten sie Zelte aufgebaut. Manchmal fuhren Panzerwagen durch die Straßen. Zu Anfang gab es Demonstrationen in der Innenstadt oder in Praga; dann roch es nach Tränengas. Schlaflose Nächte bereiteten vor allem die Ereignisse, die sich in den Wohnungen abspielten: In vielen Familien fehlten plötzlich der Mann, der Bruder oder die Schwester. Die waren verhaftet, interniert - wie es hieß. Man hörte, sie frören in einem Massenlager bei Warschau-Bialoleka. Ludwig Zimmerer und ich besuchten den Regisseur Andrzej Wajda. Der packte Hilfspaktete für seine festgenommenen Freunde. Würden sie je ankommen? Wajda, der weltbekannte Mann des Films, hatte Angst.

Ausgangssperre herrschte erst von zehn, dann von elf Uhr abends an. Großzügig gestattete die Obrigkeit an Weihnachten und Sylvester Dispens. Ludwig Zimmerer saß zu Hause. Die Holzvögel seiner Sammlung starrten noch immer auf den viereckig grobhölzernen Tisch. Die „Christusse im Elend" trauerten weiter. In diesem Dunst von Holz, Staub und Zigaretten schien sich kaum etwas zu verändern. Ludwig schrieb über Polen. Viele hundert Seiten schienen schon gefüllt. Meist füllte er mit einem Bleistift Seite auf Seite. Aber er schrieb die selben Kapitel immer wieder neu. In einem Buch mit leeren Linien notierte er sich weitere Neuigkeiten: Namen von Verhafteten, Ereignisse, makabre Scherze dieser Tage. Die Leute kamen zu ihm, schütteten ihr Herz aus und erzählten. Er wußte Bescheid. Doch seine ständige Rede war: „Ich verstehe nichts."

Wenig später gehörte seine Tochter Kasia mit zu den Internierten. Und obwohl Ludwig schon vorher von den Geschehnissen in Polen betroffen war, jetzt traf ihn ein Schock. Er kannte seine Tochter: liebenswert, gescheit und unpolitisch. Sie war bestimmt kein Freund des Regimes. Aber konnte so eine für die Herren in Uniform zu einer Bedrohung werden, so daß man sie einsperrte? Das Kriegsrecht machte Ludwig zum Opfer. Aber auch alle anderen Beobachter teilten die Furcht der Polen und deren Betroffenheit, verstanden den feinen Tageshumor aus Schmerz und Trotz. Der Schock des Kriegsrechts riß alle mit und hob die Unterscheidung zwischen In- und Ausländern fast auf. Ludwig hatte gute Kontakte. Damals gehörte noch Mieczyslaw Rakowski als Vizepremier, ein Duzfreund aus den sechziger Jahren, zu den Mächtigen im Land. Ludwig bat ihn, für seine Tochter zu intervenieren. Die kam frei. Aber was half das schon? Der Aufbruch, die Erneuerung durch die „Solidarität" - das war vorbei. Das Leben sollte ins sozialistische Einheitsgrau zurück.

Die Spätergekommenen stellten Fragen an Ludwig. Doch der schüttelte nur seinen silbergrauen Vollbart. Er zog aufs Land, um allein zu sein. Eines Abends hörte er ein Divertimento von Mozart. Wenig später warf ihn ein Gehirnschlag zu Boden. Davon hat er sich nie mehr erholt. Wenn es ihm nicht einmal gelang, aus Polen klüger zu werden, das Wichtigste über dieses Land zusammenzufassen, dann soll man es gar nicht erst versuchen, sondern nur erzählen, wie Polen leben und was Deutsche und Polen miteinander verbindet:

Am Abend eines Sommertags. Der Korrespondent faßt zusammen. Nach etwa fünf Stunden in der Schlange vor dem Notariat war eine Unterschrift beglaubigt. Es fand sich ein Bett im Möbelladen, und das wurde sogar schon ausgeliefert. Es gibt kaum Hoffnung auf eine rasche Aussiedlung dieser deutschen Familie aus Beuthen - oder Bytom, wie es hier heißt. Den Leuten kann derzeit nicht geholfen werden. Aber ein mitleidig-aufmunternder Brief ließ sich schreiben. Bei der Botschaft wurden schnell zwei Visaanträge an der Schlange vorbei eingereicht. Das Telexgerät, das zwei Tage brachlag, ist repariert. So zwischen drei und drei Uhr dreißig war ich sogar noch journalistisch tätig. Aber mehr als eine einspaltige Meldung für die FAZ war nicht drin.

Man könnte seinen Morgen auch mit einer spannenden Zeitung und einem Capuccino im Bistro beginnen. Was für Träume, wenn man mit einem Packen gleichlautender Blätter und Graubrot den Tag beginnen muß. Auf den meisten Seiten dieselben Themen, und auch noch deren Wichtigkeit scheint abgesprochen. Der Parteichef hat mal wieder einen Betrieb besucht und offene Gespräche mit Arbeitern geführt. Im Geiste des anstehenden Parteitages werde man die Wirtschaftsreform energisch fortführen, gähnt ein Bericht von einer Konferenz nach. Es ist von der „Partei-Kampagne“ die Rede. Das Soldatenblatt schimpft wieder gegen den westdeutschen Revisionismus und Militarismus, der sich nun vollends dem amerikanischen Machtstreben in der Welt unterordne. Im übrigen sind allein in dieser Ausgabe fünf Fotos von Soldaten des Warschauer Pakts bei ihrer „Friedensarbeit“ abgedruckt.

Dann klingelt gegen neun der erste „Patient“. Ein Bekannter aus Stettin, der nur einen Tag nach Warschau kommen kann, will in aller Eile ein Visum. Ob man ihm helfen könne? Mit dem ausgefüllten Antrag schnell zur Botschaft. Hunderte drängen sich vor der Bonner Vertretung. Das wäre nicht nötig, gingen die Polen zu den Reisebüros, die dann die Anträge in Wäschekörben vorbeibrächten. Aber ein Pole traut seinen Behörden nicht. Noch werden die Botschaftsmitarbeiter mit dem Andrang fertig. Der Leiter der Visa-Abteilung in der westdeutschen Vertretung wird von Polen umlagert wie das Allerheiligste in einem Tempel. Nur wenige dringen zu ihm vor. Aber jeder polnische Antragsteller weiß von ihm und betet um seine Gesundheit. Ob man in Bonn ähnliche Gedanken hegt? Gegen vier am Nachmittag soll der polnische Paß seinen Stempel haben, der Sichtvermerk für einen Urlaub in der Bundesrepublik erteilt sein.

Nicht weit vom Primas-Palais steht eine Freundin seit Stunden in einer ehrfurchteinflößenden Halle. Von draußen ein Palast des regierenden Proletariats. Verstelltes Gestühl, Türen aus Preßholz künden drinnen von der Wirklichkeit. Und dort also die Pforte zu den Damen mit den Stempeln! Ich will die Freundin nach Heidelberg einladen. Dazu reicht nicht ein einfacher Brief. Sondern auf einem Formular muß meine Unterschrift beglaubigt werden, damit die gestrengen Herren an der polnischen Paßstelle sichergehen, daß ich - ich bin. Zu manchen Jahreszeiten sind die Schlangen hier lang. Eine über den Menschen hängende Uhr erinnert daran, daß die stempelführenden Damen um drei Uhr ihr Gnadenwerk beenden werden. Es ist erst elf. Von draußen dringt der Verkehrslärm in die Halle. Drinnen bewegt sich nichts. Bisweilen huschen artige Bürger vorbei, um an einem Kiosk Marken für die Amtsgebühren zu kaufen.

Man wird sich noch für eine Stunde entfernen können, um ein paar Besorgungen in der Stadt zu erledigen. Die Freundin tat dies schon und kehrte mit einem Eis in der Waffel zur Schlange zurück. Ein Gästebett muß noch ins Haus. Ein paar Straßen weiter gibt es einen Haushaltsladen, und der hatte eine Liege im Schaufenster. Die Tür steht offen. Aber ein Brett verwehrt den Eintritt. Das Geschäft ist wegen Warenannahme geschlossen. Auch Tankstellen schließen, wenn der Benzinwagen kommt. Vielleicht bietet ein anderer Laden Betten feil. Im riesigen Möbelladen unweit vom Kulturpalast riecht es nach Holz und frischen Lacken. Aber die Möbel scheinen aus den fünfziger Jahren. Kartoffelbraun und Mohrrübenrot herrschen vor. Alles steht voll, aber zwanzigmal derselbe Sofatyp, die gleiche Eßzimmergarnitur. Was wirklich gefallen könnte, trägt den Vermerk „ständige Ausstellung“, ist unverkäuflich oder nur nach Monaten Wartezeit erhältlich. Hier wird nicht nach Stunden sondern Wochen gezählt.

Dieses Schlafzimmer sei unverkäuflich, versichert mir eine Kundin, als ich mich zum Preisschild niederbeuge. Sie warte darauf schon seit ein paar Wochen und komme nur immer wieder mal hierher, um die „guten Stücke“ wie ihr eigen anzustaunen und sich ihres Platzes auf der Warteliste zu versichern. „Schade“, sage ich und kann mir die Bemerkung gerade noch verkneifen, daß man für denselben Preis in Frankfurt eine riesige Auswahl hätte. „Dort drüben aber gibt es einfache Betten“. Sie kennt sich in dem dreigeschossigen Geschäft aus, als sei sie hier Verkäuferin. Man unterhält sich; mal raubeinig, in der Furcht, der Mitkunde könnte ein Mitbewerber um die begehrte Ware sein, mal freundlich; denn große Einkäufe brauchen auch Meinungsaustausch und Beratung. Die Verkäuferinnen, die da hinter Tresen neben der Kasse sitzen, wollen nur auf einem Formular die Rechnung und den Transportschein ausstellen. Zu mehr haben sie keine Zeit.

Schon gar nicht sollte man sich bei einem der Männer eine Frage leisten, die auf kleinen Wagen riesige Möbelstücke transportieren. Sie schuften schwer. Mit Mühe gondeln sie an den Exponaten und an den Beinen der Käufer vorbei. Wer sie aufhält, riskiert abgesplittertes Holz im Fleische oder zumindest zerrissene Nylon-Strümpfe. Die Schlange vor dem Verkaufstresen ist nur eine halbe Stunde lang. Die Freundin vor der Notariatsschlange wird eh noch nicht dran sein. Die Betten sind aber schon fast alle ausverkauft. Da darf man nicht zögern. Vielleicht gibt es morgen gar keine mehr. Fast ein Monatslohn – so ein einfaches Bett, das man irgendwie selbst zusammenbauen muß, ohne Anleitung, und das sich im Laden nur in einem Holzverschlag eingeschraubt bewundern ließ. Die Verkäuferin schreitet rasch zu den Stücken, die da kopfüber nebeneinanderstehen. Auswahl bei den Polsterfarben gibt es nicht mehr, morrübenrot – wird es sein. Meine Nummer wird mit Kreide aufgemalt. Ich hab gekauft.

Keiner gratuliert. Und in der Erfrischungsbar neben der Verkaufshalle fließt kein Champagner. Am Nachmittag soll das Bett schon ausgeliefert werden. Wer daran glauben mag... Aber zu Hause sollte man schon sein, Beeilung tut not. Die Freundin in der Schlange beim Notariat wird ungeduldig. Seit zwanzig Minuten keine Fortschritte. Es geht schon auf zwei zu. Soll man weiter warten? Ausharren ist besser als morgen noch einmal hier erscheinen. Spätestens jetzt schlägt das journalistische Gewissen. Sollte irgend etwas passiert sein? Das öffentliche Telefon im Amt ist umlagert. In einem Geschäft in der Nachbarschaft darf man bei ein paar Kollegen anläuten. Vorkommnisse – bestenfalls für eine einspaltige Meldung.

Dann spricht es sich in der Halle plötzlich herum, daß es in einem nahegelegenen Laden Schokolade zu kaufen gibt. Da man den frischen Erdbeeren wegen der Gifte aus Tschernobyl nicht traut, sollen die Kleinen wenigstens Schokolade bekommen. Meine Freundin hat noch Rations-Marken für ihre Tochter übrig und schwebt davon. Sie will nur mal sehen. Und sei gleich wieder zurück. Die Gespräche mit den Menschen vor und hinter einem in der Schlange erschöpfen sich rasch. Die Mienen sind unwirsch. Wie lange kann man heiter über Tschernobyl und die Folgen plaudern? Es ist dann tatsächlich drei, und zwei Personen vor uns warten noch, und es gibt für uns keine Chance mehr. Die hinter uns wenden sich dem Ausgang zu.

Aber wer fünf Stunden wartet ...? Die mißmutig dreinschauende Frau, die gerade die Tür verschließen will, wird zur Seite gedrängt. Ich schiebe mir den Weg frei. Es hat sich Zorn angesammelt und der wird nun auf diese arme Frau abgeladen. In ihrem Saal sieht es wie vor Gericht aus. Aber die Frau ist ganz ängstlich und weiß auch keinen Rat. Man möge doch vielleicht ein paar Stock höher um Erledigung der Angelegenheit bitten. Dort oben herrscht die Höflichkeit der Könige. Stühle werden angeboten, und während eines Schwätzchens werden die Stempelkissen gedrückt. Nach zehn Minuten ist alles getan, und das nächstemal möge man doch gleich den neuen Bekannten auf diesem Amt aufsuchen. Mild weht der Sommerwind durchs Fenster.

Ob das Bett schon auf dem Weg nach Hause ist? Das Visum ist allemal fertig und ein zweites, schon gestern bestelltes auch. Im Büro stapeln sich die Wochenzeitungen. Morgen sollen im Parlament wichtige Gesetze verabschiedet werden. Sollte man nicht doch noch eine kleine Meldung schreiben, in der Muße dieses Nachmittags? Schokolade ersetzt das Mittagessen. Die Tagesordnung für die morgige Sejmsitzung wird zur kargen geistigen Nahrung. Zwanzig Zeilen mögen genügen. Der Himmel schickt zur nämlichen Stunde den Herrn „Konservator", der endlich das Telex-Gerät repariert. Eine Kleinigkeit nur, eine Sache von fünf Minuten. Aber kurz vor Redaktionsschluß drängt alles. In Warschau ist, - soweit die Redaktionen und Zeitungen der Welt davon künden, - an diesem Tage nichts passiert.

Das Schicksal dieser Familie aus Beuthen bekümmert noch. Die Frau reiste illegal mit einem Kind vor Monaten aus. Dem ebenfalls deutschstämmigen Mann und einem zweiten Kind wird die Ausreise nicht gestattet. Das soll wohl eine Art Strafe sein. Bonn und Botschaft können da wenig tun. Der Korrespondent schon gar nicht. Man wird diesen wie viele andere Fälle bei Gelegenheit vortragen müssen. Vielleicht kommt die Familie in zwei Jahren wieder zusammen. In einem Brief muß diese traurige Botschaft mitgeteilt werden. Der Möbelwagen unterbricht das Schreiben. In den ersten Stock solle man das Bett tragen? Es sei aber nur für Parterre bezahlt. Reichlich Trinkgeld behebt dieses Mißverständnis. Der Rest dieses Tages vergeht mit dem Aufbau des wundervollen Bettes. Kleine läuseähnliche Geschöpfe, die aus dem Verschalungsholz schlüpfen, begleiten die Arbeit. Das Provisorium ist angeschraubt als sollte es ein Leben lang halten. Stunden vergehen. Hoffnungen auf einmalige Nachtträume werden wach, schließlich wurde dieses Stück - ein aufgeklebtes Stück Papier kündet davon - in der „Möbelfabrik des Großen Proletariats" gefertigt.

Gomulkas Erben

Viele hundert Menschen folgen an diesem schwülen Sommertag dem Sarg, in dem der erste Mann der polnischen Arbeiterbewegung zum Friedhof getragen wird. Wladyslaw Gomulka, am 6. Februar 1905 in einer Vorstadt von Krosno im ostpolnischen, galizischen Erdölrevier geboren, ist am 1. September 1982 nach langer und schwerer Krankheit in Warschau gestorben. Über Jahre hatte man kaum etwas von ihm gehört. Nun strömen die Menschen Stunden vor der Beerdigung auf dem Powazki-Friedhof, die lange Ehrenallee hinauf, solange Wachsoldaten sie noch gewähren lassen. – Zur rechten Seite liegt bald nach dem Haupteingang Boleslaw Bierut, der „polnische Stalin". Eigentlich wollte Moskau ihn 1943 zum Parteichef der jungen polnischen Arbeiterpartei PPR küren. Aber bevor er mit einem Fallschirm hinter den Linien absprang, war Gomulka schon gewählt. Gomulka gehörte mit Zenon Kliszko, Marian Spychalski und Ignacy Loga-Sowinski zu den „Partisanen" in der Partei, die von da an ständig in Fehde lagen mit den „Moskauern". Sie waren Kommunisten, aber national geprägte und hatten den Krieg über in Polen gekämpft. Ihre Gegner wurden erst bei Kriegsende von Moskau aus nach Polen geschleust.

Dieser Widerstreit hatte seine Vorgeschichte. Nach 1936 machte Stalin Polens Parteiführung den Prozeß, löste in Moskau im Sommer 1938 sogar die alte Polnische Kommunistische Partei KPP per Befehl auf. Gomulka überlebte diese Säuberungen, denn er saß damals für mehrere Jahre in polnischer Haft. „Feindliche Agenten seien in die Parteiführung eingedrungen", wurde behauptet. Lenski, einst ein Freund Lenins, wurde vorgeworfen, er sei Spitzel der Polizei. Warski, der Mitbegründer der polnischen Partei, war in der Lubjanka in den Wahnsinn getrieben worden. Wera Kostrzewa, sie hatte Stalins Nationalitäten-Politik kritisiert, wurde ohne Verfahren erschossen. „Zertretet das verfluchte Otterngezücht! Die Verräter und Spione müssen wie räudige Hunde erschossen werden!" brüllte der sowjetische Generalstaatsanwalt Wyschinski im März 1938 und ließ verdiente sowjetische Funktionäre wie Bucharin und Rykow als „polnische Agenten" verhaften. Gomulka überlebte zwar diese Zeit, vergaß sie aber wohl nie. Jahre später vergaß er auch nie den Widerstandsmut der – ihm rückständig erscheinenden – bürgerlichen Heimatarmee (AK) gegen Hitler unter der Londoner Exilregierung. Die AK war älter als die sogenannte Volksarmee (AL) der kommunistischen Partisanen und die vom Sowjet-Major Glebov gegründete „Volksgarde“ (GL), die mit unkoordinierten Attentaten im besetzten Polen Geiselermordungen provozierten. Voreiliges Losschießen der AL-Partisanen in Polens Hauptstadt alarmierte am 1. August 1944 auch die Wehrmacht, so daß der Warschauer Aufstand nicht vollends überraschend begann.

Gomulka sah in der AK zwar eine „Bedrohung der demokratischen Bewegung und Volkspolens“. Aber man könne ihr nicht Kollaboration mit den Deutschen vorwerfen, sagte er Ende Mai 1945. Das taten aber die „Moskauer“. Gomulkas lammfromme AK-Verteidigung wurde einer von mehreren „Beweisen“ dafür, ihn am 1. September 1948 wegen „nationalistischer Rechtsabweichung“ vom Posten als Parteichef abzusetzen. Gomulka suchte die Unterstützung der Nation. „Gegen das eigene Volk vermag auf lange Sicht niemand zu regieren, keine Regierung kann bestehen gegen das Volk.“ Staatspräsident Bierut und die „Moskauer“ schürten diese Illusionen nicht. Sie säuberten Gomulkas Reihen, verhafteten Kliszko und Spychalski. Ende Juli 1951 wurde Gomulka unter Hausarrest gesetzt. Er blieb es bis April 1955. Im August 1956 erst folgte die Rehabilitation.

Dem ging im Februar die Enthüllungsrede Chruschtschows auf dem 20. Parteitag der KPdSU voraus. Der Kongreß stellte fest, daß die Auflösung der KPP nicht gerechtfertigt war. Bierut, der sie mitbetrieben hatte, sah sein politisches Ende kommen. Knapp einen Monat später erlag er, noch in Moskau, einem Herzinfarkt. Nach einem Zwischenspiel unter Parteichef Ochab, der den - von Arbeitern der Maschinenwerke Cegielski entzündeten Posener Aufstand im Juni 1956 - nicht verhindern konnte, wählte am 19. Oktober das 8. Plenum des polnischen Zentralkomitees Gomulka wieder zu seinem Ersten Sekretär.

Gomulka wurde zum Symbol für die Überwindung des Stalinismus. Er war Kommunist, versprach aber auch den Bürgerlichen in Polen Rücksichten auf nationale Besonderheiten. Selbst die Kirche befürwortete Gomulkas Machtübernahme. Die Partei hinter dem neuen Generalsekretär war schwächer denn je, aber das Volk hoffte auf den Parteichef. Gomulka war nicht in der Lage, diesen Widerspruch zu lösen. Enttäuschung war voraussehbar. Er konnte die künstlich geschaffene Partei nicht mit der Nation versöhnen. Marxismus-Leninismus war ihm Religion, gegenüber Intellektuellen war er mißtrauisch. Von Ökonomie hatte der Funktionär keine Ahnung. Gomulka kannte zwar seine Akten, besaß gesunden Menschenverstand, aber eine Vision hatte er nicht. Er glich einem kleinbürgerlichen Hausvater mit starkem Instinkt für Macht. Gomulka konnte hart auftreten, auch gegenüber dem Bündnischef. Aber die Angst vor den Herrschern in Moskau prägte auch ihn. Polens wichtigster Parteiführer der Nachkriegszeit blieb gefangen zwischen schockierenden Erfahrungen mit dem Kreml, dem Mißtrauen gegenüber dessen globalen Machtanspruch und seiner Erziehung als KP-Funktionär. Er entschied im Glauben, seine Maßnahmen seien gut für seine Untertanen. Doch was eine entwickelte, pluralistische Gesellschaft von ihm erwartete, erfaßte er nicht. Im Grunde regierte er ohne Partei. Die neue PVAP war nur Ersatz für die auch schon schwache aber doch authentische KPP. Gomulka hatte miterlebt, wie Stalin die alte Partei zerstörte. Nun legte er den Grund dafür, daß die PVAP auch später nie die führende gesellschaftliche Organisation wurde, wie sie es nach der Verfassung sein sollte. Erst im Februar 1976 - unter Gierek - wurde die Partei zur „führenden politischen Kraft der Gesellschaft beim Aufbau des Sozialismus“ erhoben. Das mußte geschrieben werden. Die Wirklichkeit sah anders aus.

So mußte Gomulka scheitern. Er war durch den Posener Aufstand wieder an die Macht gekommen; am 19. Dezember 1970 - gut zehn Tage nach Abschluß des „Vertrages über die Grundlagen der Normalisierung ihrer gegenseitigen Beziehungen zwischen Polen und der Bundesrepublik“ - brachten ihn die Straßenkämpfe zwischen Arbeitern und Soldaten in Danzig zu Fall. „Wegen schwerer Krankheit“ trat Gomulka zurück. Zenon Kliszko und Marian Spychalski wurden aus dem Politbüro geworfen. Damit trat die erste politische Generation der Volksrepublik ab. Die zweite Generation übernahm mit Edward Gierek die Macht. Acht Jahre jünger als sein Vorgänger, 1913 bei Bedzin im polnischen Oberschlesien in einer Bergmannsfamilie geboren, verlebte er Krieg und Okkupation in Belgien. Dorthin war seine Mutter nach dem Tod des Vaters 1923 ausgewandert. Edward wurde auch Grubenarbeiter und schloß sich den belgischen Kommunisten an. Er kehrte nach dem Krieg in die Heimat zurück, ließ sich zum Bergbauingenieur ausbilden, arbeitete im Zentralkomitee in Warschau und wurde 1949 Parteichef von Kattowitz. Gierek orientierte sich nach Westen. Entwikkelte Industriegesellschaften wurden sein Vorbild. Parteiinterne Kämpfe zwischen „Partisanen“ und „Moskauern“ bedeuteten ihm wenig; dieser Gegensatz hatte sich biologisch erledigt. In jenem, am 20. Dezember 1970 gewählten Politbüro, saß nur noch ein „Partisan“: Mieczyslaw Moczar, der schon seit dem Juli 1968 Politbüro-Kandidat war. Er hatte während der Okkupation in der Volksgarde (GL) gegen die Deutschen gekämpft. Seit 1945 gehörte er zum Sicherheitsapparat, wo man sich nur durch Vertraulichkeit gegenüber Moskau halten konnte. Er war von 1964 bis zum November 1968 Innenminister, spielte auch später – im Besitz des Personalarchives der PVAP – eine gefürchtete Rolle. Noch einmal gehörte er 1980 und 1981 zum Politbüro, leitete die Oberste Kontrollkammer (NIK) von 1971 bis 1983, bis seine politische Karriere endgültig endete. Er starb 1986.

„Moskauer" gehörten 1970 nicht mehr zum Politbüro. Politbüromitglied Piotr Jarosiewicz (geboren 1909) war zu Kriegsbeginn 1939 nur als Lehrer in die Sowjetunion gegangen. Er wurde Juli 1943 in Lenino Offizier der I. Polnischen Armee, auch wenn er nicht die rein militärische Ausbildung erhalten hatte wie der wesentlich jüngere Absolvent der Akademie des Generalstabs, Wojciech Jaruzelski (Jahrgang 1923). Auch er ist kein „Moskauer", der als Parteiaktivist in Stalins Sowjetunion geriet. Ihn hatte die Vertreibung der Familie als jungen Mann nach Osten versprengt. Er gehörte von Anfang an zur I. Polnischen Armee. Nach zwei Jahren als Verteidigungsminister wurde er 1970 stellvertretendes Mitglied im Politbüro. Die meisten im damaligen Führungskader – bis auf den Kleinadligen Jaruzelski – kamen aus Arbeiter- und Bauernfamilien. ZK-Sekretär Kazimierz Barcikowski (Jahrgang 1927), der damals als ZK-Sekretär in die Führungsspitze der PVAP vorrückte, hatte wie Politbüro-Mitglied Edward Babiuch (auch 1927) und Büro-Kandidat Jozef Kepa (Jahrgang 1928) seine Karriere im Jugendverband ZMP begonnen. Diese Gruppe hatte die Gründung der kommunistischen Partei im Krieg nicht mitgestaltet. Lenin kann persönlich keinem mehr bekannt gewesen sein, und selbst Stalin war für sie schon Geschichte.

Von historisch-intellektuellem Anspruch als Akademiker waren nur, und auch das ist zweifelhaft, der spätere Staatschef Henryk Jablonski (1970 wurde der Historiker vornehmlich als früheres Mitglied der Sozialisten für die „Vereinigte" Arbeiterpartei PVAP Politbüro-Kandidat) und Stefan Olszowski, Lehrerssohn aus Thorn. Dieser passionierte Berufspolitiker, in Polens Nachkriegsgeschichte gab es wenige seiner Art, war nur Magister der Polonistik, aber er gerierte sich oft als Fürsprecher der „Intelligenz". Diese zweite Generation wurde von gesellschaftlichen Aufsteigern geprägt, für die der Marxismus-Leninismus hingenommenes Instrumentarium war und nicht mehr Überzeugungsgrundlage. Der Kampf mit der Kirche um die Seelen der Menschen wurde nicht mehr mit Ideen fortgesetzt, sondern nur noch mit Machtdemonstrationen. Gleichzeitig versuchte Gierek, ökonomisch die engen Fesseln bündnisinterner Abhängigkeiten abzustreifen. Dabei änderte sich aber in den Betrieben nichts. Es gab keine freien

Gewerkschaften oder andere Formen der Selbstverwaltung. Für die Intellektuellen hatte es zwar den „sozialistischen Realismus" der stalinistischen Jahre kaum gegeben, aber eine vom Staat unabhängige Kulturszene konnte sich in den siebziger Jahren nicht entwickeln. Hier wirkte eine Entwicklung nach, die noch in der Ära Gomulka begonnen hatte.

Als im Januar 1968 in Warschau Studenten gegen die Absetzung der „Totenfeier" von Nationalautor Mickiewicz im Nationaltheater protestierten und gegen die Zensur Sturm liefen, antwortete der Staat mit Verhaftungen. Die bis in den März 1968 weiter gärende Unruhe nutzte der machthungrige „Partisan" Moczar dazu aus, um gegen Gomulka zu intrigieren. Seine Gruppe zettelte eine antijüdische Kampagne an, die nicht nur Gomulkas Frau Zofia, geborene Unszlicht, treffen sollte, sondern jüdische Intellektuelle allgemein. Innenminister Moczar brachte Gomulka in eine Zwickmühle: die Kampagne traf auch viele der im Apparat verbliebenen jüdischen „Moskauer". Aber die gehörten mittlerweile mehr zum „liberalen" Flügel. Sie bedrohten Gomulka von einer vollends anderen Richtung her als Moczar. In der traditionell nicht judenfreundlichen Gesellschaft fiel die Kampagne auf fruchtbaren Boden. Gomulka trat die Flucht nach vorn an, polemisierte gegen „kosmopolitische" Juden in Polen, obwohl er innerparteiliche Gegner auf zwei Flügeln der PVAP meinte. Von den damals noch 25 000 in Polen lebenden Juden wanderten etwa 12 000 nach Amerika, Skandinavien und Israel aus. Gomulka gelang es noch einmal, seine Position zu wahren. Marian Spychalski wurde Nachfolger von Edward Ochab als Staatsratsvorsitzender, und Moczar mußte wenig später sein Chefzimmer im Innenministerium räumen. Gleichzeitig wurde aber die Intelligenz stark getroffen, so daß sich nach 1970 in der Gierek-Ära von dort Opposition kaum erhob. Erst nach den Arbeiterunruhen von Radom im Juni 1976, die – wie im Dezember 1970 – einer allerdings weitaus kräftigeren Preiserhöhung für Fleisch und Zucker folgten, schloß sich Ende September ein Kreis von Intellektuellen im „Komitee zur Verteidigung der Arbeiter" (KOR) zusammen, zu dem der Schriftsteller Jerzy Andrzejewski, der Literaturwissenschaftler Jan-Jozef Lipski, der Ökonom Edward Lipinski und der Organisator Jacek Kuron gehörten sowie der junge Historiker Adam Michnik.

Kuron, Michnik, Karol Modzelewski sind bis heute besonders prominente Oppositionelle, die einmal als Kommunisten begannen. Zur bürgerlichen Opposition mit Stefan Kisielewski und vielleicht Edmund Osmanczyk und zur kirchlich inspirierten von Stanislaw Stomma bis Marcin Krol und Aleksander Hall in jüngster Zeit trat

Ende der siebziger Jahre wieder die sozialistische, sozialdemokratische, die einen genauso starken Anteil haben sollte an der unabhängigen Gewerkschaft „Solidarität" zu Beginn der achtziger Jahre wie der religiös geprägte Teil, dem der Publizist Tadeusz Mazowiecki und Arbeiterführer Walesa zuzurechnen sind. Gierek hatte diese sozialistische Opposition nie in die PVAP integriert, wie es der eurokommunistisch inspirierte Adam Schaff solange forderte, bis er unter Parteichef Jaruzelski aus der PVAP ausgeschlossen wurde. Während die Gesellschaft, zumal in den Monaten der „Solidarität", immer pluralistischer wurde, sich in vielen Parteiungen und Grüppchen entfaltete, wurde die Partei ein Torso. Der Wechsel von Gierek über Stanislaw Kania zu General Jaruzelski brachte keine neuen Personen und Programme an die Macht. Er belegte nur, daß die Partei keine intellektuellen Quellen hatte, sondern auf Funktionsträger in Großindustrie, Apparaten, im Sicherheitsdienst und beim Militär zusammenschrumpfte. Als am 13. Dezember 1981 das Kriegsrecht ausgerufen wurde, hielt sich lange das Gerücht, nun werde die PVAP aufgelöst, um einer neuen authentischen kommunistisch-sozialistischen Partei Platz zu machen.

Aber es hat bisher nie eine „Vereinigte Arbeiterpartei" gegeben, in der sich die auf straffe Organisation ausgerichteten Kommunisten die Macht teilen wollten mit Sozialdemokraten oder Sozialisten. Zwischen diesen Bruderparteien gab es stets den stärksten Zwist. So konnte damit erst recht nicht gerechnet werden, nachdem die Parteispitze der Gesellschaft den Krieg erklärt hatte. Schon Gierek war nicht daran gescheitert, daß er Polen im Ausland so hoch verschuldete. Er fiel – genauso wie Gomulka vor ihm – weil er keine Partei zur Seite hatte, die in der Gesellschaft authentisch verankert ist. Gomulka konnte sich vierzehn Jahre an der Macht behaupten, weil Moskau ihn stützte und er der polnischen Nation ihren eigenen Weg in den Sozialismus versprach. Gierek blieb zehn Jahre, weil auch ihn der Kreml stützte und er den Polen die Industrialisierung und eine bessere Versorgung ankündigte.

Die Parteiführung unter Jaruzelski kann nur „Normalisierung" versprechen, nicht die „Verirrungen von vor 1980 und nicht das Chaos bis zum Dezember 1981". Alle Hoffnungen, die sich eine freiheitsliebende, individualistische und katholische Nation machen kann, wurden seit Einsetzung der Kommunisten mit dem „Lubliner Komitee" im Juli 1944 immer wieder enttäuscht. Die Zeitspanne von Bierut über Gomulka bis zu Jaruzelski ist von trauriger Kontinuität. Die Brüche 1956, 1970 und 1980 führten nur zu Veränderungen des Personals in derselben Firma.

Die führenden Gruppen überlappten sich: Moczar diente unter Gomulka und bei Gierek. General Jaruzelski, Kazimierz Barcikowski und Stefan Olszowski rückten schon unter Gierek auf, bevor sie 1981 die Spitze der Spitze übernahmen. Die auf dem X. Parteitag im Juni 1986 gewählten neuen Politbüro-Mitglieder sind im Schnitt um die vierzig Jahre alt, also relativ jung. Aber das Reservoir von Personal für Führungsaufgaben trocknet aus. Das gibt jungen Leuten eine frühe Chance. Intellektuell anspruchsvolle Jugendliche gehen aber nicht zur Partei sondern suchen im privaten Sektor ihre Zukunft. Auch noch nach Verhängung des Kriegsrechts sank die Mitgliederzahl der PVAP weiter auf etwas mehr als zwei Millionen. Partei und Regierung sind nicht mehr ideologisch geprägt. Pragmatiker und Technokraten wie Premier Zbigniew Messner führen. Der ideelle Überbau, die Reste von Marxismus-Leninismus, müssen mit Zynismus aufgewogen werden. Die einmal in die Partei drängten, um von den Hütten auf dem Land in die Stadtwohnungen mit Zentralheizung zu gelangen, haben dies längst erreicht. Die Partei hat nun kaum mehr Wohnungen als Privilegien zu vergeben. Auch Milizionäre und Soldaten müssen warten. Die Mittel der Partei für Repressionen sind erschöpft. Früher brachten Verhaftungen und Gefängnisjahre Ruhe. Jetzt ist diese Ruhe selbst für die Regierung gefährlich. Immer weniger sehen in Arbeit für Zloty einen Sinn. Es hat sich eine unabhängige Neben-Kultur gebildet, die weitgehend ohne staatliche Museen und Galerien auskommt. Das Kriegsrecht wirkte auch gegen die Partei: der innere Gegensatz zwischen Macht und Partei wurde sichtbar, ihre Glaubwürdigkeit geriet weiter in Zweifel. Aber vor allem spaltete das Kriegsrecht die Nation. Es teilte zwischen denen, die den Herren des Kriegsrechts gehorchten und jenen, gegen die es verfügt wurde. Das gerät nur allmählich in Vergessenheit.

Die PVAP wurde als Machtinstrument entlarvt, wo sie doch Kraft der Gesellschaft sein sollte. „Gegen das eigene Volk kann auf lange Sicht niemand regieren; keine Regierung kann gegen das Volk bestehen." Mit diesen Worten hatte Gomulką in seiner Rede vom 27. Mai 1945 ein Programm seiner Politik entworfen. Es ist bezeichnend, daß dieser Text erst 1962 veröffentlicht wurde, wie Hansjakob Stehle herausfand. Selbst wenn sich die Führer der PVAP stets an diese Maxime gehalten hätten, sie hätten letztlich nur zum Ende der kommunistischen Bewegung in Polen beigetragen. Als am 7. September 1982 der Sarg von Gomulka am Grabe von Bierut vorbei die Hauptallee im Powazki-Friedhof entlang getragen wird, folgt ihm nicht nur der alte Weggefährte Ignacy Loga-Sowinski. Im Trauerzug geht auch das Politbüro-Mitglied Barcikowski, der in seiner Ansprache die Worte wählte, Gomulka sei „in Folge der tragischen Ereignisse an der Ostsee-Küste 1970 abgetreten". Zur gleichen Zeit veröffentlicht die amtliche Nachrichtenagentur PAP die Meldung von einem dritten Toten im niederschlesischen Lüben, der dort bei Demonstrationen im Straßenkampf mit der Miliz umkam. Kurz zuvor hatten Warschauer Jugendliche mitten am Tage in einer Straßenbahn einen zufällig dort sitzenden jungen Milizionär erschossen. Und in der polnischen Botschaft in Bern halten Exilpolen polnische Geiseln fest. Aber warum folgen so viele Menschen dem Sarg von Gomulka?

Der 1970 Verhaßte wird nun verehrt, weil er den Stalinismus im Kerker erlebte und überwand, weil er noch – anders als die meisten seiner Nachfolger – Märtyrer seiner kommunistischen Überzeugungen war. Viele Kleinbürger verbinden mit ihm ihren Aufstieg vom Land in die Stadt und sie erinnern sich an die ersten Jahre der Volksrepublik, in der Warschau mit großer nationaler Begeisterung aus Ruinen wieder aufgebaut wurde. Im Gegensatz zu Gierek und dessen „Mißwirtschaft" bringen sie dem Hausvater Gomulka ihre Verehrung entgegen. – Nur wer eine Einladung hat, ist heute auf dem Powazki-Friedhof zugelassen. Es ist also ein offizieller Kreis. Aber auch einfache Bürger fallen auf, die keinen schwarzen Schlips haben, sondern ein einfaches weißes Hemd in ihre sauberen Jeans steckten. Eine straffe militärische Feier läuft ab: Ehrenmarsch der Garde, Schüsse zum Salut, Nationalhymne und Internationale. Gleich hinter der in schwarz gehüllten Witwe mit ihren Kindern folgt General Jaruzelski dem Sarg. Vor Monaten wurde herumerzählt, Gomulka schreibe seine Memoiren. Werden die je veröffentlicht? – Die intellektuelle Parteizeitschrift „Zdanie" veröffentlichte in diesem Mai 1982 ein fiktives Gespräch mit einem Kampfgefährten Gomulkas. „Er war ein typischer Vertreter der kommunistischen Bewegung; denn er wußte, daß der Kommunismus nur durch Gewalt an die Macht kommen könne und nur durch Gewalt sich dort halten werde. Deswegen habe er es auch für richtig erkannt, daß 1970 auf die Arbeiter geschossen wurde." – Es gibt mindestens einen Fortschritt zwischen Gomulkas Zeiten und den achtziger Jahren. Die Zensur läßt heute solche Texte passieren.

Durchs Fegefeuer zur Trauung

Die beiden hatten sich entschieden zu heiraten: Aleksandra und Jan. Es war allein ihr Entschluß. Die Eltern standen abseits. Nicht vollends zwar, aber Aleksandras Mutter zum Beispiel, eine angesehene Journalistin, freundete sich nur allmählich mit dem Gedanken an, daß ihre Tochter den Sohn eines Bartenders heiraten würde. Aber mittlerweile war sie nach dem Kriegsrecht arbeitslos geworden, hatte sich später auch nicht wieder in das Metier verwickeln lassen wollen. Der Tod ihres Mannes im vergangenen Jahr stimmte sie zudem resigniert und milder. Sie stellte immer weniger Ansprüche an das Leben, gab allmählich ständische Vorstellungen auf. Sie suchte Sicherheit. Der Sohn eines Barkeepers versprach davon mehr als ihre eigene akademische Ausbildung. So dachte die Mutter. Aleksandra hatte mehrfach versucht, an Warschaus Kunstakademie aufgenommen zu werden. Vergeblich. Die Wartezeiten verbrachte sie nun als Hilfsregisseurin in einem Kindertheater. Fürs nächste Semester war die Zweiundzwanzigjährige in den Theaterwissenschaften an der Universität eingeschrieben: keine sicheren Aussichten.

Ganz anders Jan: Den hatte zwar die Technische Hochschule nicht aufgenommen, aber zuvor war er zum graduierten Ingenieur in der Automechanik ausgebildet worden. Nach zwei Jahren Militärdienst fand der nun Fünfundzwanzigjährige eine gute Anstellung als Kraftfahrer. Er konnte jeden Wagen in Schuß halten. Überdies hatte er stets Zugang zum bisweilen raren Benzin. Damit ließ sich immer etwas Geld hinzuverdienen. Von seiner Mutter ging im übrigen auch eine Attraktion aus. Sie war Verkäuferin in einem Fleischladen. Hier heiratete also die Intellektuellentochter einen Arbeitersohn. So etwas ist in Polen nicht selbstverständlich. Aber wes „Standes“ auch, die Vorbereitungen bis zum Austausch der Eheringe und der Familienfeier - sind in Polen für jeden gleich, - kompliziert.

Am Anfang sind die Papiere, ähnlich wie bei uns. Diesmal ging es nur um Personalausweise und Geburtsurkunden. Irgendwann waren dann alle Stempel beisammen; im Standesamt wurde das Aufgebot bestellt. Soweit liefs glatt. Aber bei der Festlegung des Trautermins fingen die Probleme schon an. Nach der Regel darf man innerhalb eines Monats und eines Tages nach dem Tag heiraten, an dem die Papiere abgegeben wurden. Doch an jenem 19. Mai, an dem sie ihre Dokumente einreichten, stauten sich Trautermine schon bis Anfang Oktober. Und welchen Tag auch immer man dann in ferner Zukunft festlegt, er muß passen zu einem in der Kirche und zum zweiten für die Familienfeier in einem Restaurant. Nach einigen Gängen zwischen diesen Institutionen fand sich der Tag.

Freunde hatten geraten, man solle doch die Hochzeitsagentur „Mloda Para“ einschalten. Die würden für fast alles sorgen: für die Kleidung, die Blumen, die Gastwirtschaft. Selbst der Hochzeitsreise würde sich die Agentur annehmen; „ins In- und Ausland“ - wie der Prospekt großspurig verspricht. Aber man möchte ja näher an den Dingen sein, mehr Einfluß darauf haben, was klappt und was nicht. Das Geld sollte kontrolliert ausgegeben werden. Jedes Hochzeitspaar in Polen darf sich bevorzugt zwei Goldringe kaufen und die Hochzeitskleidung. Weil Gold rar ist und der Staat die Eheschließung subventioniert (es gibt zum Beispiel auch „Jungvermählten-Kredite“ für den Kauf einer Wohnungseinrichtung) sind diese Dinge nur gegen Bezugsschein erhältlich. Die beiden konnten von Glück reden. Seine Eltern hatten in „guten Zeiten“, damit sind meist die ersten Jahre Giereks gemeint, zwei Ringe als Geldanlage erstanden. Die wurden nun hervorgeholt und den Ringfingern der beiden Brautleute für 2000 Zloty angepaßt.

Und wie kommen die anderen zu ihren Ringen? Es wird angenommen, daß drei Wochen nach Beantragung der Hochzeit auch in den jeweiligen Geschäften der Bezugsschein für das Gold vorliegt. Dabei handelt es sich natürlich nicht um irgendwelche Läden. Je nach dem Anfangsbuchstaben des Familiennamens vom Ehemann ist ein anderer Goldschmied zuständig. In Warschau gibt es für den Stadtteil Mokotow zwei Juweliere, einer für Bräutigame bis zum Buchstaben K und einen für das restliche Alphabet. Früher bedurfte es auch zum Erwerb von Wodka und Wein eines Bezugsscheins.

Nur besonders Glückliche werden Ringe finden, die ihnen auch passen. Es gibt nur eine Sorte und wenige Größen. Aber das läßt sich ändern. Die Preise allerdings sind relativ niedrig, belaufen sich für einen Damenring auf etwas mehr als ein monatliches Durchschnittseinkommen. 1987 lag das etwa bei 280 Mark. Nach der Trauung kann man sich mit Trauschein, Personalausweis und Ladenrechnung dreißig Prozent davon zurückerstatten lassen. Aber das gilt natürlich nur für „Erstheirater“.

Für Hochzeitskleidung gibt es in Warschau ein spezielles Geschäft. Das nennt sich ebenfalls „Mloda Para“. Wer ausschließlich weiße Kleider und schwarze Anzüge erwartet, der irrt. Gekauft wird auch dort - wie überall in Polen - alles, was es gerade gibt; und das auch nicht nur für Braut und Bräutigam, sondern für die gesamte Familie. Die Einkäufe müssen sich natürlich in Grenzen halten. Ein großes Schild an der Wand mahnt: „Jedes Paar je ein Kostüm, einen Anzug und je zwei Paar Unterwäsche“. Das Standesamt sollte eigentlich dafür sorgen, das „seine Brautleute“ im Kundenbuch des Geschäfts vorgemerkt sind. Und theoretisch sollte jedes Standesamt alle drei Wochen eine aktualisierte Liste in diesen Laden schicken.

Aleksandra und Jan nutzten die erste Gelegenheit, um diesen Laden aufzusuchen. Doch ihre Namen fehlten auf der Liste. Sie konnten zwar durch ein anderes Papier nachweisen, auf dem Standesamt gewesen zu sein. Aber das reichte der Verkäuferin nicht. So lief Aleksandra am folgenden Tag nochmals aufs Amt, ließ sich eine Extra-Bescheinigung ausstellen, ein dünnes Zettelchen, das auf den paar Metern Weges zwischen Bushaltestelle und Laden beim zweiten Kaufversuch im Regen beinah aufgeweicht wäre.

Lange weiß-graue Kleider mit Rüschen oder Blümchen gab es zu kaufen; auch Schleier und Hüte. Aber Handtäschchen fehlten. Da standen auch viele Paare weißer Schuhe, doch nur in wenigen Modellen. Und über Geschmack läßt sich bekanntlich streiten. Ansonsten wurde in größerer Menge Kleidung angeboten, die nichts mit Hochzeit zu tun hat: Kostüme, Jacken aus Cord, gelbe Blusen mit schwarzen Streifen. Für die Männer war die Auswahl ähnlich: neben dunklen Anzügen verschiedene Hemden, Krawatten aus Kunstfaser - wie elektrisch geladen. Die Schwierigkeiten beim Einkauf der zugeteilten zwei Paar Unterwäsche sind ein Thema für sich.

Aleksandra, so sehr sie auch zu Kompromissen neigte, fand nichts Passendes. Man bot ihr im selben Laden an, sich ein Hochzeitskleid auszuleihen. Aber die zwei, die sich da anboten, schieden auch wieder aus: das weiße erschien ihr zu abgetragen. Das andere war zitronengelb. Das mußte nicht sein. Wo immer in Polen der offizielle Weg zu einer Ware verstellt ist, wirds teuer. Es war die Schwiegermutter, die sich Tage später auf den Weg machte, um in einer privaten Boutique fündig zu werden. Aleksandra war einverstanden. Aber der weiße Traum, der da gekauft wurde, verschlang mehr als ein durchschnittliches Monatseinkommen: 28 000 Zloty. Schwiegervater tats mit einem Lächeln ab. „Das sind gut siebzig Mark Trinkgeld in westlichen Devisen.“

In jenem Laden „Mloda Para“ erstanden die beiden allerdings vorsichtshalber zweierlei: ein blaues Smoking-Hemd für den Onkel der Braut; die passende Größe für den Ehemann war nicht vorrätig. Und zweitens kauften sie ein Jacket für den Bräutigam - ein bißchen zu groß, aber sonst ganz ordentlich und preiswert. Die Jacke war nicht für die Hochzeit gedacht. Es waren überdies noch Änderungen nötig. Vielleicht hätten die beiden auch nicht zugeschlagen, wäre ihnen bekannt gewesen, daß der Schneider 2800 Zloty nehmen würde. Für die Jacke aber gaben sie nur 1600 aus. Die Kleidungsstücke wurden auf dem Berechtigungsschein vermerkt. Probleme gab es dann nur noch beim Kostüm zur standesamtlichen Trauung. Schließlich arbeitete Aleksandras Mutter eines ihrer älteren Kleider um.

Die Frau im Standesamt sagte, am Anfang der Trauzeremonie gebe es immer Stimmungsmusik vom Band. Wenn man allerdings Pech habe, ertöne da gerade die „Partita", und die sei ein bißchen traurig. Nein, ein eigenes Band dürfe man nicht mitbringen. Nach der Trauung laufe dann drei Minuten lang der Hochzeitsmarsch von Mendelssohn-Bartholdy. Nichts weiter. Damit kann man sich abfinden. Ohnedies ist die kirchliche Zeremonie wichtiger. So sah es wenigstens Jans Familie, die mit Empörung zu Kenntnis nehmen mußte, daß Aleksandra nichteinmal getauft war.

Diesem Mangel abzuhelfen dauerte ein halbes Jahr. Erst erfolgte die Taufe; dann wurde der Religionsunterricht in privaten Stunden nachgeholt, die Kommunion bildete eine Art Abschlußprüfung; und dann saßen beide noch einen „Ehe-Vorbereitungs-Kurs" ab. Da standen zehn Themen auf dem Programm. Das wichtigste betraf Schwangerschaftsverhütung und -abbruch. Ärzte und Geistliche wetterten für den Schutz ungeborenen Lebens. Die beiden Brautleute verschwiegen ihre keineswegs knappen Erfahrungen mit der Materie. Vor der Hochzeit mußten dann beide noch jeweils zweimal zur Beichte. Dann gab es erst die Lizenz, die Berechtigung, sich trauen zu lassen.

Damit waren aber die Vorarbeiten für das Ereignis keineswegs abgeschlossen. Etwa 80 Personen wurden erwartet. Dem Paar wäre es zwar lieber gewesen, alle weiteren Ausgaben in eine Reise nach Italien zu stecken. Aber es waren wieder Jans Eltern, die dies nicht schicklich fanden. Eine große Feier mußte sein. Die beiden halfen aber auch besonders bei den weiteren Planungen. Das eigentlich kaum passende Café „Bolek" im Warschauer Stadtteil Mokotow wurde für die Feier ausgewählt. Das war gemeinhin entweder leer oder wurde kurz nachdem einmal wieder eine Ladung Bier angeliefert worden war zu einer alkoholseligen Kneipe. Das war zwar nicht nach dem Geschmack von Jans Vater, der in einer Bar in einem der teuersten Warschauer Hotels Dienst tat. Aber die Preise forderten Kompromisse. Und hier kostete die Bewirtung pro Person nur 2500 Zloty.

Mit Beziehungen besorgte der Vater für 200 000 Zloty Sekt, Wein und andere Getränke. Er konnte aus Verschiedenem wählen. Der offizielle Weg stellte vor vollendete Tatsachen. Er schaffte Fleisch heran, über einen Vetter, der einen kennt, der illegal schlachtet. Eine Band aus seinem Hotel stellte sich für 30 000 Zloty zur Verfügung. Das war ein Sonderpreis, Freundschaftsdienst. Und noch einmal ließ der Vater Beziehungen spielen. Er bat sich eine Polizeistreife aus, um an diesem Nachmittag und Abend das Restaurant zu beobachten, damit erst gar nicht ein Trunkenbold versuchen würde, die Feier zu stören. Über den Preis dafür schwieg sich der Alte aus. Zu einem Hochzeitsgeschenk machte er dann folgende Überraschung: Eine rote Tatra-Limousine, Baujahr 1928, holte das frisch vermählte Paar von der Kirche ab. Dergleichen Dinge sind halt möglich, wenn man den Präses beim Verband der Oldtimerfreunde kennt.

Finanziell war die ganze Sache schließlich keine große Belastung. Denn Aleksandra hatte auch einen Onkel im Westen. Und der sammelte dort beim Rest der weiteren Familie. Mit tausend Mark war die Feier abgedeckt, inoffiziell getauscht, versteht sich. Selbst die Reise nach Italien fand statt. In Polen sind unbestellte Hochzeits-Geschenke nicht der Brauch. Statt dessen ging im „Bolek" nach dem Essen ein Hut von Hand zu Hand. Die Hochzeitsgäste sammelten für die Reise. Es ging per Kirchen-Bus nach Rom. Aleksandra und Jan wollten sich dort erholen. Das hatten sie auch nötig. Aber daß sie seitdem nicht mehr zurückgekehrt sind?!

Die Hochzeit von Ewa und Tomasz wurde in einem Nest hinter Narol gefeiert. Das liegt tief im alten Galizien, kurz vor der sowjetischen Grenze. Von Warschau ist die Fahrt lang dorthin, ein Weg über Nebenwege. Aber schließlich fand sich am Ende einer frisch geteerten Straße in Prusie das beschriebene Haus: zweieinhalbstöckig mit Flachdach. Zum Eingang gingen ein paar Stufen hoch. Der Abtritt war überdacht; die Fassade noch unverputzt, so auch der Kamin ganz oben, worauf noch eine Antenne war. So sehen fast alle neueren Häuser auf dem Land aus. Der Grundriß wird mit der Baugenehmigung billig abgegeben. Das Baumaterial ist einfach, und dennoch schwer erhältlich. Über lange Jahre nur wachsen solche Bauten. Wenn es eben gerade Steine gibt oder Dachpappe und Nägel – wird gekauft und alles gleich verbaut. In diesem Nest aber fiel das Haus allein deswegen schon auf, weil es kaum ein zweites davon gab. Sonst schmiegten sich hölzerne Hütten an den lehmigen Boden. Die Dächer waren etwas tiefer gezogen. So fiel der Regen nicht auf Tabakblätter, die in Bündeln zum Trocknen hingen. Sonne, Wind und Tau gerben sie jedes Jahr tiefbraun und wie Leder geschmeidig. Es war ein erfolgreiches Jahr und wurde ein gelungenes Fest.

Der polnische Virginia-Tabak wird exportiert. Aber zur Sicherheit sind die Polen selbst auch starke Raucher. Für hundert Kilogramm guter Qualität erhält Hausherr Karas gut 20 000 Zloty. Das ist kaum weniger als der durchschnittliche Monatslohn eines Polen. Karas wird knapp eine Million aus dieser Jahresernte einnehmen. So gilt er als reich. Bei ihm wird auch Wodka ausgeschenkt, den man für Devisen im Pewex-Laden kaufen muß. Auch das ist ein deutliches Zeichen. Die Nachbarn hatten überdies schnell bemerkt, daß da Gäste zur Hochzeit kamen, mit denen sonst niemand in Prusie angeben kann. Sie standen hinter ihren Zäunen und guckten. Hier fand die Hochzeit des Jahres statt. Etwa hundert Personen warteten der Tochter Ewa auf und ihrem Bräutigam, dem schüchternen Tomasz. Gleich hinter Prusie ist dann die mitteleuropäische Welt zu Ende. Man verläßt die befestigte Straße. Der Sommerweg führt in eine Talsenke. Auf der südlichen Anhöhe liegt schon die Umladestation für die sowjetische Eisenbahn. Prusie ist Grenzort. Im Osten schneidet seit 1939 die Grenze zur Ukrainischen Volksrepublik dieses galizische Dorf von seinem traditionellen Hinterland ab. Das Zusatz-Protokoll zum Hitler-Stalin-Pakt verschob die Grenzen zu Moskaus Gunsten. Und dabei ist es nach Kriegsende geblieben.

Lemberg war einst die nächste Großstadt, kaum sechzig Kilometer Luftlinie entfernt. Viele Verwandte hat man da drüben nicht mehr. Und wer einer Einladung von drüben folgen wollte, der müßte mit Paß und Visum nach Przemysl reisen, sechzig Kilometer weit. Erst dort ist ein „offener" Grenzübergang. Und wie sieht die „Freundschaftsgrenze" hier auf dem Land aus? In Ostpreußen dürfen die sowjetischen Grenzposten auf heute polnisches Gebiet. Zuweilen verhaften sie dort unaufmerksame Touristen. Dort im Norden geben sich die Russen als Besatzer im alten Deutschen Reich. Hier im Süden sind die Polen Herren ihres Gebiets. Der planierte Sandstreifen, eine Lastwagenbreite tief, ist wie frisch geharkt. Auf der polnischen Seite markiert ein weißroter Pfosten den Grenzverlauf; daneben, in der Mitte des Streifens auf einem anderen Pfahl, erkennt man die rot-grünen Farben der Ukraine. Auf östlicher Seite erhebt sich ein übermannshoher Zaun; oben beugt er sich in Richtung Sowjetunion. Stacheldraht erschwert zudem eine Kletterpartie. Massenhaft Grenzsoldaten soll es drüben geben, sagen die Leute von Prusie. Aber an diesem Sonntagmorgen sieht man niemanden.

„Überall ist polnisches Land", meint ein Bauer auf der polnischen Seite. Der Alte war schon 1939 erwachsen. „Da drüben sieht es so aus wie hier auch." Irgendwo nah der Grenze kippt ein Grabstein zum Weg ab. Kyrillische Buchstaben sind zu erkennen. Das ist wohl die Begräbnisstätte eines Weißrussen. Nur Ausländer wollen diesen Grenzstreifen sehen. Für Familie Karas ist daran nichts Aufregendes mehr. Nur ein bißchen stete Trauer bleibt. An diesem Sonntag aber gibts kein Grübeln in Prusie. Bauer Karas hat gestern seine Tochter Ewa mit dem Elektro-Arbeiter Tomasz vermählt. Getanzt wurde fast die ganze Nacht, erst unter einem Zelt gleich hinter diesem Haupthaus zwischen Enten und Hühnern, die das große Schlachten für das Fest überlebt hatten, und später im Gemeindesaal, wo die Lautsprecher der Band aus dem Nachbarort nur so dröhnten. Schweiß tropfte, der Ofen blieb kalt. Dabei war es nachts draußen herbstlich, verregnet und neblig. Das gesamte Dorf schien sich tanzend zu drehen, die Kopftücher der alten Frauen schlugen gegen die Zöpfe der Mädchen. Die Jungen steckten in neuen Jeans und darüber leuchtete das weiße Hemd mit Krawatte. Wodka brannte den Männern auf den Gesichtern. Die Frauen hatten so viel getrunken, daß ihre Augen blitzten. Sie standen aber noch stramm auf den Beinen, konnten ihre Männer beizeiten nach Hause abführen. Mancher Kerl aber sackte auch auf den nächsten Haufen Stroh. Frisches Gras duftet nach Sonne und reinem Gewissen.

Man hatte getanzt, getrunken und gegessen, in einem fort. Da bogen sich die Tischbretter unter Schinken, Würsten, Geflügel, unter Kasza und Nudeln. Und Kuchen gab es aufgehäuft; und noch immer war die Vorratskammer der Bäuerin gleich neben dem Eingang für einen weiteren Festtag voll. Aber nur die Gäste von außerhalb konnten sich am Sonntag den langen Schlaf des Katzenjammers leisten. Der Clan war wieder früh auf den Beinen. Tomasz, der neue Mann in der Familie, hatte nur das Hemd gewechselt. Verschlafen sah er aus, aber glücklich. Recht gerade hielt er sich nicht. So nahm seine Frau ihn an die Hand. Kirchgang stand an. Nicht zu Fuß, denn die Leute sollten sehen, welche Freunde im Hause Karas verkehrten: Der Wagen des Gastes aus Warschau wurde in Gang gesetzt, und zwischen der Karawane aus Kirchgängern und den Weg kreuzenden Enten ging es die paar Meter durchs Dorf. Ewa, gerade siebzehn und schon Frau, lachte stolz, grüßte die Klassenkameraden von einst durch das Fenster. Ihre Mutter, vorn als Beifahrerin, blickte streng und ungerührt. Der Wagen glitt durch die Pfützen, und dennoch wurde mancher Sonntagsstrumpf naß. Ein paar Frauen sahen dem Wagen neugierig nach. Wer hat, der kann. Dann rasch weiter: Maria, Jungfrau aller Gnaden, wartet nicht.

Von der Frauenbewegung im Westen hat Prusie noch nichts gehört. Aber selbst in Warschau würde eine westliche „Emanze" nur belächelt werden. Das Leben in Polen mit seinen Traditionen und Zwängen des Systems stellt Anforderungen an Frau und Mann, die wenig Freiheit übrig lassen. Der sozialistische Anspruch und die Wirklichkeit haben nichts miteinander zu tun. Die Frau ist im Berufsleben zwar gleichgestellt, aber meist arbeitet sie in niedrigeren, weniger gut bezahlten Funktionen. Sie hat zudem noch die Bürden der Kindererziehung und des Haushalts zu tragen, selbst dann, wenn die Großfamilie noch intakt ist und Oma helfen kann. Das gilt für die Frauen in der Stadt genauso wie für die auf dem Land. Frau Karas packt im Haushalt zweifellos am kräftigsten zu. Hier an der ukrainischen Grenze, wie anderswo in Polen auch, führt die Hausfrau das Leben der Familie an. Der Haushalt ist Mittelpunkt des Lebens. Die Küche ist nicht nur Arbeitsplatz der Frau; sie ist auch Wohnraum, manchmal Schlafzimmer. Die Kindererziehung liegt in ihrer Hand. Sie ficht aber auch oft den Kampf mit den Behörden aus. Während der Mann auf dem Feld arbeitet, handwerklich das Haus betreut, kauft die Frau ein, geht auf das Gemeindeamt, erledigt ein Telefonat auf der Post. Sie besucht auch wochentags die Kirche, wo die neuesten Nachrichten vor und nach der Messe gehandelt werden. Sie kennt jedes Ereignis im Dorf zuerst.

Und dennoch: der Mann, auch Herr Karas, ist das Oberhaupt der Familie. Er ist Chef. Man bringt ihm Anerkennung entgegen. Niemand macht ihm seine Stellung streitig. Er bringt das Geld nach Hause. Beim Ankauf von großem Gerät führt er die Verhandlungen in der Stadt. Aber das sind besondere Ereignisse. Gemeinhin verwaltet die Frau den Geldbeutel. Bei den Hochzeitsvorbereitungen hat sie für fast alles selbst gesorgt. Sie hat ihren Mann wochenlang herumgeschickt. Auf eigene Initiative kaufte er nur Getränke, organisierte die Musik. Ewa und ihre Schwestern gingen der Mutter zur Hand; der Bräutigam wurde erst zwei Tage vor der Hochzeit in das Geschehen verwickelt. Frau Karas hatte für ihn aus Narol ein weißes Hemd mit Spitzen besorgt. Das durfte er am Tag vor dem Fest kurz einmal anprobieren. Tomasz, er hat seit kurzem erst einen Arbeitsplatz in einem keineswegs nahen Werk für Elektrogeräte, konnte sich zudem nicht früher Urlaub nehmen.

Bauer Karas war am Hochzeitstag besonders aufmerksam zu seiner Frau. Etwas von der Liebe schien wieder aufzuglimmen, die Alltagsjahre erlöschen ließ. Er küßte ihr die Hand, ließ ihr den Vortritt. Vor allem aber waren beide vollendete Gastgeber. In den Konventionen erfüllten sie ihre Rolle. Sie überließ ihm das Repräsentieren, spielte

Scheu, wenn er sie bei der Tischrede oder mit vielen kleinen Gesten in den Vordergrund stellen wollte. Vor allem sorgte sie dafür, daß der Nachschub rollte. So ist das nun einmal in einer vorbildlichen Ehe, in Prusie und anderswo auch. Nachgedacht wird darüber nicht. Zum Hof der Familie Karas gehören drei Häuser. Hinter dem beschriebenen Wohnhaus steht eine Backkate, die noch durch einen Vorrats- und Kartoffelkeller vergrößert wurde. Die andere Seite des Hofes begrenzt ein zweistöckiges Gebäude. Hier arbeitet Vater Karas in einem großen Raum. Neben der Werkstatt folgen dann eine kleine Garage, eine große Tenne für Heu und etliche Fässer Spirituosen. Aus einem Verschlag kommt das Federvieh, das sich tagsüber auf dem Hof die Körner pickt. Zwei Säue grunzen aus demselben Holzbau. Karas' sind tatsächlich reich. In ihrem Wohnhaus gibt es nämlich auch elektrisches Licht und fließendes Wasser. Neben dem einkömmlichen Tabakanbau unterhält der Hausherr einen einträglichen privaten Schmiedebetrieb. Hier soll ihm später Schwiegersohn Tomasz zur Hand gehen. Karas hat ein Monopol im Ort; denn die bäuerlichen Gerätschaften aus ganz Prusie bringt man ihm, und da gibt es immer mehr zu tun.

Am Sonntag knieten Vater Karas und sein Schwiegersohn in der Messe vor dem Gnadenbild der Schwarzen Madonna von Tschenstochau. Sie ist Polens wichtigste Kultfigur, eine Frau. Auch die heilige Hedwig in Schlesien ist den Polen um ein Vielfaches wichtiger als männliche Heilige, unter denen erst seit neuester Zeit Pater Maksimilian Kolbe herausragt, den die Nazis in Auschwitz umbrachten. Marienverehrung, der polnische Papst Johannes Paul II. erklärte 1987 wieder zu einem Marienjahr, markiert aber auch Lebensabschnitte. Einmal im Jahr, bei Geburt, Hochzeit und anderen Feiern, sollte man nach Tschenstochau. Die Jungvermählten wollten schon an einem der nächsten Wochenenden hin, zusammen mit den Eltern. Prägt der Marienkult das Verhalten der Männer zu ihren Frauen? Schwer zu sagen. Gewiß aber wird den Polinnen im allgemeinen etwas mehr Achtung entgegengebracht als den Frauen in manch anderem Land. Gesten der Höflichkeit, der Handkuß oder der Blumenstrauß, sind Zeichen einer überkommenen Lebensform. Aber Frauen werden auch geschlagen, zumal wenn der Ehemann betrunken ist. Das ist nicht sehr selten, trifft aber auf starke gesellschaftliche Ächtung. Zoten und Witze über Frauen gibt es nicht. Manchmal heißt es, hier wirke die Adelsrepublik bis heute fort. Andere halten solche Verhaltensformen für „hohe Minne", wie sie sich vergleichbar auch in der Marienverehrung äußere. Der Handkuß gilt jeder Frau. Man küßt der Schönen wie der Häßlichen, der Hochgeborenen und der Bäuerin die Hand. Das tut der Arbeiter, der Erste Parteisekretär und der Adelige - allein der Priester läßt es bleiben.

Auf ihre Weise haben sich die Frauen längst emanzipiert. Sie sind sich treu geblieben und wollen gefallen. In den Monaten vor und während „Solidarität" wäre aber mancher Streik in den Werften und Gruben ohne sie schnell versackt. Tag für Tag brachten sie das Essen an die Betriebstore. Sie gingen von einem bestreiktem Betrieb zum anderen, gaben Informationen weiter. Jeder in diesem Land muß sich auch für Politik interessieren. Denn hier beginnt der Staat schon beim täglichen Milchkauf. Denn staatlich sind die Molkereien und die Vertriebswege. Nach Verhängung des Kriegsrechts im Dezember 1981 wirkten sie mäßigend auf den reizbaren Stolz ihrer Männer. Die Frauen brachten ihre Männer wieder auf den Boden der Tatsachen zurück. Wenn aber selbst Frauen auf die Straße gingen wie bei den sogenannten Hungermärschen im Herbst 1981, dann weiß die Regierung, daß die Lage ernst ist. Trotz strenger Moral leben viele Frauen in Polen allein: Die Scheidungsrate ist hoch. Die Kinder bleiben bei der Mutter. Ihr Leben ist nicht einfach. Aber die Gesellschaft versagt diesen nicht ihre Anerkennung. Da insgesamt die Familien noch relativ stabil sind, springen in solchen Fällen, mehr als anderswo, Großeltern, andere Verwandte ein.

Für Ewa und Tomasz ist das kein Thema. Das Hochzeitskleid liegt verschwitzt über dem Stuhl im Wohn-Schlafzimmer. Nach dem Kirchgang gibt es wieder etwas zu essen. Er ist gerade neunzehn Jahre alt, sie siebzehn. In diesem Alter schon verheiratet zu sein, ist in polnischen Familien, zumal auf dem Lande, nicht ungewöhnlich. Grübelei über die Rollen von Frau und Mann stellt sich nicht ein. Morgen ist wieder Alltag; dann kommen bald die Kinder. Das ist nun einmal so.

Endlich eine eigene Wohnung

Mit ihren bald vierzig Jahren konnte sie sich an eine größere Freude in ihrem bisherigen Leben nicht erinnern. Tomek hatte die Wohnungsschlüssel in der Hand - nach fünfzehn Jahren Wartezeit. In solchen Momenten lädt man Freunde ein, und es wird gefeiert. Aber Kasia sagte nein. Erst nach dem Einzug werde ein Fest gegeben. Eine halbe Million Zloty war nochmals erforderlich, um die Wohnung endgültig zu erstehen. Kasia und Tomek mußten sparen. Aber Geld war nur ein zweitrangiges Problem. Die meisten Polen haben sich daran gewöhnt, mehr Geld auszugeben als sie einnehmen. Es wird geborgt. Weshalb sollte man sparen, wenn doch die verschleierte Inflation mindestens fünfzehn Prozent jährlich wegfrißt? Spielzeug-Geld nennen manche diese Königsbilder auf zerknitterten Scheinen, die sich in magere Häufchen verwandeln, wenn man sie in Dollar umtauscht. Nur diese Grünen sind Währung für den Sparstrumpf. Die Polen haben in Milliarden-Höhe davon, so daß der Staat gierig danach wurde und versprach, seinen Bankkunden etwa 15 Prozent Zinsen zu geben, wenn sie nur ihre Dollar aus dem Sparstrumpf nähmen und bei der Bank einzahlten. Im Frühjahr 1985 wurde dazu ein Gesetz wirksam. Wer sein Geld gleich brachte, brauchte auch nicht zu sagen, wie er dazu gekommen war. Die Leute kamen und standen vor den Schaltern Schlange. Nun dürfen sie ihr Geld auch für Reisen ins Ausland abheben. Devisen-Export war bis dahin illegal.

Aber, wie gesagt, Geld war für Kasia zweitrangig. Ihr gesamtes Leben änderte sich nun. Das Zimmer bei den Eltern, den immerwährenden Geruch nach Mottenkugeln und Kohl wurde sie jetzt los. Nicht nur fünfzehn Quadratmeter für drei Personen - sondern mehr als sechzig. Sie war nicht mehr abhängig und mußte nicht ständig höflich sein. Nur noch der Kübel Abfall von drei anstatt fünf Personen, der zu den stinkenden Containern runter getragen werden mußte. Daß man sich über so etwas freuen kann, das hatte sie zwar geahnt, nun aber tat sie es wirklich. Tomek und Kasia stopften Witek in den Kinderwagen und zogen fröhlich in die neue Heimat. - Ein langer Weg. Mehrmals den Bus, die Straßenbahn wechseln, wegen der mehrjährigen Rekonstruktion der Poniatowski-Brücke einmal mehr umsteigen. Aber noch konnte das nicht traurig stimmen. Seit mehreren Monaten wird in

Warschau an einer Untergrundbahn gebaut. Tomek machte Kasia Hoffnungen auf eine Verbindung vom Stadtzentrum direkt nach Ursynow. Ob die ersten Stationen tatsächlich schon in Jahresfrist verbunden sein würden? Kasia zweifelte.

Früher war Ursynow nur das Gut eines Kleinadligen. Die Dorfkirche steht noch auf einer Anhöhe. Darunter rauscht auf einer breiten Straße zu Stoßzeiten der Verkehr dahin. Am Tag ist sie leer. Morgens und auch abends herrscht kräftiger Verkehr, darauf neue Stille. Was sollen die Menschen hier - außer schlafen? Für die mehreren Zehntausend in Ursynow fehlen Kneipen oder Kinos. Immerhin wuchsen allmählich ein paar Geschäfte hinein und Treffpunkte für Jugendliche. Ein Veterinär eröffnete im dritten Stock eines Hochhauses seine Praxis und hing ein Schild an den Balkon. Schon schienen sich wenigstens ein paar Kinder miteinander anzufreunden. Aber die Erwachsenen hatten bisher - aus den verschiedensten Bildungsgruppen und Berufen zusammengezogen - kaum Kontakt. Kasia und Tomek arbeiteten derzeit noch. Und in Zukunft? Gab es für Witek keinen Platz im Kinderhort, dann würde Kasia auf ihre Berufstätigkeit verzichten müssen. Die Verhandlungen wurden schon geführt, es gab auch Beziehungen. Und Kasias Arbeitgeber, die Hochschule, hatte auch Einfluß... Weiter grübelte sie nicht. Der Bus war plötzlich stehen geblieben, kurz nach der Abzweigung ins „Herz" von Ursynow. Ein Reifen war geplatzt. Alle Passagiere stiegen aus, kaum grummelnd. Denn dergleichen passierte jetzt häufiger. Es regnete. Grau lag Ursynow vor ihnen. In schwarzen Großbuchstaben hatte eine Baufirma den Namen der Siedlung provisorisch an eine Bretterwand gemalt. Damit man nicht vorbeifuhr. Im November ist es gegen 16.00 Uhr schon dunkel. Der Niesel sank aus stehender und verschmutzter Luft hernieder. Die Karawane aus dem Bus zog in ihre Wohngebiete.

Es ist nicht leicht, in Ursynow eine Adresse zu finden. Die Häuser mit Licht sind älter als die ohne. Wo nur ein paar Wohnungen erleuchtet sind, da wird schon eingezogen. Tomek und Kasia waren schon einmal dagewesen, aber aus anderer Richtung. Sie fragten sich durch, während Witek im Wagen zu quängeln begann. Im November ist es nicht nur früh dunkel, meist gehen Himmel und Erde ineinander über. Schlamm herrscht dazwischen. Noch fehlte die Straßenbeleuchtung, eine betonierte Straße. Bei dem Elektrizitätswerk mußte man wohl abbiegen und durch die schon bezogenen Häuser durch. Sieben Stockwerke oder neun. Hier parkten Wagen, liefen ein paar Menschen. Licht schien nur aus den Wohnungen in den weiten Hof zu fallen. Immerhin gab es zwei öffentliche Telefone, aber nicht in einem Glashäuschen, sondern nur unter einem knappen Dach. Der Wind, das Eis – sie hatten hier leichtes Spiel. Eines der Geräte funktionierte schon nicht mehr; vor dem anderen warteten ein paar Personen. Ursynow ist berühmt dafür, daß es dort nur ganz wenige private Telefonanschlüsse gibt. Zehn Jahre Wartezeit, heißt es. Für 70 000 Menschen sind 10 000 Anschlüsse geplant. Insgesamt verfügen die 37 Millionen Polen über 1,7 Millionen private Anschlüsse. Kann der Staat nicht mehr Gespräche abhören? Gibt es in Polen keine Notfälle, in denen das Telefon Leben retten kann?

Immerhin brannte im Hausflur Licht. Immerhin funktionierte der Aufzug. Monoton liefen die Stockwerke an Kasias Augen vorbei; die Wände waren zur Hälfte blaß schwimmbadblau, darüber weiß gestrichen. Die Haustür ließ sich leicht öffnen, sie hatte nur ein Schloß. Das würde man ändern müssen. Einbrecher gibt es nur zu oft. Kasia spekulierte auf eine neue Tür mit mindestens drei Verriegelungen. Freundlicherweise hing irgendwo eine Glühbirne von der Decke. So war die Wohnung nicht völlig dunkel. Kasia und Tomek genossen ihr Glück mit einer Flasche besten polnischen Bieres, „Zywiec" aus dem Süden. Witek war abgelenkt. Er robbte auf dem bloßen Beton herum. Auch Kasia nahm die Räume Meter für Meter in Besitz. Die Wohnung sei schlüsselfertig, hatte es geheißen. Die Berge von Mörtel ließen sich wegschaffen. Ein Wasserhahn war demoliert, aber er funktionierte. Ob der Wasserdruck im siebten Stock immer so schwach war? Vollends dicht schien der Wasserbehälter fürs Klo nicht zu sein. Immerhin waren die Kacheln dort gar nicht häßlich. Weil es bei dem einen Türriegel zum Balkon schon Schwierigkeiten beim Verschließen gab, riet Tomek, die anderen Fenster gar nicht erst zu öffnen. Den kleinen nassen Fleck an der Schlafzimmerdecke zeigte er ihr nicht. „Du siehst, es ist doch fast alles in Ordnung." Witek fing nun an zu schreien.

Etwa anderthalb Millionen Familien warten derzeitig auf eine Wohnung. Mehr als zwei Millionen Namen stehen auf der Warteliste der Baugenossenschaften. Die meisten haben schon ihren vollen Einsatz bei der PKO-Bank eingezahlt. Vor Jahren hieß es noch, wenn erst einmal der gesamte Betrag entrichtet sei, werde die Wohnung bald fertig sein. Dies Versprechen wurde nicht eingehalten. Seit Oktober 1985 berät regelmäßig ein „Nationaler Wohnungs-Rat" die Katastrophe. Bis 1990 sollen noch mindestens zwei Millionen Wohnungen gebaut werden. Aber das wird nicht reichen. Denn die polnische Bevölkerung wächst. 1985 waren es schon 37 Millionen, und nicht erst 1988. Wer eine Wohnung schneller haben möchte, muß eine Notlage nachweisen können. Dazu gehört bei jungen Familien der Nachwuchs. Und so kamen Kasia und Tomek rascher zu ihrem Heim. Die beiden hatten 1980 geheiratet. Damals verließ aber Tomek sein „Arbeiterhotel" nicht. Bei Kasias Eltern gab es keinen Platz. Und zu Tomek aufs Dorf, das kam auch nicht in Frage. Der junge Ehemann lebte in einem Zwei-Bett-Zimmer. Draußen auf dem Gang gab es drei Duschen. Aber sein Unterhalt kostete kaum etwas. Es konnte gespart werden. Als junger Arbeiter nahm Tomek ja auch kaum mehr als 10 000 Zloty ein. Als dann die Löhne stiegen, wuchs auch die Inflation. Seine gut 20 000 Zloty heute entsprechen gerade einer realen Steigerung von vierzig Prozent.

Kasia verdiente als Assistentin an der Universität weniger als ihr Mann. Das lag nicht nur an diesem „Sozialismus", der den Arbeiter zu ehren vorgibt. Die Akademiker hatten vielmehr nie für höhere Gehälter gefochten. Die Arbeiter streikten und wurden danach besser bezahlt. Kasia blieb noch bis 1985 unter dem Durchschnitt von knapp 20 000 und brachte 16 000 nach Hause. Dafür würde sie auf dem Schwarzen Markt etwa 80 Mark bekommen. Das Kilogramm Zucker kostete seit neuestem 90 Zloty. Für Strom und Heizung gab sie bei den Eltern genauso Geld ab wie für das Essen. Dann starb Großmutter. Ein Zimmer wurde frei, und die junge Familie zog dort ein. Der Raum besaß sogar einen schmalen Balkon zur Straße. Das war nützlich. Wäsche ließ sich da nicht aufhängen. Dafür stieg zu viel Straßenstaub auf. Aber dort lagerten - zumal im Winter - Bier, Fleisch und andere Vorräte; denn der Eisschrank der Familie war zu klein. Die Eltern ließen das junge Volk gern dort wohnen. Das hing auch damit zusammen, daß man sich schuldig fühlte, weil Kasia noch immer nicht ihre eigene Wohnung besaß. Dabei hatten sich die Eltern für weitsichtig gehalten, als sie für die Tochter ein Sparbuch anlegten und auf ein Konto der Genossenschaft einzahlten. Kasia war damals immerhin erst 15 Jahre alt. In jener Zeit wurden verschiedene Genossenschaften zu einer allgemeinen zusammengefaßt. Die Meldung darüber hatte ihren Vater auf diese Idee gebracht. Bis zum Anfang der achtziger Jahre schloß der Staat Bauverträge dieser Art ab. Dann wuchsen ihm die Erwartungen der Bürger über den Kopf und er schloß die Warteliste.

Die festgelegten Kaufverträge liefen den aktuellen Baupreisen trotz Planwirtschaft inflationär davon. Für die erwünschte Drei-Zimmer-Wohnung hatten Kasias Eltern ungefähr 80 000 Zloty eingezahlt, in mühsamen Raten; denn in den Siebzigern schien das Geld noch was wert zu sein. 1980 wurde dann eine neue Rechnung aufgemacht. Damals hieß es, solle der Vertrag nicht erlöschen, müßten nochmals 100 000 eingezahlt werden. Zweifellos war den Eltern klar, daß eine so große Wohnung auf dem privaten Markt gut zwei Millionen kosten würde. Und so murrten sie nicht. Was kümmern schon Verträge, mögen sich die Bauherren ein paar Monate später gedacht haben. Wieder kam ein eingeschriebener Brief. Der Adressat sei auf der Liste nun ganz weit oben. In den nächsten Wochen werde wohl ein Appartement bezugsreif sein. Das Schreiben lud zu einer ersten Besichtigung von drei verschiedenen zur Wahl stehenden Wohnungen in zwei Neubaugebieten ein; und dann kam der Pferdefuß: die Schlüsselübergabe sei an eine abschließende Zahlung von 500 000 Zloty gebunden.

So nah am Ziel konnten Kasia und ihre Familie nicht aufgeben. Knapp siebzig Prozent aller jungen Familien in Polen besitzen keine eigene Wohnung. Aber viele haben genügend Geld. Einmal vom Vertrag zurückgetreten, wäre das gesamte Geld vertan, und sie kämen wohl so bald nicht mehr dran. Zwischen 1983 und 1985 wurden 30 Prozent des staatlichen Investitions-Kapitals auf den Wohnungsbau verwandt, dabei entstanden knapp 580 000 neue Appartements. In den Zeitungen wird immer wieder geschrieben, das Renovieren alter Häuser sei fünfzig Prozent billiger als der Neubau, aber danach wird nicht gehandelt. Es gibt auch kaum einen privaten Baumarkt. Nur knapp dreißig Prozent der Polen leben in Ein-Familien-Häusern. Den Aufrufen mancher, man möge privaten Bauherren mit Krediten helfen, begegnete Regierungssprecher Urban einmal mit dem höhnischen Argument, man brauche das Geld für anderes. Solche Ausgaben könnten nur auf Kosten des Versuches gehen, die technologische Kluft zwischen Polen und höherentwickelten Ländern zu überbrücken. Der Wunsch nach Wohnungen für alle lasse sich nicht von den wirtschaftlichen Realitäten trennen. Kania und Tomek waren also in einer Zwangslage. Sie mußten zahlen. Es wurde gepumpt, Kredit aufgenommen und Gold verkauft. Und offensichtlich war das noch immer nicht alles. Der Einzug begann mit Reparaturen. Wann würden die Parkettleger kommen? (Holzboden ist stets billiger als Teppichboden, den es nur im Devisenladen gibt). Neue Möbel mußten her, zumindest ein Küchentisch und ein paar Regale. Kasia freute sich. Aber nun, als die neue Wohnung nicht mehr blasse Theorie war – hatte sie auch etwas Furcht.

Verrußter Adel von Kattowitz

Jetzt sind wieder die Tage im Jahr, an denen die Kumpel ihr Koks-Deputat bekommen. Schwarze Wagen bringen das schwarze Gold. Es wird vor die Kellerfenster geworfen, und dort bleibt es meist liegen. Es riecht stumpf und sticht weniger in die Nase als der verbrannte Kohlenstaub, der durch die Kamine in den Winterhimmel geblasen wird und doch wieder hinunter rieselt auf die Menschen in Kattowitz und in ganz Oberschlesien. Dann kommt der Schnee, weiße Häubchen auf schwarzer Kohle. Und wenn der schmilzt, zeichnet er in schwarzen Pfützen Spiegel von Mülltonnen, Katzen und platten Fahrradreifen. Der einzige Baum im Hinterhof trägt keine Blätter mehr. Zur Straße hin ist das Mietshaus verputzt, hier trägt es ein Ornament, und dort sind die Türbogen mit gewaltigen Blumengirlanden und Putten verziert. Aber Putz und Farben blättern ab, morsches Holz und überall Dreck. Als Lichtblick übrig bleiben fett und frisch glänzende rote Fensterrahmen, eine übliche Zierde oberschlesischer Häuser. So trotzt private Schmuckbegierde der öffentlichen Verwahrlosung. Das vor Jahrzehnten der privaten Hand entrissene Gebäude ist - wie viele andere auch - dem Verfall preisgegeben, ein erbärmlicher Anblick, dabei ist es wohl kaum hundert Jahre alt. Kattowitz entstand vor der Jahrhundertwende. Eine Generation zuvor gehörte das Dorf noch den Grafen Thiele-Winkler. Jahre später war Kattowitz ein ganz junger Industrieort; das Stadtrecht erhielt es 1864.

Das Haus zur Straße zählt vier Stockwerke, das hinter dem Hof noch drei, aber es ist nur halb so hoch. Geschmückt und verputzt wurde einst allein das Vordergebäude. Das „Gartenhaus“ da hinten trotzt den Zeiten in nackten schwarz-roten Ziegeln. Auch wenn das vordere Gebäude noch ganz bürgerlich aussieht, kann man doch durch den offenen Torbogen das proletarische Hinterhaus schon erkennen. Blieben die Tore früher immer geschlossen? Ein Papier - in eine Plastikhülle gesteckt - mahnt, die Türen zu schließen. Aber nur der Wind kümmert sich darum und läßt ein Scharnier singen. Der Steinboden der Straße geht im Haus in Holz über. Wurden die Bohlen jemals wie Parkett gepflegt? Die Wände waren einmal halb weiß getüncht und halb grünlich bemalt mit grauen Kringeln darauf. Jetzt überzieht die Patina von Jahrzehnten die alten Muster. Links eine breite Stiege zur ersten Wohnung, die wohl dem Hausmeister gehörte. An der anderen Seite führt die Treppe in die oberen Stockwerke. Der Sicherungskasten hängt über den ersten Stufen. Er ist kaum erreichbar, doch ragt er bedrohlich weit aus der Wand. Aus maschinell gedrechseltem Holz ist das Geländer. Die Treppe wendet sich nach dem ersten Stock genau über die Einfahrt und ist noch offen, so daß man sehen kann, wer da unten steht. Dann geht es immer dunkler hinauf, bis die Eingangstüren nicht mehr breit sind und verziert, sondern schmal und grob gezimmert. Da wohnten wohl die Mädchen und Hausbedienten, die den Beamten- und Ingenieursfamilien weiter unten die Arbeit im Haushalt besorgten. Sie tun es heute nicht mehr, sondern wohnen im ersten oder zweiten Stock. Die alten Wohnhäuser von Kattowitz könnten von Anstand zeugen. Jetzt aber sind sie verdreckt und verkommen.

Im Vordergebäude ist es still. Nur ein Radio plärrt irgendwo. Aber im „Gartenhaus" sitzen Frauen hinter den verblaßten Glasscheiben, und Neonlicht verbreitet kalte Geschäftigkeit. Von Garten keine Spur. Die Frauen nähen. Wer an die Fenster tritt, kann sie genau beobachten. Meist tragen sie ein Arbeitskleid über Jeans oder Rock. Mal schaut ein Kettchen mit Kreuz hervor und baumelt über der Arbeit. Wenn sie nicht mit der Kollegin sprechen, eine Zigarette im Mund, wenn sie nicht aus henkellosen Gläsern lauwarmen Tee schlürfen, dann zieht das Schiffchen der Nähmaschine über bunten Stoff dahin. Wohl wohnt da auch noch jemand auf halber Treppe. Ein verrosteter Briefkasten erinnert daran und ein Namensschild: A. Szywczak. Eine Glühbirne ragt aus der Wand. Kann es vor knapp hundert Jahren hier anders ausgesehen haben? Hätten nicht auch hier Zille und Käthe Kollwitz ihre sozialkritischen Szenen zeichnen können? Zweckmäßigkeit herrschte vor. Die Menschen mußten sich fügen. Der industrielle Aufschwung machte Schluß mit dem dörflichen Leben. Eine neue Schicht wuchs heran, weniger geborgen, hektisch. Möbel und andere Güter wurden nicht mehr von Hand hergestellt, Maschinen bauten und schnitzten. Heute ist noch Plastik dazugekommen und die moderne Technik. Aber in Polen, in Kattowitz, weniger davon als im Westen. So ist hier noch Jahrhundertwende lebendig.

Das Stadtzentrum von Kattowitz besteht vor allem aus einer Bahnlinie und zwei Bahnhöfen. In den alten zogen Gemüsefrauen mit ihren Waren ein, und im neuen warten die Menschen auf den Anschluß. Wer vom einen in den anderen Teil der Innenstadt will, muß durch die Tunnel oder eine Passage unter dem neuen Bahnhof. Der Eisenbahn, die nicht nur Menschen, sondern vor allem Kohle und Erz transportiert, gebührt das Tageslicht. Die Autos beugen sich zumeist auf Einbahnstraßen den Geboten der Schienen. Ein Stau gebiert den anderen. Nördlich und südlich der Bahn stehen die Häuser mit ihren früher schönen Fassaden und den trostlosen Innenhöfen. Nicht eine Kirche lockt die Aufmerksamkeit des Besuchers an, keine Altstadt. Die Freunde des Sports pilgern in die riesige Rundhalle gegenüber dem Denkmal für die Aufständischen oder zum Beispiel ins Stadion des „GKS Katowice", dem Sportverein von zehn Gruben. Die Kinder zieht das gräßliche Gebäude des „Palast der Jugend" an. Dieses Gebäude trägt den Namen des ersten Nachkriegspräsidenten Bierut, und im Stile der Stalin-Ära ist es auch gebaut. Aber die kalte Pracht stört Kinder nicht. Die Schwimmhalle ist groß, der Theaterraum gibt sogar dem Warschauer Nationaltheater Platz, und es wird gemalt, geschnitzt, musiziert und geturnt. In den verwirrend reichlichen Gängen warten Mütter strickend, schwatzend auf ihre Kinder. Dann gibt es die Schlesische Universität, neu und modern. Nur Kattowitz hat einen Lehrstuhl für Jazz, und Jerzy Milian, Leiter des örtlichen Rundfunks und Fernseh-Orchesters, hat diese Institution und sich mit seinem Vibraphonspiel über Polen hinaus bekannt gemacht. Der Führer hält aus Mangel an Vorzeigbarem sogar das Intraco-Hochhaus für eine Sehenswürdigkeit. Etwas Besonderes ist daran aber nicht zu entdecken. Dort wird der Außenhandel verwaltet.

Im Stadtzentrum fehlen Parks. Größere Grünanlagen sind Friedhöfe. Dort liegen sie begraben, das deutsche Ehepaar Priebel, gestorben 1935 und 1939, der polnische Richter Bronislaw Podolecki, 1974 unter die Erde gekommen; die Schmiegels neben den Prauzinskis. Der Grabstein für Stanislawa Zmaza, heimgegangen 1957, ist schon zur Seite geschafft. Dagegen liegen frische Blumen auf dem Stein für Schulrat Thomas Szczeponik, Ritter des St. Georgius-Ordens, Abgeordneter des schlesischen Sejm, geboren 1860 - gestorben 1927. Der Text ist in Deutsch. Aber die ebenfalls deutschen Inschriften für die Familien Zimmermann oder Jelinek aus den Jahren vor dem Ersten Weltkrieg wurden ausgemeißelt. Nur die Namen und Daten blieben. Oberschlesien war immer etwas Besonderes, Kattowitz und Ostoberschlesien allemal.

Hier wohnten die Deutschen, deren Familiengeschichte an Rhein, Ruhr oder Spree begann. Sie kamen als Kaufleute oder Beamte des preußischen Staates. Sie wurden Oberschlesier, wenn ihre Einwanderung Generationen zurücklag. Aber meist kamen sie erst in der zweiten Hälfte des 19. Jahrhunderts, als die Ballestrems und Henkel-Donnersmarcks unter ihren Gütern Kohle zu fördern begonnen hatten und Arbeitsplätze schufen.

Die bäuerliche Bevölkerung in diesen Gegenden war slawisch und stieg ins Deutschtum auf. Schlonsaken, die etwas auf sich hielten, bemühten sich Mitte des 19. Jahrhunderts um ein reines Deutsch. Das überlagerte allmählich die polnische Sprache. Sechs Kilometer südlich von Kattowitz, heute eingemeindet, liegt Emanuelssegen. Dieser Gutsbetrieb, der erst in den dreißiger Jahren dieses Jahrhunderts zur selbständigen Gemeinde mit einer Grube wurde, war dem polnischen Soziologen Jozef Chalasinski 1935 ein Beispiel für den deutsch-polnischen Gegensatz in Oberschlesien. Der Beitrag wurde in der Nazizeit übersetzt und im Reich veröffentlicht. Der Beitrag hielt also selbst der damaligen Zensur stand. Zur herrschaftlichen Siedlung eines deutschen Magnaten gehörten 1847 nur 53, aber 1852 bereits 145, dann fünfzig Jahre später schon 600 Menschen. 1934 lebten in Emanuelssegen 860 Personen; meist zog schlonsakische, kleinbäuerliche „Überschuß-Bevölkerung“ aus anderen Teilen Oberschlesiens in die Industriegemeinden. Sie bezogen eine Wohnung bestehend aus einem Zimmer und einer Küche, hatten Gartenland von weniger als einem Morgen. 1934 waren monatlich 10,5 Zloty an die Bergwerks-Verwaltung zu zahlen. Mächtig war für diese Leute die Kirche und der Magnat.

Im Dorf wohnten 1880, abgesehen vom deutschen Gutsherrn oder Verwalter und ein paar anderen, nur Polen. Unter ihnen war aber zum Beispiel ein Veteran der Kriege 1866 und 1870/71, der sich zudem den Hakatisten anschloß, einem konservativen Germanisierungsverein. Politisch wurden die Polen zu Oberschlesiern, die freiwillig, aus Opportunität und dann in der Bismarck-Ära gezwungen Deutsche wurden. Der Kulturkampf und hier die Germanisierung, die sich vor allem gegen die katholische Kirche und hier auch gegen das Polentum richteten, beförderten aber auch Gegendruck. Vor allem aus dem Posener Raum zogen einerseits Arbeiter und Angestellte polnischer Zunge heran, die aus der „Sklavensiedlung“ eine polnische Ortschaft machen wollten. Andererseits wurden auch planmäßig deutsche Familien angesiedelt, weil die „oberschlesischen Bergleute faul“ seien, wie der Soziologe zitiert. Nach der Reichsgründung wurde in Emanuelssegen verboten, in der Grube, in den Läden und in der Schule polnisch zu sprechen. Die Germanisierung hatte aber noch bis nach der Jahrhundertwende Erfolg. Es gab Krieger- und Ostmarkenvereine. Die verdeutschten Oberschlesier waren meist Katholiken, die Zugereisten gehörten zum Protestantismus. Aber von 1903 an wurde in den oberschlesischen Gemeinden, um Kattowitz, Königshütte und Ruda, zunehmend polnisch gewählt, in den verbliebenen Dörfern mehr als in den Städten. Emanuelssegen wählte 1903 zwar noch einen Oberförster und Grubenverwalter zum Gemeindevorstand, aber 1908 kamen zehn Familien „sehr guter Polen" aus Posen. Dann schlug die Stimmung um.

Hätten die Deutschen den Ersten Weltkrieg gewonnen, wäre es in Oberschlesien vielleicht nicht zu Aufständen gekommen. Wojcech Korfanty, Anwalt in Kattowitz, Abgeordneter im Preußischen Landtag, wurde zum Anführer der polnischen „Freischärler". Als nach dem Vertrag von Versailles am 20. März 1921 in Oberschlesien abgestimmt wurde, wehte über der Grube von Emanuelssegen die polnische Fahne. Seit 1918 gab es diesen Staat wieder. In den alliierten Vereinbarungen hatte es geheißen, würde ganz Oberschlesien für Polen votieren, dann müßte das Deutsche Reich dieses Gebiet abtreten. 1919 war es schon zu Streiks gekommen, innerhalb von drei Jahren folgten drei Aufstände. Als im März 1921 etwa 717 000 Bewohner gegen ein deutsches Oberschlesien stimmten - im Gegensatz zu 434 000, die für ein deutsches Oberschlesien stimmten - rief Korfanty zum dritten Aufstand auf. Der anfangs für eine friedliche Lösung gewesen war, schlug nun eine besonders blutige Schlacht, vor allem im Kreis Kosel beim St. Annaberg. Um den Streit zu schlichten, ordneten die Alliierten im Oktober 1921 eine Grenzziehung an, nach der beiden Nationen möglichst geringe Minderheiten verbleiben sollten. So wurde die Grenze von Kreis zu Kreis gezogen. Das vorwiegend polnische Ostoberschlesien fiel an Polen, Zabrze und Beuthen ausgeschlossen. Der Reichstag in Berlin konnte im März 1922 nur noch resigniert zustimmen. „Die Aufstände waren ein sichtbarer Beweis dafür, daß die jahrhundertelang von Polen getrennte Bevölkerung von Slask im unabhängigen polnischen Staat leben wollte" heißt es heute in einem polnischen Geschichtsbuch. Im Juni 1922 wurde Kattowitz das polnische Katowice. Eine Korfanty-Straße gibt es dort aber erst seit den Monaten der „Solidarität". Weder die Republik Pilsudskis noch das marxistische Polen würdigten Korfanty angemessen. Dem konservativ-bürgerlichen Politiker, dessen Grab in Kattowitz gepflegt wird, widmete erst 1975 der jetzige Außenminister Orzechowski eine maßvoll würdigende Biographie.

Kattowitz hat zwar Ortsschilder, doch den Häusern und belebten Straßen nach geht die Woiwodschaftshauptstadt in Sosnowiec auf der einen und Chorzow (Königshütte) auf der westlichen Seite über. Bytom (Beuthen) oder Zabrze (Hindenburg), Ruda und Gliwice (Gleiwitz) gehören zusammen. Die knapp zwanzig Kilometer zwischen Kattowitz und Beuthen lassen sich mit der Straßenbahn zurücklegen. 2,5 Millionen Menschen drängen sich hier, das heißt 2202 auf einem Quadratkilometer. Das Feuer der Hütten leuchtet nachts in manche

Wohnzimmer. Die Straßen machen nur um Fabriktore einen Bogen. Eisenbahnschienen schneiden ihren Weg von den Betrieben zu den Bahnhöfen. Schon haben es sich die Menschen auf alten Kohlehalden bequem gemacht. Ein Haus der Familie des früheren Parteichefs Gierek und das des neuen Ministerpräsidenten Messner stehen in so einem Kattowitzer Villenviertel der sechziger Jahre. Aber wie lange noch? In verschiedenen Gegenden wird das Fundament brüchig, Risse zeichnen Häuser. Seit 1975 gingen mehr als 300 000 Wohnungen durch Bergschäden verloren. Jährlich brechen etwa 8000 Kilometer Leitungen. Es scheint so, als gäbe es unter Tage noch einmal ein Kattowitz und ein Beuthen. Die Grubenflöze schieben sich immer breiter und tiefer unter die Städte. 200 Millionen Tonnen Kohle werden jährlich gefördert. Und es gibt noch genug bis über das Jahr 2000 hinaus.

Die neue Gewerkschaft in der Grube „Wujek" hat endlich ein weiteres Ferienheim in Zakopane unter den polnischen Tatra-Bergen. Für zweihundert Kinder wurde überdies bei Kolberg ein altes Schloß aus deutscher Zeit übernommen. Die Umweltbelastung ist wohl nirgends auf der Welt so groß wie in der Region um Kattowitz. So berichtet der Gewerkschaftler mit Stolz über eine bessere ärztliche Versorgung. Von den 6400 Mann Belegschaft gehörten vor dem Kriegsrecht etwa 5000 zur „Solidarität". Dann kam am 13. Dezember 1981 das Kriegsrecht. Der Betrieb wurde militarisiert. Aber die Belegschaft trat in einen Streik, die Grubenleute blieben aus Protest vor Ort. Am 16. Dezember 1981 stürmte die Miliz, von Panzern des Militärs geschützt, auf das Werksgelände. Die Arbeiter traten ihnen mit brand-glühendem Werkzeug entgegen. Es kam zu einem blutigen Kampf. Sieben Tote waren zu beklagen. An der Stelle, wo die Panzer zur Grube vorstießen, steht heute - wie schon Anfang 1982 - ein Kreuz. Jetzt wie damals wird es mit Blumen geschmückt. Aber der Sicherheitsdienst hat seine Beobachtungsposten abgezogen. Die Helme der sieben gefallenen Bergleute hängen nicht mehr zur Erinnerung an der Mauer. Damals brannten Dutzende von Kerzen zum Gedenken an die Sieben, an diesem Arbeitstag sind es nur noch eine Handvoll. Zu ihren Leistungen zählt die neue Gewerkschaft eine schmiedeeiserne Tafel neben dem Kreuz. Auf der steht vage: „Zum vierzigsten Jahrestag der Volksrepublik Polen die Grube Wujek den Gefallenen im Kampf für nationale Freiheit, gesellschaftliche Wahrhaftigkeit und Arbeitsplätze. Die Belegschaft der Grube im April 1984." Die sieben Witwen beziehen Unfallrente.

Vor Ort: Die Grubenlampe leuchtet nur ein paar Meter weit. Tatsächlich glitzert die Kohle wie schwarzes Gold. Lampen erhellen in regelmäßigen Abständen die Gänge zum Abbauflöz. Aber auch die schwarzen Pfützen glitzern, und tritt man mit den Stiefeln hinein, klingt es anders als über Tage: dumpfer. Dann hängen Drähte über einem, und unten verbauen Strebungen einen raschen Schritt. Man muß sich bücken und kriechen. Wohl nur fünfhundert Meter tief - die Luft steht und ist warm. Bei jeder Bewegung fließt schon Schweiß. „Ich verdiene mehr als 40 000 Zloty. 1982 waren es noch 20 000. Das ist viel. Aber die Preise stiegen auch." Der Bergmann, mit bloßem Oberkörper, den Helm mit Lampe tief über der Stirn, gibt bereitwillig Auskunft. Kumpel seiner Art prägen die Region. Ihnen geht es besser als allen anderen. Sie sind der verrußte Adel von Kattowitz. Der dreimal höhere Lohn für die Samstagsarbeit geht auf ein Extra-Konto. Damit kann man sich Güter kaufen, die Normalbürger nur nach langem Warten erhalten. Regelmäßig wird mit Warschau um eine bessere Urlaubs-Kompensation für Samstagsarbeit gerungen. Nach nur drei Jahren Arbeit hat dieser junge Bergmann schon eine Wohnung. In Warschau müßte er fast zwanzig Jahre lang darauf warten. Aber er darf Jahre danach auch nicht den Arbeitsplatz kündigen. Der Bergmann bekommt ein 13. und 14. Monatsgehalt. Wer unter Tage arbeitet, muß nicht zum Militär. Mit 45 Jahren geht's „in Rente".

Wer so voll Staub und Schweiß in die Kaue kommt, die Nase verklebt und die Augen, der hat von Schmutz einen anderen Begriff. Wer Tag für Tag vor Ort sein Leben riskiert, der denkt nicht vor allem in politischen Begriffen. Jan Malysiak gehörte zur „Solidarität". Nun ist er in den neuen Gewerkschaften aktiv. Im Dezember 1982 begann man mit nur 125 Gründungsmitgliedern. Und dieses Trüppchen hauste geächtet und verspottet in einer Baracke. Mittlerweile ist die Belegschaft auf 5500 geschrumpft. 500 Arbeiter werden gesucht. Aber mittlerweile gehören 3050 Kumpel zur neuen Gewerkschaft. Der 2. Parteisekretär Erwin Okolus, mehr als zwei Jahrzehnte arbeitete er unter Tage, muß sich mit Malysiak gut stellen. Seiner PVAP gehören nur knapp 1000 Mitglieder an. Doch die Leute im Betrieb kennen ihn und verwickeln ihn beim Rundgang ins Gespräch. Zwischen Partei und Gewerkschaft herrscht bestenfalls die Rivalität um den besten Zugang zur Direktion. Wie in vielen großen Betrieben scheint auch in „Wujek" der Direktor zu entscheiden, und der wirkt auf den Besucher wie ein Manager im Westen. Eine Selbstverwaltung gibt es nicht. Auf der Erfolgsliste der Gewerkschaft stehen vor allem Leistungen, die dem Betrieb Mehrkosten aufbürden: Höhere Sicherheit am Arbeitsplatz, eine bessere ärztliche Versorgung und modernere Duschen, mehr Freizeitheime aber auch eine volle Automatisierung des Kohlentransports und mehr Effektivität beim Einsatz von Maschinen.

Die Miliz in Oberschlesien hat stets besonders hart durchgegriffen. Die Zusammenstöße mit den Anhängern der „Solidarität" waren auch schon vor Verhängung des Kriegsrechts heftiger als anderswo. Dennoch gibt es bis heute Untergrundstrukturen, auch in „Wujek". Gewerkschaften, Partei und Direktion wissen das. Aus Trotz bleiben die Bergleute diesen im Untergrund verbliebenen Bewegungen treu, obwohl allein die neuen Gewerkschaften soziale Forderungen durchsetzen können. Bruder Jakub Matejszak ist skeptisch. Er war in der „Solidarität", verließ dann seinen Arbeitsplatz in der Hütte, nachdem die Militarisierung aufgehoben wurde und man wieder kündigen durfte. „Wir wurden und werden ausgebeutet." Jakub wechselte in die private Initiative. Er verdient heute zuweilen mehr als sein Bruder in der Grube. Aber er trägt auch das Risiko. Jakub kann Deutsch wie seine Vorväter. Er hat es in Abendkursen gelernt. Im Wilhelm-Pieck-Gymnasium in Kattowitz hätte er es leichter gehabt. Dort ist Deutsch schon gute zwanzig Jahre zweite Fremdsprache. Nebenan in Zabrze wird kein Deutsch gelehrt, denn das war ja bis 1945 deutsch. Logik. Im 80 Jahre alten Gesangverein „Harfe" könnte er es üben. Aber deutsche Geschäftsfreunde halten sein Deutsch auch lebendig. Sein Bruder spricht nur Polnisch. Der bleibt in der Grube, nicht zuletzt deshalb, weil er im „Bergarbeiter-Sport-Klub Kattowitz (GKS)" besonders gut trainieren kann. Die Ringer (griechisch-römisch) in diesem Verein wurden schon Europa- und Weltmeister. Jetzt werden gerade drei Hallen mit mehreren Fechtbahnen auf einem alten Fabrik-Gelände fertiggestellt. In diesen Tagen war Einweihung der ersten zwei, und Jakubs Bruder war als Aktiver mit dabei.

„Es gibt ja keine Bierkneipen mehr - wie zu Eurer Zeit", hatte Jakub gesagt und in sein Zuhause eingeladen. Die Straßenbahn blieb irgendwo zwischen Fördertürmen und Speicherhäusern stehen. Jakub watete im Schlamm getauten Schnees voraus. Jede zweite Straßenlaterne gab mattes Licht. Aber in der Siedlung war es dann ganz aus mit der Beleuchtung. Doch Jakub fand seinen Weg. Auf dem Dach des Hauses seien Taubenverschläge, sagte er und zeigte ins Ungewisse. Und hier unten gebe es Karnickelställe. Alles wie im Ruhrgebiet. Die Tür war kaum angelehnt, und drinnen kochte die Zentralheizung des Hausflurs gegen den kalten Zug von draußen an. Man sei glücklich, die Rohre seien erst vor ein paar Tagen wieder repariert worden. Es ist polnische Eigenart, daß Heizungsrohre in den ersten Wintertagen installiert werden. Den Sommer über geschieht meist nichts. Jakubs Frau wartete. Es sollte ganz typisch zugehen. Sie hatte Oberrüben-Suppe gekocht. Das gebe es nur hier. Man könne auf dem Markt eine Polin von einer

Oberschlesierin leicht unterscheiden, denn die ist bei den Kohlrabis oder Oberrüben - den Kalarepa - an der Knolle interessiert und nicht an den Blättern. Eine richtige Bergarbeitersfrau aus Oberschlesien könne aber ihrem Mann nicht Wurzeln aus der Erde anbieten. Sie kauft nur die Blätter, und die werden, zerhackt mit Schweinerippchen oder Wurst, zur Suppe gekocht. Im Zimmer hängt noch Großvaters Mandoline.

Korfanty holte Oberschlesien nach Polen. Aber er wußte schon, daß dieses Volkstum zwischen Deutschen und Polen besondere Rechte brauchte. Gegenüber Warschau setzte er den schlesischen Sejm durch, eine Art Regionalparlament mit eigenem Budget und mehr als nur den üblichen Woiwodschaftsrechten. Den Oberschlesiern ging es besser als der meist kleinstädtischen Bevölkerung in anderen Teilen Polens. Die Verknüpfungen zum Reich blieben nach 1922 auch erhalten, politisch, wirtschaftlich. Und der heute hochgespielte Gegensatz zwischen Deutschen und Polen konnte dort erst als Kind der zwanziger Jahre und des Nationalsozialismus wüten. Das schwebende Volkstum der Oberschlesier stand zwischen beiden Nationen, und in der Regel gegen den Staat, der gerade herrschte. Aus ökonomischen Gründen war zu jeder Zeit bis heute die deutsche Orientierung stark. Jurek resümiert mit dem Stolz der hiesigen Arbeitsethik: „Die Polen haben uns Oberschlesier ausgesaugt. Denen geht es im Vergleich zu allen anderen Zeiten polnischer Geschichte im großen und ganzen besser. Aber wir haben es in Bezug auf die Vergangenheit schlechter. Unsere Kohle muß für die Mißwirtschaft der gesamten Nation herhalten." Die großen Hütten Oberschlesiens bringen meist Verluste ein. Die Arbeitseffektivität der Betriebe wird geringer; denn die Maschinen sind veraltet und können nicht ersetzt werden. Um den Menschen einen Anreiz zur Arbeit zu geben, müßte man Arbeitsplätze rar machen und Arbeitslosigkeit schaffen. Aber das geht nicht.

Das mangelnde Investitionskapital wird zur Krankheitsursache für viele in Oberschlesien. Die Sterblichkeit bei Neugeborenen ist höher, und die Menschen sterben früher. Schwermetallspuren im Wasser und in den Nahrungsmitteln begünstigen die Entstehung besonderer Krankheiten. Im polnischen Durchschnitt leiden in Oberschlesien 15 Prozent der Menschen mehr an Kreislaufstörungen, haben 47 Prozent mehr Krankheiten der Atemwege und 30 Prozent mehr sterben an Krebs. Blei hemmt die psychische Entwicklung der Kinder. Die Reihe ließe sich fortsetzen. Die Katastrophe von Tschernobyl wurde hier lediglich mit Achselzucken zur Kenntnis genommen. Die Staubniederschläge erreichen Werte von 400 bis 2000 Tonnen pro Quadratkilometer. Bei der Immissionsbelastung durch Schwermetalle werden die für Europa geltenden Höchstnormen zuweilen bis zu fünfzigmal überschritten. Mehr als 20 Prozent des Grundwassers sind für eine Reinigung zu sehr verschmutzt. Der deutsche Wissenschaftler Helmut Schreiber hat 1984 für das Internationale Institut für Umwelt in West-Berlin einen Bericht darüber erstattet. Seitdem hat sich die Lage eher verschlechtert. Es gibt Gesetze und Normen. Schon 1950 wurde das erste zur Errichtung von Schutzzonen um Industrieanlagen verabschiedet.

Aber die wirtschaftlichen Zwänge wirken. In den siebziger Jahren sollte eine neue Hütte entstehen, so groß und ruhmreich wie die „Huta Warszawa". Die Warner aus den Umweltämtern wurden beschwichtigt. Zum Ausgleich werde man kleinere Hütten schließen. Dann aber wurde der Betrieb in der „Nowa Huta Katowice" aufgenommen und die anderen nicht stillgelegt. Ein Grüngürtel um Kattowitz wurde dabei überdies noch kleingeschnitten. Die „Solidarität" enttabuisierte die Umweltkatastrophe. Und trotz Kriegsrecht und „Normalisierung" berichten auch heute die Zeitungen darüber. Aber im Bewußtsein der Menschen dämmert nur langsam die drohende „biologische Selbstvernichtung". Im Umweltamt der Stadt ist man machtlos. Hoffnungen werden ausgemalt. Das Umweltamt in Warschau wurde jetzt in ein Ministerium umgewandelt. Aber die Mittel sind begrenzt. Es werden widerstandsfähigere Bäume gezüchtet. Und wer in einem Kattowitzer Wohngebiet zum Beispiel eine Eiche mit anderthalb Meter Stamm-Durchmesser fällt, muß vier Millionen Zloty Strafe zahlen, in anderen Teilen Polens nur 675 000. Am Stadtrand entstand seit den zwanziger Jahren auf Halden neben den Villen auch der Koscziuski-Park. Dort geht jetzt zuweilen Polens alter Parteichef Gierek spazieren, der Oberschlesien für seine Politik der Wirtschaftsexpansion ausbeutete. Vielleicht hält er manchmal an der hölzernen Michaels-Kapelle mit ihrem abseits stehenden Türmchen inne. Das ist eine Fliehkirche aus der Region von Ratibor. Sie stammt vom Anfang des 14. Jahrhunderts und kam erst 1939 nach Kattowitz. Außen ist das Holz vom Ruß pechschwarz. Drinnen kann man für eine Umkehr beten.

Soldaten paradieren vor dem Denkmal in Warschau-Praga, das an die Eroberung Berlins erinnern soll (vorherige Seite). Partei- und Staatschef Jaruzelski, hier mal wieder in seiner Generalsuniform, folgt einem Jugendkongreß der Partei (oben). Regierungssprecher Jerzy Urban, „Lieblingsfeind" vieler Korrespondenten, in Pose (links). Eine Ehrenkompanie vor Warschaus Grabmal des Unbekannten Soldaten am Nationalfeiertag im Juli (rechts).

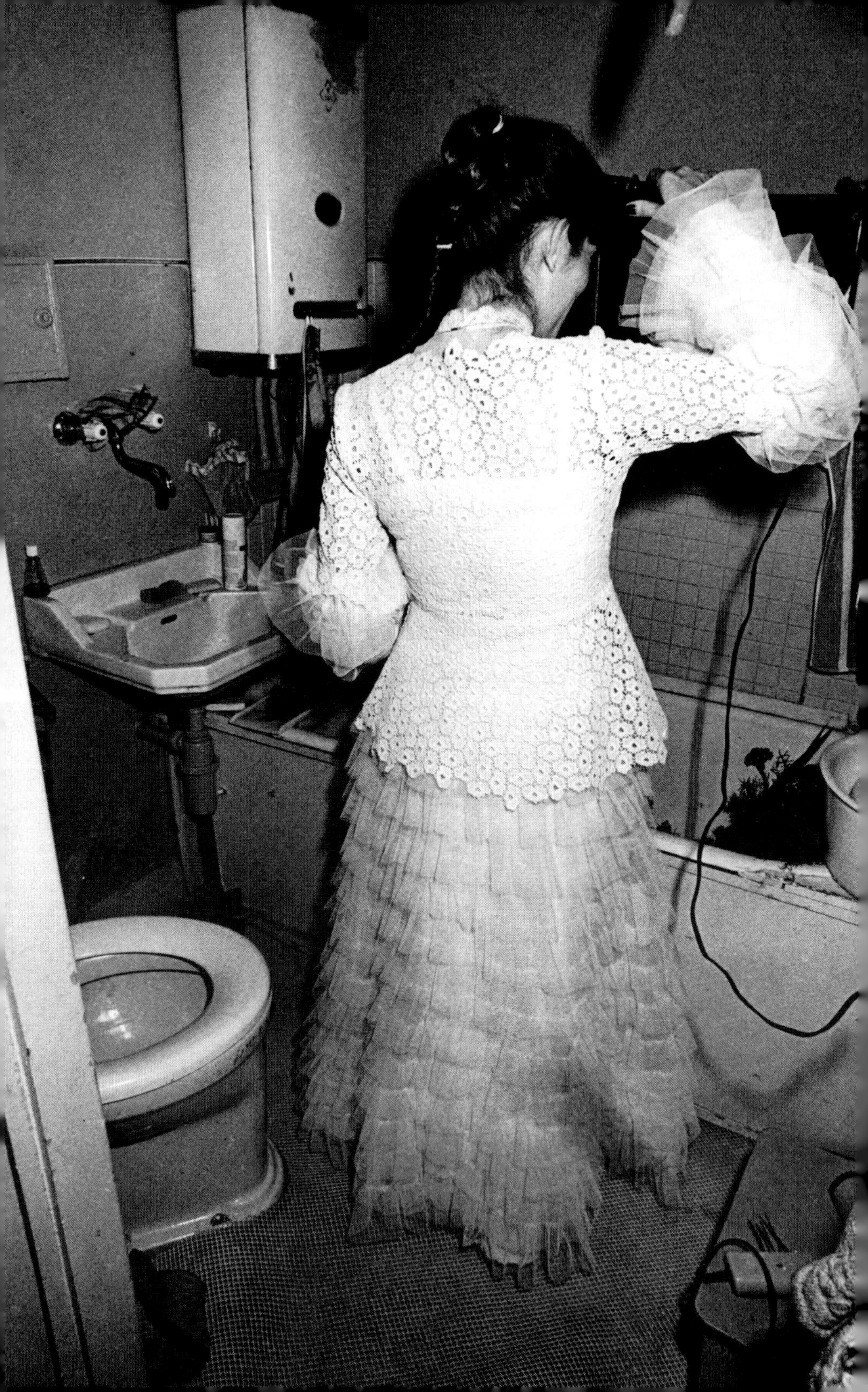

Jung wird geheiratet und mit großem Aufwand. Auf dem Dorf sind alle eingeladen. Es wird gezecht, getanzt und immer wieder gegessen.

Die Bergleute von Kattowitz fördern den Exportschlager der Republik: die Kohle (links).
In Grudziadz (Graudenz) werden Schuhe produziert. Körperlicher Einsatz ist auch noch im Warschauer Traktorenwerk „Ursus“ gefordert (rechts).

2.80

In der Sommerhitze tut eine Rast vor dem Getränkeladen gut (links oben). Beengtes oder ärmliches Wohnen (folgende Seiten) mag bei einer „Hausfete“ die Stimmung heben (links), aber manchen treibt es auf Dauer auch zur Sucht (links außen). In Polen sollte man lieber nicht krank werden. Es mangelt an Platz und Gerät. Kranke in Krankenhausfluren (rechts).

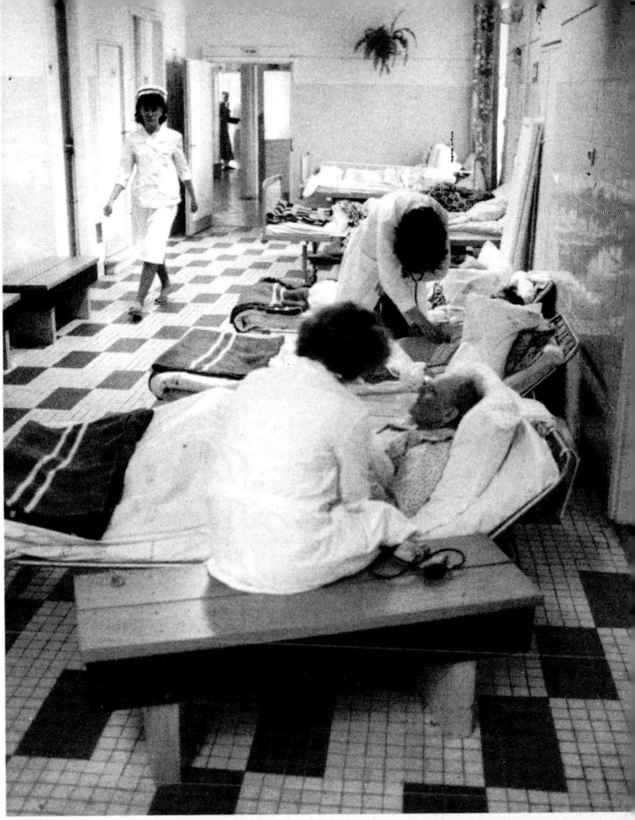

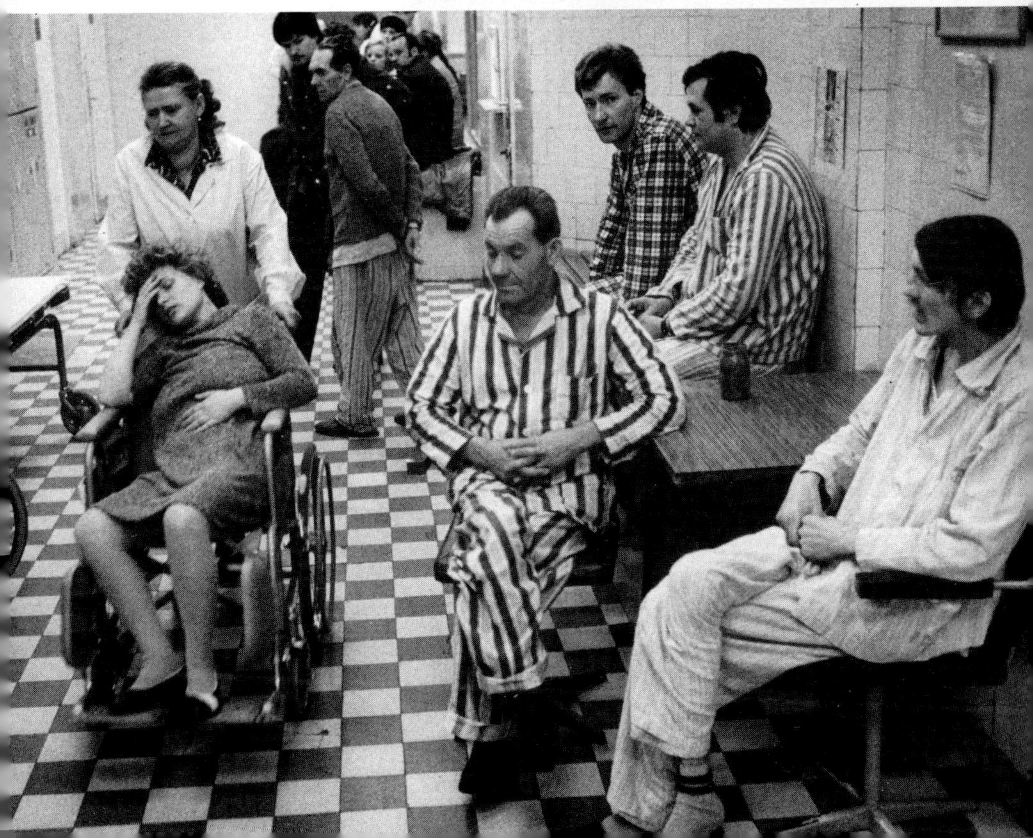

44
42
40
38
36

34
32
30

Bleisalat, Kupferwasser und radioaktive Wolken

In Oberschlesien kann es noch so viel schneien, die weißen Flocken kommen grau unten an, mischen sich mit einer von Kohlenstaub fetten Erde. Es riecht mal stumpf nach diesem schwarzen Gold, mal ätzend aus den hohen Schornsteinen, deren grauer oder gelber Quas sich auf den Boden senkt. Zwischen Kattowitz und Gleiwitz, im oberschlesischen Revier, wo Kokereien und Kohlengruben, Eisen-, Blei- und Zinkhütten, Kraftwerke und chemische Industrie nicht eine Person oder einen Baum vollends gesund sein lassen, liegen kaum vierzig Kilometer und wohnen 2,5 Millionen Menschen. Die Schienen der Tram haben sich in das Kopfsteinpflaster gebissen. An manchen Häusern sieht man noch Einschußlöcher. So alt wie Straßen und Häuser werden wohl auch die Filteranlagen in diesen Fabriken sein, die oft gleich neben den Wohnhäusern liegen, so daß bisweilen das Feuer der Öfen in die Schlafzimmer leuchtet. Über die Menschen in dieser Umwelt flogen nun auch noch im Frühling 1986, am 27. und 29. April, zwei radioaktive Wolken aus Tschernobyl. Die sowjetische Regierung hatte ihren Bündnispartner in Warschau nicht sofort über den Reaktorunfall in der Ukraine unterrichtet. Erst durch erhöhte Meßwerte einiger der etwa 200 Stationen wurde Polen aufgeschreckt. Anfangs, zumal im ehemals ostpreußischen Mikolajki (Nikolajken), wo - mit 500 Male mehr als normal - die national höchsten Werte gemessen wurden, dachte man an einen Fehler in der Apparatur. Dann meldeten skandinavische Stationen ähnliche Zahlen. Aber erst nach offiziellen Informationen aus der Sowjetunion berichtete das polnische Fernsehen am späten Abend des 28. April über eine erhöhte radioaktive Belastung in Polen.

Das war gut zwölf Stunden nach den frühesten polnischen Messungen. Am nächsten Mittag unterrichtete Regierungssprecher Urban die internationale Presse und gab die Konstituierung einer Regierungskommission bekannt. Das war ein deutlicher Hinweis. Ohne Grund gibts dergleichen nicht. Dann aber machte sich Ratlosigkeit breit. In Polen hatte man nie mit einer solchen Katastrophe gerechnet. Von 1969 lagen Vorschriften über die zulässige Bestrahlung mit radioaktivem Jod in bestimmten Betrieben vor. Was war verträglich, was schädlich? Vor allem unter den Bürgern brach Hysterie aus. Westliche Radio-Stationen fütterten ihre Zuhörer überdies noch mit schwarzen

Meldungen. War die Lage in Polen nicht viel schlimmer, wenn in Schweden, das viele tausend Kilometer weiter von der Ukraine entfernt liegt als Polen, vom Milchtrinken abgeraten wurde und den Kindern in den Ländern der Bundesrepublik das Spielen im Sandkasten verboten wurde? Gab die Regierung wahre Daten weiter? Tatsächlich wurden relativ stimmige Zahlen bekanntgegeben, aber sie stellten nur Durchschnittswerte dar. Es sollte ein „Maximum an Sicherheit mit einem Minimum an Panik" verbunden werden, hatte Staatschef Jaruzelski angeordnet. Das beförderte das Mißtrauen in der Bevölkerung, die ohnehin den Verlautbarungen der Obrigkeit kaum traut. Andererseits leben die messenden Wissenschaftler nicht von der Gesellschaft getrennt. Das informelle Informationssystem trug authentische Einzeldaten in viele Haushalte. Kanäle der „Solidarität" wurden aktiviert. Und so hätte es der Regierung gar nicht gelingen können, die Wahrheit zu verbergen.

Die Lage in Polen wäre mit jedem Regentropfen dramatischer geworden. Über der Erde war damals die Radioaktivität 5700 Male höher als einen Monat später. Zum Glück strahlte klar die Sonne. Aber nicht nur die Bevölkerung reagierte mit Ratlosigkeit. Auch die Regierung. Zwar stellte sie sofort erhöhte Werte im Freilandgemüse fest, aber erst am 8. Mai wurden Kinder und schwangere Frauen dazu angehalten, Salat und Kräuter zu meiden. Zuvor war schon vor Milch gewarnt worden, aber die staatlichen Molkereien lieferten erst einmal weiter wie normal. Ärzte, zumal Kinderärzte, wurden zu irgendeiner Reaktion gedrängt. Und so gaben sie, noch ehe sich die Obrigkeit dazu durchrang, eine Jodflüssigkeit aus. Dieses gräßlich schmeckende braune Lugol kam aber auch für den „zweiten radioaktiven Tritt" aus dem Osten am Abend des 29. April zu spät. Die ersten Kinderärzte fuhren den „Hustensaft" am 30. aus. Die Behörden begannen damit am 2. Mai. Erst sollte allein Polens Osten damit versorgt werden. Dann entschied die Regierung, das Jod auch weiter westlich und in Warschau auszugeben. Aber dafür reichte der Vorrat nicht. Möglicherweise war dies die „erste und einzige Aktion dieses Ausmaßes in der Geschichte der Medizin", wie „Przeglad Tygodniowy" schrieb, aber sie war wohl in der Regel mehr schädlich als nützlich. Doch die Ärzte setzten sie fort, allein um die Panik zu dämpfen und damit überhaupt etwas geschah.

Viele Monate später ist bei den Menschen das Gefühl übriggeblieben, in jedem Falle Opfer gewesen zu sein. Selbst wenn man Polens Wälder wieder gesund und sein Wasser wieder klar bekäme, „nur ein Wind aus dem Ausland muß kommen, und der kann alle Menschen vergiften". Das Umweltbewußtsein wurde zwar geschärft, aber zwischen all den Katastrophenmeldungen war die Wolke von Tschernobyl nur ein Schlag unter vielen. Polen wird seine Kernkraftwerke bauen, zwei sollen es sein. Sie sollen auch sicherer werden als die sowjetischen oder die in der DDR. Dafür ist die Bevölkerung zu gewinnen, denn noch deutlicher als im Westen zeigt sich in Polen die Verschmutzung durch traditionelle Energie-Hersteller. So entlud Weihnachten 1985 ein Warschauer Heizwerk so viel Ruß in die Nacht, daß der Schnee sich schwarz verfärbte. Die ätzende Luft riß Menschen mit Erstickungsängsten aus den Träumen. – Polen leidet unter Kraftstoffmangel. Aber eine geringere Anzahl von Autos verbraucht wesentlich mehr Benzin als alle Wagen der Bundesrepublik zusammen. Recht strenge Vorschriften setzen sich bei den Autoabgasen nicht durch. Man kann nicht verlangen, unerhältliche – aber für die Sauberkeit der Luft unabdingbare – Autoteile einzubauen. Noch immer fahren Zwei-Takter, werden neue aus der DDR importiert. Vor allem die Stadt-Busse und die Lastwagen ziehen Schmutz- und Gift-Fahnen hinter sich her. In Polen herrscht keineswegs Hochkonjunktur. Aber selbst wenn Hütten und Kokereien immer mehr Verluste einfahren, ihr Dreck bedroht dennoch zunehmend das Leben der Menschen. Ein interner Bericht der Polnischen Vereinigten Arbeiter-Partei (PVAP) schlug im Mai 1985 erstmals Alarm. Mit Ironie heißt es in der Einleitung: „In Bezug auf ökologische Bedrohung ist der Prozeß der Klassen-Angleichung am weitesten fortgeschritten."

Doch anderswo wird das Problem verharmlost. Ein Bericht der Tageszeitung „Zycie Warszawy", der die Ergebnisse von Chemikern der Akademie der Wissenschaften zusammenfaßte, riß Regierungssprecher Urban zur Behauptung hin, Warschau sei eine der saubersten Hauptstädte Europas. Urban zweifelte die Korrektheit des Akademie-Berichtes an, der nur anders akzentuierte, was die Partei zuvor selbst festgestellt hatte. Im vertraulichen Partei-Dossier steht: „Polen ist das einzige Land Europas und der Welt, wo die Zerstörung der Umwelt ein so hohes Maß erreicht hat." Angesichts dessen sei es lächerlich, darüber zu debattieren, ob man von Katastrophe oder von Gefährdung sprechen solle. Auch weil Polens Regierung bisher stets in rosa Farben malte, hat sich die biologische Todesdrohung für Millionen Polen in den Organisationen der Welt noch nicht recht herumgesprochen. Bekannt wurde nur der schon zitierte Bericht von Helmut Schreiber aus dem Internationalen Institut für Umwelt in West-Berlin, der über das oberschlesische Industrierevier berichtete. Aber Polens sterbende Umwelt ist ein Problem für ganz Europa, allein schon weil die Hälfte der polnischen Luftverschmutzung von den Nachbarn herüberweht, aus DDR und Tschechoslowakei, aber auch aus der Bundesrepublik.

Im PVAP-Dossier liest man: Der größte Teil der in Schlesien erzeugten Landwirtschaftsprodukte ist ungenießbar. Im Bericht der Akademie heißt es differenzierter, die Normen seinen zuweilen 220 Male höher als erlaubt. Der Bleigehalt im Salat aus dem schlesischen Bunzlau (Boleslaw) betrage zum Beispiel 230 Milligramm pro Kilo, wo nur drei Milligramm pro Person und Woche zulässig seien. Einige Orte in Niederschlesien wurden mittlerweile evakuiert. 27 Regionen Polens - schreibt das PVAP-Blatt - ständen an der Schwelle zur ökologischen Katastrophe. Das seien zwar nur zehn Prozent der Gesamtfläche, aber dort lebe ein Drittel der polnischen Bevölkerung. Dazu gehören neben Oberschlesien auch Liegnitz, Oppeln, Plock, Konin, Krakau und Lodz. Zuweilen sei der Boden dort so verseucht, daß man weder Kartoffeln noch Karotten anbauen sollte. Die Wahrscheinlichkeit, an Krebs zu erkranken, sei in diesen Regionen weitaus höher als anderswo in Polen. Schon sei die Lebenserwartung in Schlesien um zwei Jahre geringer als anderswo. Das Dossier berichtet von Erkrankungen der Atemwege, der Haut, von Neurosen und von einer verminderten „Reproduktionsfähigkeit" bei Mensch und Tier.

Nur ein Prozent der polnischen Binnengewässer entspricht der Klasse I, ist also Trinkwasser. 19 Prozent gehören zur zweiten Kategorie, 31 zur dritten. Damit ist der meiste Teil polnischen Wassers kaum nutzbar. Vor allem Metalle, Kupfer und Zink schwämmen im Wasser mit. Im Bericht der Akademie hieß es hierzu detaillierter, von 3600 großen und mittelgroßen Unternehmen führen 2400 ihr Abwasser direkt in die Flüsse ab. Etwa die Hälfte aller polnischen Städte sei ohne Kläranlage, so auch Warschau und Lodz. In manchen schlesischen Gewässern sei der Salzgehalt etwa so groß wie in der Ostsee. Weitgehend vergiftet ist das Meer vor allem in der Danziger Bucht. Der Schauer-Bericht der Partei spricht davon, daß etwa 90 Prozent der Meßstellen die Normen der Luftverschmutzung überschreiten. Bedroht seien 65 Prozent des Wildbestandes, aber auch viele Pflanzen. „Die Wälder in den Beskiden sterben aus. In einigen Jahren können die Urwälder und die Nadelbaumbestände nur noch Erinnerung sein."

„Der Partikularismus der bürokratisch-industriellen Interessengruppen, die Trägheit der Strukturen, Mängel im Wirtschaftssystem - all das sind ernstzunehmende Bedrohungen. Ohne die gewaltige Unterstützung der Öffentlichkeit, ohne deren Kräfte, kann man nichts tun", schreiben die Partei-Wissenschaftler. Polen habe zwar Umwelt-Schutzbestimmungen, aber nur 250 Umweltschützer. Es gebe Lücken im Gesetz. Ein Betroffener könne zum Beispiel nicht gegen ein ihn schädigendes Unternehmen prozessieren. Die Gesetze würden vom Staat formuliert, der auch für die wirtschaftliche Entwicklung verantwortlich sei. „Das heißt, die Verwaltung soll sich selbst kontrollieren. Das ist die wichtigste Ursache der Wirkungslosigkeit im Umweltschutz." Es müsse mehr Geld für die Ökologie geben, und die Unternehmen müßten ein materielles Interesse an einer gesunderen Umwelt gewinnen. Seit der Publikation des Parteiberichts für einen engeren Kreis ist das Umweltschutzamt in ein Ministerium umgewandelt worden. Auf dem X. Parteitag 1986 brachte Parteichef Jaruzelski das Thema vor, und im Plenum gab es dazu deutliche Stimmen. Aber viel tat sich sonst nicht. Es fehlt eben Geld. Zu Zeiten von „Solidarnosc" wurde über die Katastrophe offen gesprochen. Dann lähmte das Kriegsrecht die gesellschaftlichen Kräfte. Zwar gibt es eine kleine intellektuelle Gruppe „Frieden und Freiheit"; sie läßt sich mit den Grünen vergleichen, zu denen sie auch lose Kontakt hält. Aber zu ihr gehören nur einige Dutzend Aktivisten. Meist saßen die – zumal bis Ende 1986 – als Totalverweigerer in bis zu zweijähriger Haft, weil sie nicht dienen wollten und den Eid auf den Warschauer Pakt verweigerten. Hier trat zu Jahresanfang 1987 dann eine Lockerung ein, nachdem ein hoher Politiker ein älteres Gesetz über die Möglichkeiten zum Ersatzdienst wieder in Erinnerung gerufen hatte. Für „Frieden und Freiheit" ist der Umweltschutz nur Thema zweiter Ordnung. Eine offiziell zugelassene Ökologie-Bewegung kann es aber nicht geben. Der Staat kontrolliert das Vereinswesen, und er betreibt auch die Verschmutzung. So ist der Aufruf in dem Parteibericht, der zu stärkerem öffentlichem Engagement anregt, ein Eigentor.

Von Alkohol und Rauschgift

Alis Verbindungen reichen nicht weit, nur vom Hotel „Forum" bis zum Bahnhof. Im Cafe dieser Warschauer Herberge sitzt er oft mit Leuten, die er Freunde nennt; meist sind es Libyer. Die Tische sind hier niedrig und klein, unbequem sind die Sitze. Sie stechen in den Rücken. Aber diese Gäste stört das nicht. Sie staken die Blechlöffel in den dicken Kaffeesud, sie reden und reden. Ihre Worte verbreiten sich in dem schummerigen Cafe wie der Qualm von aberhundert Zigaretten, die hier von Tag zu Tag verglimmen. Den Kellnern sind diese Gäste gerade recht. Ihr Trinkgeld vervielfacht den Lohn. Den übrigen Polen aber ist diese Gesellschaft unangenehm: das sind Waffenschieber und Rauschgifthändler, sagen sie. Und am Abend verführen diese Menschen unsere Mädchen. Tatsächlich sind in vielen polnischen Städten immer wieder arabische Touristen zu Gast, die, meist als Gastarbeiter aus der DDR, zu Ferien nach Polen kommen, um hier das Leben zu genießen. Das horizontale Gewerbe holt sich aus dieser Klientel gut zahlende „Freier". Aber dergleichen hat Ali nicht im Sinn. Wenn er einmal in der Woche zum Kaffee im „Forum" einkehrt, dann trifft er sich immer wieder mit einem anderen Kurier, der ihm ein Säckchen vom „feinsten Stoff" gibt, den man in Warschau kaufen kann.

Damit verschwindet er dann nach zwei Zigaretten und zwei Täßchen Kaffee aus dem Hotel, taucht in die Straßenunterführung von Marszalkowska und Swietokrzyska ab, vorbei an Bauersfrauen, die Blumen oder Plastiktüten verkaufen. Er wendet sich in Richtung Bahnhof, wo er auf einen polnischen Kommilitonen trifft. Ali studiert Maschinenbau, Jerzy auch. So sagen sie zumindest. Jerzy wartet meist schon. Mit seiner Ledertasche unter dem Arm und einem grauen Mantel, wie ihn hier viele tragen, fällt er nicht auf. Darunter aber trägt er nur Schneiderware. Jerzy und Ali sind Dealer, über die Rauschgiftsucht erhaben, süchtig aber nach mehr Geld und einem angenehmen Leben. Sie sind Erfüllungsgehilfen brutaler Herren, käuflich und abhängig, weil sie es nicht schaffen, ohne Schulden zu leben. Ihre Kunden finden sich in der Regel nicht an den bekannten Plätzen dieses Bahnhofs, wo sich Süchtige immer wieder zu einem teilnahmslosen Beieinander treffen. Denen ist Alis Stoff viel zu teuer. Nur eine vermögende Dandy-Elite kann sich den leisten. Diese exklusive Importware bestimmt nicht das polnische Rauschgift-Problem. Der heimische Blaumohn von polnischen Feldern, meist artig in den beliebten Mohnkuchen verbacken, wird vielen Jugendlichen zum Schicksal. Aber das ist nur eine Art Rauschgift. Alle Generationen, Mann und Frau, betrifft die Abhängigkeit vom Alkohol. Nach der Statistik führen hier die Polen weltweit. Allerdings veröffentlichten die Sowjetrussen ihre Zahlen bisher nicht. Und auch beim Rauchen sind die Polen Weltmeister.

Bis zu den August-Ereignissen 1980 war die Rauschgiftsucht tabu. Seitdem ist die Presse in periodischen Abständen voll davon. So berichtete die Warschauer Tageszeitung „Zycie Warszawy" 1985, die meisten Abhängigen seien fast noch Kinder. Eine Regierungskommission zur Vorbeugung gegen die Sucht habe festgestellt, noch 1980 seien nur zehn Prozent der erfaßten Personen jünger als neunzehn Jahre alt gewesen. Bis 1983 sei dieser Anteil auf neunzehn Prozent gestiegen. Besonders alarmierend sei die Ausbreitung in den Schulen. Etwa achtzig Prozent der Abhängigen ist jünger als 25 Jahre. Allein 1984 habe man 5000 Fälle registriert, etwa 50 000 Personen seien gefährdet. Insgesamt ständen gut 200 000 Polen vor der Abhängigkeit. Das städtische Gesundheitswesen in Warschau aber verfügte 1985, die Lage verbesserte sich nicht grundsätzlich, nur über knapp 20 Krankenhausbetten für eine erste Entzugsbehandlung. 130 Plätze gebe es in Häusern zur Resozialisierung, hieß es in jenem Jahr in einem Artikel von „Kurier Polski". Das Blatt zählte allein 35 000 rauschgiftabhängige Warschauer. 1984 aber habe man nur 575 Personen behandeln können. Damit ist die erste Therapie gemeint. Für die weitere Resozialisierung stehen im Land nur 400 Plätze zur Verfügung. Die Behörden sind mittel-, die Ärzte hilflos.

So versuchte der Staat, das Übel an der Wurzel zu packen: Im Jahre 1983 verabschiedete der Sejm ein Gesetz, wonach die Bauern nur noch aufgrund von Kaufverträgen mit den Behörden Mohn anbauen dürfen. Diese Vorschrift wurde kurz darauf noch einmal novelliert. Ob sie greift? Jede Überlandfahrt im Hochsommer führt an Feldern reifen Mohns vorbei. Sie sind frei zugänglich. Jeder kann sich bedienen, und die Bauern sind froh, wenn sie nach der Ernte das sonst unnütze Mohnstroh extra verkaufen können. Die Süchtigen kochen sich daraus das „Makiwara". Sie trinken den schwarzen stinkenden Sud, der nur kurz erhebt, aber rasch zu Magengeschwüren führen kann. Ein Danziger Chemiestudent „erfand" diese Suppe. Sein Warschauer Kommilitone, der einmal Sieger einer „Chemie-Olympiade" war und als Erfinder heimatlichen Meskalins gilt, starb sofort nach der ersten Kostprobe an einer Überdosis. In einem der letzten Sommer berichtete die Regierungszeitung „Rzeczpospolita" aus der Woiwodschaft Liegnitz von der

Verurteilung mehrerer Dutzend Landwirte, die illegal Mohn angebaut hatten. Sie seien zu Geldstrafen von jeweils 100 000 Zloty (damals 2500 Mark) verurteilt worden.

Zur gleichen Zeit wies das Parteiorgan „Trybuna Ludu“ darauf hin, daß auch nach dem neuen Gesetz jeder Bauer auf bis zu zwanzig Quadratmetern Mohn ohne Genehmigung anbauen könne. Es sei aber immerhin geplant, die Mohnanbaufläche von 14 000 auf 5260 Hektar zu verringern, schrieb „Zycie Warszawy“. Nur Bauern in halbwegs „suchtfreien“ Bezirken dürfen anbauen. Sollten die Erntefrüchte den rechten Weg gehen, so blieben noch fünfzig Prozent vom Mohnstroh übrig. Nur die Hälfte kauft die pharmazeutische Industrie. Die anderen fünfzig Prozent, etwa 2000 Tonnen, gehen wieder in die „Szene“. Die Bauern verstoßen bei diesem Handel nicht einmal gegen ein Gesetz. In primitiven Labors, besonders viele gibt es in Warschaus Vorstadt Praga, wird das Stroh mehrere Stunden lang gekocht, dann werden Chemikalien zugesetzt, die aus der Melasse eine klebrig-schwarze Masse machen. Daraus entsteht dann das Heroin, das fast 60 Prozent der Wirkung des westlichen Stoffes erbringt. Dieses Gift ist chemisch unrein und deshalb besonders gefährlich. 1979 kam es nur zu 19 Todesfällen, 1983 waren es schon 110, 1984 sogar 115. (In der Bundesrepublik starben in jenem Jahr 361.) Allein während des Kriegsrechts stieg die Zahl der Abhängigen um das Sechsfache. Die verurteilten Bauern hatten ihre Strafgelder an die private „Vereinigung zur Hilfe für Rauschgiftsüchtige (Monar)“ zu zahlen.

„Ich bin dagegen“, sagt ein Heimmitglied in der Vollversammlung aller Patienten, die in einem Haus von „Monar“ leben. Eine private Initiative hat sich hier seit „Solidaritäts“-Zeiten zusammengeschlossen. Sie zwingt die Süchtigen, die sich kurieren lassen wollen, zu einem harten Kurswechsel in ihrem Leben. An diesem Abend geht es um die Entscheidung, ob ein Rückfälliger doch wieder in die Gemeinschaft aufgenommen werden soll. Er hatte nach sieben Monaten Abstinenz das Heim klammheimlich verlassen, wieder mit der rauschgiftabhängigen Freundin zusammengelebt und ihr unabsichtlich den „goldenen Schuß“ verpaßt. Nach erregter Debatte wird ihm die Rückkehr versperrt. Für den Jungen bricht seine letzte Hoffnung zusammen. Er fühlt sich nun dem Tode ausgeliefert. Gequält sitzt er da. Das Kettchen mit dem Kreuz um seinen Hals hilft doch nicht. Die Heimregeln schreiben strenge, selbst auferlegte Disziplin vor. Wer die Ordnung bricht, kann nicht auf Milde rechnen. Einmalige Nachsicht könnte allgemeine Milde zur Folge haben. „Wenn ich die Wahl zwischen seinem und meinem Tod habe, dann ist mir mein Leben näher“, sagt ein

Mädchen. „Ich bin dagegen", meint sie und raucht nervös an einer Zigarette.

Von den insgesamt 400 Plätzen zur Resozialisierung stellt „Monar" 350. Das Therapiekonzept dieser Gruppe ist auch im Westen anerkannt. Die Zeitschrift „Lad" faßt es so zusammen: harte Arbeit von morgens bis abends. Marek Kotanski, einer der Organisatoren von „Monar", steht der katholischen Kirche nahe. Er beruft sich auf Pädagogen von Pestalozzi bis Korczak. Selbstauferlegte Strenge soll stärken. Der Neuankömmling wird erst drei Monate lang als Novize ohne Rechte eingewiesen. Kurzgeschorener Schopf bei den Mädchen, Glatze bei den Jungen. Totale Anpassung und Selbstaufgabe werden verlangt. Dann kann sich der Zögling in der Hierarchie zu einem vollwertigen Mitglied, zum „Neugeborenen" hocharbeiten. Er wird in Werkstätten und in der Landwirtschaft eingesetzt. „Monar" unterhielt 1986 elf Häuser und fünfzehn Beratungsstellen. Aber der Kampf erscheint fast hoffnungslos. Lange gibt es diese Arbeitshäuser noch nicht. Etwa 30 Prozent der bisher Eingerückten galten später als endgültig geheilt.

Nicht nur zur Unterhaltung erschien 1985 in den Kinos ein Film. Er trug den Titel „Ich bin dagegen". Aus ihm stammt die oben beschriebene Szene. Diese Produktion, bei der Daniel Olbrychski, ein über die Landesgrenzen hinaus bekannter Schauspieler, die Hauptrolle eines Erziehers spielt, sollte die Bürger dazu bringen, sich mit noch mehr Spenden am Kampf gegen das Rauschgift zu beteiligen. Das bürgerliche Stiftungswesen kann der Rauschgiftsucht im sozialistischen Polen vielleicht noch am ehesten Herr werden. Schließlich wird der Grund für die Sucht im System gesehen. Das katholische Wochenblatt „Tygodnik Powszechny" schrieb einmal, die anwachsende Zahl der Abhängigen sei ein Zeichen politischer Frustration. „Die Hauptursache ist in der allgemein herrschenden Atmosphäre von Spannung und Unsicherheit zu suchen." Das hat sich offensichtlich in den letzten Jahren nicht verändert.

Rauschgift ist nur das gefährlichste Laster. Viel weiter verbreitet ist die Alkoholsucht. Da lag Polen schon 1972 mit dem jährlichen Konsum von acht Litern Schnaps/Wodka pro Person an der Spitze der europäischen Statistik. Weil allerdings wenig Wein getrunken wird, läßt sich diese Aussage nicht auf den Alkoholgenuß insgesamt ausdehnen. Da der Staat durch Steuern am Wodka trinkenden Bürger verdient, wird ihm immer wieder der Vorwurf gemacht, diese Sucht auch noch zu unterstützen. So fragten sich Ende 1982 viele Bürger, als der Kriegszustand weiter gemildert wurde, ob denn die „Normalisierung" beim freien Verkauf von Wodka beginnen müsse. Das Binnenhandelsministerium lockerte die Rationierung für Alkohol. Dies ging mit Sonderzuteilungen für Weihnachten einher. Im Dezember gab es ein Kilogramm Zucker mehr, zusätzlich hundert Gramm Seife und dreihundert Gramm Waschpulver. Vor Weihnachten wurde auch der Kauf von Zitronen und Grapefruits erleichtert, so daß bei dieser einmaligen Aktion jedes Kind im Alter bis zu achtzehn Jahren bestimmt zwei Kilogramm Südfrüchte erhalten werde, hieß es in der Jugendzeitung „Sztandar Mlodych".

Vor allem aber lief die neue Regelung für Alkoholika auf eine unbefristete Verdoppelung der Rationen hinaus (obwohl Wodka schon seit Monaten zu höheren Preisen auch ohne Karten gekauft werden konnte). Die Nachricht über die Kauferleichterungen brachte eine Mutter aus Gleiwitz um den Schlaf: „Wer stört jetzt die Ruhe und wozu? In den vergangenen Monaten hat es weniger Trinkereien gegeben. Mein Sohn ist Alkoholiker. Mein Leben ist die Hölle. Wie viele Mütter haben ein ähnliches Leben? Tausende. Ich will kein Denkmal! Ich will ein würdiges Leben." So schrieb diese Frau an das Verbrauchermagazin „Veto". Sie erinnerte dabei an die merkwürdige Idee der Regierung, der polnischen Mutter ein Denkmal zu setzen. Jahre später, 1985, gaben die 37 Millionen Polen für Wodka und andere Spirituosen umgerechnet drei Milliarden Dollar aus. Dies war die Hälfte der Summe, die insgesamt für die Ernährung aufgewandt wurde. In jenem Jahr nahm die Miliz 500 Schwarzbrenner fest, und etwa 300 000 Bürger wurden wegen Trunksucht in den 52 Entzugsanstalten des Landes behandelt.

In der schon zitierten Ausgabe von „Veto" zeigte sich auch ein anderer Leser dankbar für die Rationierung von Alkohol: „Wenn wir das Land aus der Krise herausholen wollen, dann verlangt das sowohl moralische als auch physische Kraft." Ein anderer Leser schlug den Export von „all dem überflüssigen Alkohol" vor. Die Rationierung, forderte er, solle wenigstens noch 25 Jahre dauern, bis sich das Land eine nüchterne Generation erzogen habe. Eine Bürgerin aus Przemysl in Polens Südosten berichtete über die „Visitenkarte" ihrer Stadt. Das sei eine Schlange von Durstigen vor einem Alkoholladen. „Diese fabelhaften Männer, die in blumiger Umgangssprache miteinander reden und deren Lebenslauf von den Falten im Gesicht geprägt ist, stehen da seit dem frühen Morgen nach diesem Wein an, der in einer städtischen Fabrik hergestellt wird. Bonbons aber gibt es nur auf Karten. So viele andere Produkte fehlen, jedoch hier halten es die Stadtväter für angebracht, sich um das Wohl der Trinker zu sorgen." Die Rationierung von Alkohol wird von vielen als kluge soziale Maßnahme gewertet, die nicht im Zusammenhang mit dem allgemeinen Mangel stehen sollte.

Schon immer habe man sich in Polen Sorgen um die Trunksucht gemacht. Vielfach, so heißt es, sei ein Mangel an Disziplin am Arbeitsplatz oder auch im gesellschaftlichen Leben allein auf das Trinken zurückzuführen.

Da vor allem Männer, von Aussichtslosigkeit, Verarmung und Mutlosigkeit getrieben, zur vollen Wodkaflasche greifen, empfanden Frauen und Mütter die Lockerung der Wodka-Rationierung als einen Angriff auf ihr Haus und auf den Frieden in der Familie. (Offensichtlich gibt es im übrigen an den rechten Stellen zuweilen gerade keinen Alkohol. Ein Vater berichtete in „Veto" über die Schwierigkeit, in einer Apotheke Salbe für seine Kinder rühren zu lassen; es habe an Spiritus gefehlt.) In den Monaten der „Solidarität" wurde auffällig weniger getrunken. Dann stieg der Konsum mit der Aufgabe der Rationierung in der zweiten Hälfte des Kriegsrechts wieder an, erreichte 1983 den Durchschnittswert von 4,1 Liter pro Einwohner, dann 1986 gut 4,6 Liter. Diese Angaben verschönern im übrigen das Bild. Denn illegal gebrannter Bimber läßt sich nicht erfassen. Mit maßvollen Mitteln versucht die Regierung der Trinksucht Herr zu werden. In den staatlichen Läden kann erst von 13 Uhr an Alkohol gekauft werden. In Betrieben darf man gar nicht trinken. Immer wieder wurden die Wodkapreise angehoben. Sie bewegen sich jetzt pro Liter bei acht Prozent des monatlichen Durchschnittslohnes. Wer seinen Gelegenheitsjob gut ausgeführt hat, kann als Dreingabe zum Lohn mit einem halben Liter Wodka rechnen.

Der Abgeordnete Wojna erzählte einmal freimütig, in den vergangenen zwei Legislaturperioden sei wohl nie im Sejm so hektisch debattiert worden wie im Januar 1984 über Wodka und Bier. Damals ging es um die Novellierung eines Anti-Alkohol-Gesetzes, das erst sieben Monate zuvor rechtskräftig geworden war. Die Neuregelung schlug vor, das neue Monopol-Unternehmen für den Alkohol-Vertrieb „Ponal" gleich wieder zu liquidieren. Außerdem wollte man die Handelsspanne für Restaurants erweitern. In den Devisen-Geschäften sollte auch vor dreizehn Uhr Alkohol verkauft werden können. Der mächtigste Lobbyist für diese Regelung ist der Monopolproduzent verschiedenster Sorten von Alkohol „Polmos". Dem liegt daran, in möglichst großen Flaschen zu möglichst jeder Zeit Alkohol an die Händler zu verkaufen. Ein Monopol-Zwischenhändler wie „Ponal" ist da gewinnschädigend. Auch die Hauptproduzentin reinen Alkohols, die staatliche Landwirtschaft (PGR) mit ihren etwa 900 Spiritus-Brennereien, fürchtete Geschäftsschädigung. Ihr Handelsspielraum hätte geringer werden, die Anforderungen an die Qualität steigen können. Für die

Kolchosen war der Spiritus stets die Rettung des Budgets; sie verdienten bis zu 36 Zloty pro Liter.

Der Handelsmonopolist „Ponal“ wollte die „Qualität des Trinkens“ erhöhen. Die Flaschen sollten kleiner, das Gewicht mehr auf niedrigprozentige Getränke gelegt werden, auf ein größeres Sortiment von besserer Qualität. Damit würde sich aber der Gewinn der Gastronomen verringern, errechneten die staatlichen Restaurantketten. Die klagten immer schon, die Handelsspanne sei zu gering. Diese Angabe bezweifelte daraufhin „Polityka“. Ein Alkoholhändler fahre einen zwischen zehn- und zwanzigmal höheren Umsatz ein als der Käseladen nebenan, hieß es da. So ist es auch nicht verwunderlich, daß schon auf knapp 1400 Bürger eine Alkoholverkaufsstelle kommt, dagegen auf 15 000 nur eine Apotheke. Wie die Zukunft des polnischen Alkoholverkaufs auch aussieht, es wird stets um das Staatsbudget gehen; denn ob mit oder ohne „Ponal“ - nur der Fiskus verdient.

So erklärte sich auch die hitzige Debatte im Sejm, die vorerst damit endete, daß eine Unterkommission zur Diskussion des Novellierungsentwurfes eingesetzt wurde. Das kritische Kirchenblatt „Tygodnik Powszechny“ übte an allen Maßnahmen des Staates Kritik. Gar keine „Anti-Alkohol-Politik“ brächte wohl am meisten Erfolg. In den Monaten der „Solidarität“ war das Gemeinschaftsempfinden der Einzelhändler so groß, daß bei drohenden Streiks Alkohol nicht verkauft wurde. Den Streikenden sollte zu nüchternem Verstand verholfen werden. Und unbewiesen verband sich damit die Anklage an den Staat, der bewußt dafür sorge, daß die Leute möglichst viel tränken. Dann fielen sie als Gegner der Obrigkeit aus, und das Staatsbudget hätte seinen Profit. Aber so ganz kann das nicht stimmen. Auch viele Regierungsvertreter trinken gerne, manch einer gilt sogar als „Profi“ auf diesem Gebiet. Immer wieder tuen sich nun Intellektuelle zusammen und schwören sich Nüchternheit. Den Kindern wird zuweilen vor der Kommunion ein Schwur abverlangt, bis zum 18. Lebensjahr nicht zu trinken. Aber nüchterner sind die Polen in Stadt und Land deshalb noch nicht geworden. Und wer nicht trinkt, der raucht. So wie das Bewußtsein für die leidende Umwelt noch nicht so stark ausgeprägt ist wie im Westen, so sehr mißachten auch die Menschen in Polen ihre eigene Gesundheit.

Lieber gesund bleiben

Mindestens fünf Babies starben, und weitere 40 litten für Tage an gefährlichem Durchfall. Dieser Vorfall in einem Kösliner Krankenhaus ging durch die polnische Presse. Regierungssprecher Urban mußte ausländischen Korrespondenten Frage und Antwort stehen. Später fand eine Kommission heraus, menschliches Versagen habe auch eine Rolle gespielt. Vor allem aber wurden die Hygiene im Hospital und die mangelnde medizinische Grundversorgung beklagt. Geburt, Operationen, jede ambulante ärztliche Behandlung ist in Polen gratis. Weil es ja nichts kostet, geht man mit jedem Wehwehchen zum Arzt oder läßt sich krank schreiben. Der Patient ahnt nicht, wie kostspielig eine Operation ist. Auf den Medikamenten, die er sich auf ein Rezept in der Apotheke abholt, sind Phantasiepreise angegeben. Das Beruhigungsmittel Mentowal kostet kaum mehr als ein halbes Pfund Quark.

Das Vertrauen in polnische Medikamente ist gering, vielleicht auch deshalb, weil sie kaum etwas kosten. So verschreiben selbst Ärzte gelegentlich westliche Präparate, auch wenn sie schwer zu erhalten sind und von Verwandten oder Freunden aus dem Ausland beschafft werden müssen. Zuweilen muß eine Therapie auf der Basis importierter Medizin ohne ausreichenden Vorrat vorzeitig abgebrochen und mit einem Ersatzmittel fortgesetzt werden, eine unerträgliche Situation. Noch vor Jahren importierte auch der Staat viele Medikamente aus dem Westen. Doch dann verschlechterte sich die Devisenlage drastisch. Dem polnischen Hersteller „Polfa" war es nicht einmal mehr möglich, bestimmte Grundstoffe einzuführen. Mittlerweile hat sich die Lage wieder entspannt. Die Apotheken verfügen über ein etwas reichlicheres Angebot. Aber für den Staat werden die Belastungen zunehmend unerträglich. Das könnte sich ändern. Auf dem X. Parteitag der Polnischen Vereinigten Arbeiterpartei (PVAP) im Juni 1986 kündigte Premier Zbigniew Messner eine für den Sozialismus revolutionäre Änderung an. Der Patient solle Rechnungen sehen, auch einen höheren Anteil bezahlen, selbst wenn der Staat die Kosten später kompensiere.

Der Bürger ahnt nicht einmal, wie teuer für den Staat die Gesundheit seiner Bürger ist. 1984 fielen offiziell von insgesamt 2916 Milliarden Zloty der Staatsausgaben 331,1 d. h. 11,1 Prozent auf das Gesundheitswesen. Den Ansprüchen auf der einen Seite werden die Leistungen auf der anderen nicht gerecht. Wer in Polen ernstlich krank wird, ist nur zu bedauern. Es sei denn, er hat Geld und kann sich privat kurieren lassen. Jeder Arzt muß zwar bis zur Pensionierung im kommunalen Gesundheitssystem angestellt sein. Er tut meist Dienst in der Poliklinik, die einen bestimmten Stadtteil versorgt. Sein Verdienst bei einer dem deutschen System vergleichbaren Ausbildung ist aber selbst nach vielen Jahren Arbeit geringer als der Durchschnittslohn eines Facharbeiters. Allein deshalb schon sucht er sich dazu meist noch einen Nebenerwerb, der zum Grundstock von Wohlhabenheit werden kann.

In den Praxisgemeinschaften, - Isis, Astra oder Aeskulap -, kann der Arzt halbprivat tätig sein. Der Staat legt die Preise in bestimmten Margen fest. Eine offiziell verschreibbare und staatlich anerkannte einmalige Akupunktur-Behandlung kostet etwa in Warschau 800 Zloty. Darüber hinaus gibt es dann auch noch rein private Praxen. Meist bieten hier Zahnärzte, Orthopäden und HNO-Fachärzte ihre Dienste an. Und da wird es dann teuer: eine Porzellankrone - 1986 - zwischen 25 000 und 50 000, die Porzellan-Plombe 1500 Zloty. Die billigste aus irgendeinem Metall allerdings nur 200 Zloty. In diesem Fall kontrolliert allein das Finanzamt die Kosten.

Der kleine Mirek wachte mitten in der Nacht auf. Es ging auf einen Sonntagmorgen zu. Dem Ersticken nah - lief sein kleines Gesicht weißgrünlich an. Er röchelte, bekam kein Wort heraus. Er schluchzte erbärmlich. Seine Eltern wußten, ihr Krankenhaus lag auf der anderen Seite der Weichsel in Mokotow, obwohl sie längst in Saska Kepa wohnten. Sie waren aber drüben polizeilich gemeldet, und so stand es auch im Personalausweis. Die Eltern aber wollten keine Zeit verlieren. Sie hatten auch kein Auto. Das Kind wurde warm eingepackt, und der Vater lief mit dem Bündel im Arm durch den nächtlichen Vorort zum nächstgelegenen Krankenhaus, nicht weit. Die Ärzte hatten ein Einsehen. Er hatte Glück. Als Notfall wurde Mirek aufgenommen. Am nächsten Morgen war der Pseudo-Krupp-Anfall überstanden. In Polen kommen 56 Betten auf 10 000 Bürger, obwohl manchmal acht Betten in einem Zimmer stehen oder sogar auf dem Flur. Da kann nicht jeder in ein beliebiges Krankenhaus gehen. So wartete Mireks Mutter schon seit Wochen auf einen OP-Termin. Aber bisher wurde noch kein Bett frei.

In den letzten zwanzig Jahren haben vor allem durch verschmutzte Umwelt und mangelnde Sauberkeit am Arbeitsplatz entsprechende Krankheiten zugenommen. In 42 Prozent der Betriebe ist der Hygiene-Zustand „unter Norm“, hieß es einmal 1986 in der Presse. 17 Prozent des polnischen Leitungswassers sind voller Krankheitserreger. Nahrungsmittelvergiftungen nach dem Genuß verdorbener Speisen, zum Beispiel Eis, nahmen drastisch zu. Von 100 000 Polen wurden 141 krank durch Dreck. Überdies stieg die Krebsziffer in den letzten zwanzig Jahren um das Fünffache. In Oberschlesien, der schmutzigsten Region in der industrialisierten Welt, leiden - wie schon berichtet. 30 Prozent mehr an Krebs, 15 Prozent der Bevölkerung mehr an Kreislaufstörungen als anderswo in Polen, 40 Prozent mehr an Krankheiten der Atemwege. Arbeitsunfälle sind um 200 Prozent häufiger.

Aber auch in den Krankenhäusern ist die Hygiene oft mangelhaft. Zigarettenkippen im Lift, zum Teil durchlöcherte Bettwäsche oder schmutzige Flure sind nicht selten. Einwegspritzen sind Mangelware. Mit Mull muß gespart werden. Manchmal fehlen nur ein paar Kanülen für eine Mark oder das Papier zum Computer. Aber dieser Mangel legt eine gesamte Apparatur lahm. Als Mireks Mutter dann doch endlich ihren Termin bekam, ihr wurde ein Myom entfernt, sorgte die Familie für das regelmäßig neue Bettuch. Wer ins Krankenhaus muß, wird versuchen, eine Putzfrau, eine Krankenschwester und einen Arzt für sich geneigt zu machen. Die Putzfrau wird für Schokolade und Kaffee Betttisch und Waschbecken besonders wienern. Für den nächtlichen Wachdienst bot Mireks Vater in der ersten Nacht nach der Operation 2000 Zloty. Das war ein stolzer Preis, stellte er im nachhinein fest. Der Arzt bekommt von seinem staatlichen Arbeitgeber für einen „langen Dienst", der um drei am Nachmittag beginnt und erst am nächsten Morgen um acht Uhr endet, 1400 Zloty an einem Wochentag, am Wochenende 2800. Das ist aber schon der höchste Satz. Der Grundbetrag pro Stunde beläuft sich auf gut 80 Zloty. Das entsprach 1986 einer Mark.

Es war nur zu normal, daß sich Mireks Familie auch beim Arzt revanchierte und mit einer Flasche Cognak aufwartete. Zwanzig Liter Benzin sind auch nicht schlecht, denn das Schlangestehen vor der Zapfsäule stiehlt kostbare Zeit. Diese Gaben gelten nicht als Bestechung. Jeder weiß, daß die Doktoren viel zu tun haben, schlecht bezahlt sind. Das Ansehen des Mediziners in der Gesellschaft aber ist hoch. Mit einem Geschenk trägt man dem nur Rechnung und baut zudem eine mehr persönliche Beziehung zwischen Arzt und Patienten auf. Das könnte sich schon beim nächsten Mal auszahlen, wenn man an der Verwaltung vorbei den Arzt daheim anruft, um ihn direkt ans Krankenbett nach Hause zu bitten. Aber das kostet seinen Preis. Und so zeichnet sich ab, was der Sozialismus doch verhindern wollte. Wer mehr Geld hat, ist auch medizinisch besser versorgt.

Das ansonsten schwindende Vertrauen in die allgemeine Medizin führte vor allem im katholischen Polen zu einem Boom für Wunderheiler und „weise Frauen“. 77,2 Prozent der Befragten fühlten sich kuriert, nachdem ihnen Clive Harrison, der regelmäßig nach Polen kommende Heiler, die Hand auf den Schmerz gelegt hatte. Meist kommt er im November nach Warschau, wenn die Tage schon kurz und grau geworden sind. In einem Kloster der Altstadt läßt er die Patienten zu sich kommen. In Massen eilen sie, werden hingetragen, Gichtkranke und Lahme. In langer Reihe müssen sie auf die wenigen Sekunden warten, die sich Harrison ihnen widmet. Das geschieht ohne Worte. Weiter hinten hat jemand auf den Zettel das Leiden notiert, und der wandert mit nach vorn, bis ein weiterer Helfer Harrison den Befund vorliest. Der legt dann seine Hände auf die beschriebene Stelle, Wärme soll den Körper durchströmen, – und schon ist der nächste Patient an der Reihe. In Polen nimmt Harrison kein Geld. Die Helfer, sie kommen meist aus den vorm Krieg führenden Familien des Adels und des Bürgertums, stehen Harrison ehrenamtlich zur Seite.

Aus dem Westen sind seit einigen Jahren für viele Millionen Dollar Medikamente und medizinische Geräte nach Polen gekommen. Das „Rote Kreuz“, die „Caritas“ und andere Organisationen helfen mit medizinischen Geräten und Medikamenten. Eine private „Hilfsaktion für polnische Krankenhäuser“ aus Friesenheim bei Lahr hat sich besonders verdient gemacht. Sie mobilisiert Firmen und organisiert sogar Kurse an besonders modernem Gerät. Aber der Bedarf ist nie gedeckt. Einige Musterkliniken, wie das Kinder-Zentrum bei Warschau oder das neuentstehende „Hospital für Mutter und Kind“ in Lodz, prägen nicht den Gesamteindruck des polnischen Gesundheitswesens. Vielmehr gehen Personal und Patienten ohne viel Fürsorge mit den Geräten um, verschleißen schnell und pflegen wenig. In Polen fehlt – wie in vielen Ländern dieses Blocks – jedes Verhältnis zu staatlichem Eigentum, obwohl dies doch der Sozialismus lehren wollte. Gemeingut wird nicht als eigenes Gut behandelt, sondern wie fremde Ware ohne Wert.

Frau Gutowska bereitet sich aufs Sterben vor

Lidia Gutowska, geboren am 23. Februar 1901, bereitet sich auf das Sterben vor. Ihr fehle zum Leben die Lust und zum Überleben die Kraft. So resümiert die kleine zierliche Frau in ihrem Bett, das unterhalb des Fensters so aufgebaut steht, daß Frau Gutowska mit wenig Mühe, und nur indem sie die Gardine zur Seite schiebt, auf die Straße sehen kann. Einen halben Baum und das brüchige Pflaster einer der Seitenstraßen zwischen Krasinskiego und Slowackiego im Zentrum von Warschau-Zoliborz sieht sie da. Früher ging sie regelmäßig in ihre Gemeindekirche, die Stanislaw Kostka Potocki geweiht ist, ein häßlicher Bau aus den fünfziger Jahren mit zwei Türmen. Aber Frau Gutowska gewann ihn lieb, und nun hört sie immerhin regelmäßig das kraftvolle Läuten der Glocken. Die Alte könnte aber auch ihre Nachbarn beobachten, wenn sie zur Arbeit aufbrechen oder zurückkehren; das junge Mädchen im Skianzug, das jeden Morgen mit dem Milchwagen durch die Straßen zieht, Frau Guz, die ihren Hund ausführt oder ein paar Milizianten, die ihren Routineweg durch die Straßen nehmen. Aber genau diesen Anblick möchte sie sich ersparen. So bleibt sie in ihre Kissen zurückgelehnt und schaut nicht mehr hinaus.

Frau Gutowska ist arm, krank, allein und traurig. Schlimmer könne es nicht kommen, meint sie zu sich. In dem Antrag ihrer Tochter Irena vom 12. Januar 1982 aus Bialystok an die Behörden steht zur Begründung eines Reisewunsches, schon seit der Zeit, da ihre Mutter nach dem Krieg tapfer und gegen den Schmerz an Händen und Rücken beim Wiederaufbau von Warschau mitgeholfen habe, leide sie an einer Nervenschwäche in Hand und Gelenken. Durch das viele Schlangestehen in den letzten Monaten sei ein Rückenschmerz chronisch geworden, so daß sie selbst im Bett dort stets ein Stechen verspüre. Seit Wochen stehe sie gar nicht mehr auf; denn sie fürchte eine Erkältung. Die Wärme aus einer an die Fernheizung angeschlossenen Zentralheizung reiche ihr nicht. In ihrem Brief an die Behörden umging die Tochter eine Bemerkung über den ausgefallenen, aber aus Mangel an Ersatzteilen unreparierbaren, Elektroheizer; denn sie war sich nicht darüber im klaren, ob sein Anschluß überhaupt gestattet war.

Kriegsrechtszeiten waren Krisenzeiten. Der Mangel an Bewegung ebenso wie der an regelmäßigen und nahrhaften Mahlzeiten, an

Vitaminen und Nährstoffen führte den Verfall ihrer „lieben Mutter" herbei, so daß sie, wenn es auch nicht möglich sei, das Schicksal doch noch zu wenden, mindestens in den letzten Monaten an der Seite ihrer Mutter sein wolle, hieß es im Antrag.

Eine präzis verfaßte Nachricht war der Tochter vor Weihnachten von der Hand einer Krankenschwester aus dem „Komitee für soziale Hilfe" zugekommen. Danach sei die Anwesenheit der Tochter in Warschau äußerst erwünscht. Man sei nicht in der Lage, auch Frau Gutowska in den Kreis der täglich zu betreuenden Personen im Stadtteil Zoliborz aufzunehmen, so lange es zu viele Fälle gebe, bei denen Verwandte nicht auffindbar seien. Diese Nachricht wurde dem Antrag an die Behörden ebenso beigefügt wie die bestürzend kurze, mit krakeliger Hand geschriebene Grußformel der Mutter: „Es geht so, in Liebe, Dein Mütterchen". – Als im übrigen damals diese Karte kam, hatte sich Irena sofort entschlossen, zur Mutter zu fahren. So knapp hatte sich ihre Mutter nie geäußert. Sie wollte ihrem Mann nur noch die Betreuung der Söhne auftragen, als der ihr mitteilte, unter dem Kriegsrecht müßten Reisen über Bezirksgrenzen hinaus genehmigt werden. So hatte sie all diesen Papierkram erledigt, nicht ohne die Hilfe ihres Mannes; der ist Verkehrspolizist.

Die kleine Wohnung von Lidia Gutowska in Warschau: ein Zimmer mit Kochecke, ein separates Bad mit Klo. Alles seit dem – schon Wochen zurückliegenden – Besuch der Schwester nicht mehr geputzt, gelüftet. Dreckiges Geschirr, verschmutzte Wäsche in einer Ecke. Zu allem Überfluß breitete sich an der Decke ein nasser Fleck aus. Ein Teil der Gardinen war wohl durch ungehöriges Reißen aus den Rollen gezerrt worden. Da brannte von den fünfen nur noch eine einzige Birne in der Deckenbeleuchtung. Der kleine russische Eisschrank bot nicht viel mehr an als Gestank, verpilzte Butter und einen Brotkanten. Aber Frau Gutowska lebte vornehmlich von Tee, dessen Kochen ihr Mühe bereitete, und wozu ihr allmählich der Zucker ausging. Überdies nahm sie wahllos Medikamente zu sich, die verstreut herumlagen. An Tagen besonderer Schwäche schluckte sie nur die, die am nächsten lagen. Die Schwester hätte Bezugsscheine „realisieren" können, die Frau Gutowska auf Zucker, Fleisch und Fett zustanden. Sie hätte nochmals einen Arzt verständigen können. Aber sie wähnte die Tochter längst am Bett der Mutter. Frau Gutowska konnte sonst niemanden bitten.

Das war bis zum 13. Dezember 1981 anders. Piotr, ein Student aus der Nachbarschaft, der vor Jahren einmal auf die Gutowska aufmerksam geworden war, als diese schmerzverzerrten Gesichts auf dem

Treppenabsatz vor dem Haus kauerte, hatte bis damals zweimal in der Woche etwas geholfen. Doch dann war der plötzlich am 17. Dezember ausgeblieben. Für diesen Tag hatte sie ihn erwartet. Frau Gutowska ahnte nur, daß sein Fernbleiben mit der Verhängung des Kriegsrechts zusammenhing. Hunderte waren interniert oder später bei Unruhen oder Streiks verhaftet worden. Piotr hatte stets von seiner aktiven Rolle in der Studentenpolitik berichtet. Jetzt war er wohl zu laut gewesen, vermutete die Alte. Piotr hatte geholfen. Aber er war vor allem einfach dagewesen. Frau Gutowska hatte auch das Politisieren mit dem jungen Mann geschätzt, in dessen Ansichten sie etwas von der alten Freiheitssuche wiedererkannte, für die auch sie einmal gelebt hatte, vor langer Zeit. Sie mußte sich eingestehen, vor allem nach dem zweiten Machtantritt von Parteichef Gomulka im Oktober 1956 ein Anhänger der Kommunisten gewesen zu sein. Aber später störte sie der Größenwahn auf Pump unter PVAP-Führer Gierek genauso wie die vermottete Hierarchie. Ihr schien alles vorgezeichnet. „Solidarität" machte sie noch einmal wach. Das Kriegsrecht dann erfüllte sie mit dem grimmigen Haß alter Leute.

In gewisser Hinsicht hatte dieses System auch zu einer mehr nüchternen Beziehung zur Tochter beigetragen. Deren Heirat mit einem Milizionär hatte sie niemals gutheißen können. Sie wußte an diesem Mann nichts auszusetzen. Aber sie verachtete seinen Stand. „Wir sind schließlich aus einem ordentlichen Haus", grummelte Frau Gutowska stets in Gedanken. Andererseits gönnte sie es natürlich ihrer Tochter, über einen Wagen zu verfügen und eine eigene Wohnung zu haben, wenn auch im fernen Bialystok. Überdies wurden die Enkel gut erzogen, und Meßdiener waren sie auch. In den letzten Tagen aber kam sie nicht an dem Gedanken vorbei, daß letztlich ihr eigener Schwiegersohn für die Verhaftung von Piotr verantwortlich gewesen und das Kriegsrecht überhaupt des Schwiegersohnes Schuld sein könnte. Hatte der nicht neulich behauptet, eines Tages würden die Radikalen in der „Solidarität" auf die Miliz schießen? All das schien ihr nur so, aber Einwände hätten auch nichts gefruchtet. Sie schimpfte in sich hinein, wälzte sich im Bett herum und mied vor allem den Blick nach draußen. Das Radio stellte sie nicht an; nicht einmal mehr, um westliche Sender zu hören. Sie hatte abgeschlossen, sie hatte keine Kräfte mehr; sie gab sich dumpfen Dämmern hin.

Wovon soll sie auch leben? Frau Gutowska bezog Anfang 1982 eine Rente von 3200 Zloty. Dazu kamen 500, weil sie älter als achtzig war. Eine Vergünstigung als verdiente Kämpferin beim Aufbau von Warschau steigerte ihr Einkommen auf 3900 Zloty. Mit den jüngsten Teuerungen standen ihr dann noch einmal 1300 Zloty als Ausgleich zur Verfügung. Aber die Lebenshaltungskosten stiegen mit der Teuerung insgesamt auf das Dreifache. Für die Erhöhung bei den Strom- und Heizungskosten konnte sie nochmals mit etwa 300 Zloty Kompensation rechnen. Auf der anderen Seite summierten sich allerdings feste Preise für die Wohnung. Die Kosten für das tägliche Leben berechnete Piotr mit Additionen aus Butter, Eiern, Brot, Milch, Salat, Nudeln und anderem mehr, und bekam einen Endbetrag von gut 3100 Zloty heraus. 5500 Zloty standen dem gegenüber. Das würde sich gut anhören, hatte Piotr gebrummt. Aber könne man davon leben? War da noch die Samstags-Blume drin? Ein Unterrock oder ein paar Strümpfe? Überdies durfte man nicht vergessen, daß Frau Gutowska nicht lange Schlange stehen konnte. Sie mußte am privaten Gemüsestand zuweilen doppelt teuer einkaufen. Leicht verzichtete sie auf den monatlichen Ausgang ins nächste Kino am Platze. Und wie stand es mit Seifen und Putzmitteln, wollte man für Reparaturen, zum Beispiel des Elektroofens, etwas Geld übrighaben? Und wie konnte man noch eine Nachbarin oder Piotr zum Kaffee einladen?

Piotr verzichtete im voraus, – jetzt bleibt er aus. Frau Gutowska verkriecht sich im Bett, anfangs nur, weil sie sich einredete, so könne man Schuhwerk und Kleidung schonen, später aus unbestimmten Gründen, die mehr und mehr zur Krankheit wurden. Welches ist die Zeitspanne, die es sich noch zu überleben lohnt? Sie sieht betrübt in den Schatten, den die letzte Birne auf eine Spinnwebe an der Wand wirft, verliert sich in einen Traum von jenen Zeiten, als man in Warschau besser speiste als zu Paris, – wo man die Baguette mit Lachs belegte, und während ihr Herz langsam einherschlägt, merkt sie kaum auf, wie ihre Tochter, erschöpft von einem Tag Bahnfahrt, in den Raum tritt und – erschrickt.

(Am 15. März 1982 starb Frau Lidia. Ein paar Tage zuvor war Piotr aus der Internierung entlassen worden. Der Student und Irenas Mann lernten sich bei der Beerdigung kennen. Da er nicht in Uniform gekommen war, scheute keiner das Gespräch. Irenas Mann hatte bei der Miliz-„Solidarität" mitmachen wollen. Aber in seiner Region war es nur zu einem ersten Gründungs-Treffen gekommen. Darüber unterhielten sich die beiden beim Wodka.)

Frau Pisarz interessiert sich nicht für die neue Rentenanpassung, die zum 1. März 1986 in Kraft tritt. Während die meisten ihrer Altersgenossen noch so lang wie möglich arbeiteten, um ein „sicheres Alter" zu genießen, gab sie schon mit 55 Jahren ihren Job auf, mehr war es nicht als Näherin, und stieg in das Privat-Unternehmen des Sohnes ein. Damals 1981 verdiente sie im Monat 8000 Zloty. Soviel bringt sie nun pro Woche nach Haus: „Jetzt bin ich Rentnerin - nun werd ich reich", äußert sie schmunzelnd. Die Maßgaben des neuen Gesetzes sind quasi unter ihrer Würde. „Der Unterschied zwischen 4500 und 5400 Zloty entspricht dem zwischen Wind und Brise." - Herr Bonczak muß das ganz anders sehen. „Ich bekomme Tränen in die Augen, wenn ich mich daran erinnere, daß man 1956 versicherte, durch mehr Leistung wachse das Gehalt und gebe es später eine bessere Pension." Er verkaufte Zeitungen, Zigaretten, Zahnbürsten und Waschpulver neben anderem - aus einem Kiosk. Mit ihm zu sprechen, bringt Gewinn. Er kennt sich aus, obwohl er darauf beharrt, nie die Zeitungen zu lesen, die er verkaufte. Aber das traf wohl nicht zu. Immerhin war manch Rätsel im Verbrauchermagazin „Veto" mit Bleistift schon gelöst, bevor das Blatt seinen Leser erreichte.

Die neue Regelung soll die Renten auf das Niveau der Pensionen bringen, wie sie jetzt „Jungrentnern" bezahlt werden. Das ist für den Staat eine ungeheure neue Last. Aber der Plan hält nicht das, was er verspricht. 6,2 Millionen Rentner, frühere Angestellte und Bauern sehen sich verprellt. Nun müsse man erkennen, wie gering das Werk der Alten eingeschätzt wird. Und dies werde das Arbeitsethos der Jungen nicht heben, meint Herr Bonczak resigniert. Er sitzt in seiner Wohnküche auf einem Holzstuhl, wie noch drei mehr um den blanken Tisch herumstehen. Von der Ecke auf einer Vitrine, die Geschirr, Andenken und Familien-Fotos aufnimmt, starrt ein Fernsehgerät in den Raum. Herr Bonczak ist Witwer. „Ich könnte mir aber auch keine Frau mehr leisten." Früher verdiente er 15 000 Zloty. 3000 davon fließen ihm nun zu hundert Prozent in die Rente. Von den übrigen 12 000 bekommt er 55 Prozent. Macht zusammen 9600 Zloty.

Zusätzlich für jedes Arbeitsjahr nach dem zwanzigsten steigt die Pension um ein Hundertstel. Auszeichnungen heben die Rente um weitere 10 Prozent des Grundgehalts, aber um nicht mehr als 3000 Zloty. Und dann gibt es noch eine Reihe von Sondervergütungen, zum Beispiel für besonders schwere Arbeit. Für Herrn Bonczak trifft all dies nicht zu. Chef vom Kiosk war er nur 18 Jahre. Davor hatte er als Bauer geschuftet. Als seine Frau nach langer Krankheit starb, übertrug er einem Neffen den Hof. Hätte er ihn an den Staat verkauft, brächte ihm das heute noch eine Rente ein. Allerdings sorgt der Neffe nun für frische Güter vom Dorf. Bonczak rechnet: „Ein Mittagessen kostet im Durchschnitt 200 Zloty. An 30 Tagen also 6000. Frühstück und Abendbrot zusammen vielleicht noch einmal 4000. Die Wohnung nehme ihm 1526 Zloty, Gas und Strom 300 Zloty. Das macht zusammen 11 826 Zloty." Woher Herr Bonczak die Differenz von gut 2000 nehmen soll, hat ihm bisher niemand erklärt.

Aber nicht nur er ist empört über diese Neuregelung, die fast alles beim Alten beläßt. Ganze Berufsgruppen beschweren sich. Zum Beispiel die Lehrer. Diejenigen, die Anfang der achtziger Jahre aufhörten, ständen nun gegenüber den jetzt Pensionierten um mindestens 10 000 Zloty schlechter da. So hätten sich manche, wenn auch nur für zwei Jahre, wieder einstellen lassen, und damit ihre Pension von 8000 auf 18 000 Zloty erhöht. Der „Gewerkschafter" weist auf die paradoxe Situation hin, daß die Putzfrau zuweilen eine höhere Rente bekommt als der Direktor, nur weil sie sechs Jahre später ihre Arbeit aufgab. Ein „junger Pensionär" von 1981 hat erst im Jahre 2018 die Chance, seinen zur Arbeitszeit gleich bezahlten Kollegen einzuholen, nur weil der vier Jahre später „in Rente ging". Ein Leserbrief: „Manchmal denke ich, auch wenn ich bis zum Tode arbeiten würde, könnte ich diejenigen nicht einholen, die etwas länger schaffen gingen".

Die Renten passen sich noch nicht einmal der Inflation an, die Anfang der achtziger Jahre fast zwanzig Prozent und nun offiziell 13 Prozent beträgt. Ein anderer Leser: „Als ich 1979 pensioniert wurde, konnte ich für die Rente von 9280 Zloty gut 900 Kilo Zucker kaufen, mit meinen 12 840 heute nur noch 140 Kilogramm". Das neue Gesetz sei ein „Täuschungsmanöver", meint „Polityka". Es mache Arme noch ärmer. Was meint Herr Bonczak? „In Polen haben die Alten keine Lobby. Es gibt nämlich überhaupt keine Lobbies im Sozialismus. Nur wer stark ist, kommt nach oben. Und Rentner sind das nicht, Sie verstehen?" Er hat seine Zigarette kaum ausgeraucht. Wütend drückt er den Stummel mit dem Daumen schwer im Aschenbecher aus. So wie ihm dürfte es den meisten Rentnern gehen. Frau Pisarz dagegen ist eine Ausnahme. Viele ältere Leute müssen noch einmal ins Berufsleben zurück, weil die Rente nicht ausreicht. Dann enden sie an Garderoben, wo im Sommer niemand seinen Mantel hängt oder sie werden Türhüter, vor denen niemand mehr haltmacht.

Frau Pisarz hat sich für den Besucher fein gemacht. Der bunte Kleidstoff glänzt, und schwer wiegt wohl die Kette mit diesem Bernstein dran. Sie will von ihrem Platz auf dem Sofa aus Bequemlichkeit und einen Hauch von Luxus ausstrahlen. Allerdings kann ihre Stellung mit übereinandergeschobenen feisten Oberschenkeln nicht bequem sein. Aber auf so einem Sofa aus dunkelgrün schimmerndem Stoff mit Troddeln und Quasten und gedrechseltem Holz sitzt man nun einmal so. Frau Pisarz serviert den Tee in Gläsern, die in silbrig scheinenden Henkelbehältnissen stecken. Aber sie sind nicht aus Silber. Nun streichelt sie ihrem Pudel den Pelz. „Jetzt erst kann ich mir einen Wagen leisten. Jetzt erst waren Möbel erschwinglich, wie ich sie mir schon immer kaufen wollte“, sagte sie mit einem Blick auf ihre gute Stube. Das Danziger Wappen hängt da in Zinn geschlagen an der Wand. „Als Arbeiterin ging es mir nie so gut.“ Ob ihr denn nicht die Sicherheit des Arbeitsplatzes etwas gegeben habe? Sie versteht die Frage nicht, und sagt dann: „... dort habe ich meinen Mann kennengelernt.“ Ein Cognac täte uns gut? Das ist ein feines Haus, wo statt Wodka schon am Nachmittag ein Gläschen Französischer fließt.

Im übrigen ging der Sohn gar kein Risiko ein, als er seine Mutter auf die Mitarbeiterliste schrieb. Sie tut fast dieselbe Arbeit wie früher. Aber diesmal geht es um Waren, die zum größeren Teil für den Export bestimmt sind. Damit kommen dann auch Produktionsmittel rein, die moderner sind. Und so macht die Arbeit mehr Spaß. Sie ist auch effizienter, und der Sohn baut auf ihre Erfahrung. „Früher tat ich immer dieselben Handgriffe. Hatte meist dieselben Stoffe in den Händen, und um mich herum rasselte es in einem fort. Jeder versah einen bestimmten Teilauftrag. Aber das fertige Stück hatte ich selten in der Hand.“ Jetzt entstehe qualitativ viel bessere Ware. Überdies unterstehen Mama noch sechs andere Schneiderinnen, „junge Mädchen“, wie sie sagt. Und als Mutter des Chefs ist sie ohnehin etwas Höheres. „Jetzt erkennt man den Wert seiner Arbeit. Jeder erscheint unersetzbar. Auf dieses Erlebnis mußte ich ein langes Berufsleben warten.“ Frau Pisarz ist zufrieden. Und das können in Polen nicht viele Rentner von sich sagen.

Die Kirche spendet nicht nur ihren Segen

Ihr Ton schließt Widerrede aus: „Jetzt seid ihr alle ruhig und denkt an den Herrn Jesus Christus." Die resolute Ordensfrau schiebt ihre Kommunionkinder in Zweierreihen und verschließt ihnen mit einem Wink den Mund. Da stehen sie nun, bang vor Erwartung, ungewohnt der Festtagskleidung und von den Eltern weit entfernt. Die tuscheln mit den Verwandten und Nachbarn, machen Fotos und stecken mit Schwester Maria unter einer Decke. Kommunion gibt's nur einmal. Im letzten Jahr war die Tasia von den Nachbarn dran und davor der Feliks. Kommunion ist mit Sonne verbunden, mit den ersten Tagen, an denen man ohne Jacke und Mütze draußen spielen kann. Das Korn steht schon hoch. Von den Wiesen duftet es, vielleicht nach Frauenschuh und Akelei. Am Montag ist schon wieder Schule. Und danach ist die erste Mahd dran. Das Heu ist jetzt noch naß und schwer. Es gibt wenige Feiertage auf dem Dorf, aber viel Arbeit. Je kleiner der Hof ist, desto mehr Arbeit scheint es zu geben.

Nowa Wies und die Weiler drumherum entsenden 24 Kinder. Die Jungen im blauen Anzug; der ist meist zu groß oder schon abgetragen, auf alle Fälle ungewohnt. Dazu eine weiße Fliege. Die Mädchen bewegen sich feierlich in weißen Kleidern bis zum Knöchel. Während die Knaben steif herumstehen; mustern die Mädchen einander, bisweilen mißgünstig. Alusia hatte noch am Morgen einen heftigen Streit auszufechten, als ihr die Mutter zum blonden und gelockten Haar einen Kranz aus Wiesenblumen flechten wollte. Nein, das ginge nicht, hatte sie brüsk und aufgeregt gemeint. Alle hätten den weißen Kranz aus Kunststoffblumen. Sie setzte sich durch.

Der Geistliche, kein Mann, den man sich in einer Studentenpfarre vorstellen kann, braun von der Sonne in der letzten Woche, hat das Leben seiner Pfarrkinder schon seit Monaten fest in der Hand. Dabei ist es eigentlich Schwester Maria, die aufpaßt. Wenn es die Gören zu toll trieben, dann müsse es schon mal eine Ohrfeige setzen, sagt sie. Das ist nicht bloße Drohung. Der Klaps gehört zur Erziehung. Er führt seit kurzem allerdings gelegentlich zu Anklagen der Eltern, die vom Staat gern aufgegriffen werden. Die Kirche kann schlecht eingreifen. Sie mahnt ihre Geistlichen nur zur Zurückhaltung. Aber als ein Gericht vor einigen Monaten einem Priester zu unterrichten verbot, da schritt die Kurie ein. Darüber zu entscheiden, liege allein in ihrer Macht, beschied sie.

Aber Alusia lernte ihren Katechismus gut. Vom Rohrstock war da nicht die Rede. Bisweilen malte sie das Religionsheft noch am späten Abend aus. Kam sie vom Kommunionunterricht mit einem Bildchen vom Heiligen Maksymilian Kolbe oder der Schwarzen Madonna von Tschenstochau nach Hause, so strahlte sie. Jedes Bild oder Traktätchen ist Lob für gute Leistung. Und so ein Lob sorgte dann auch für gute Stimmung daheim. Die kirchliche Autorität, gemischt aus Liebe und Strenge, wirkt im Elternhaus fort. In Nowa Wies, wo die hohen Schulen der Pädagogik fern sind und wo keine Amtsstelle staatliche Autorität verkündet, reicht die Wirkung der Kirche bis an jeden Herd.

Dabei sind die Leute vielleicht weniger fromm als nur gehorsam, weniger demütig als nur der Sitte ergeben. Es fiele auf, schickte man sein Kind nicht zur Christen-Schule. Kämen die Eltern zu selten zur Beichte, könnte man das Schulkind mit einer peinlichen Frage nach Haus entlassen. Das spräche sich herum. Wer will das riskieren? Und wer weiß genau, wieviel hier abgetrieben wird?! Die Kirche im polnischen Dorf sorgt für Anstand und Sitte aber nur soweit, wie man es draußen sieht. So klagt der Pfarrer auch, es ginge bergab mit dem Glauben auf dem Lande. Er weist auf die Kruzifixe und Altäre an den Weggabelungen hin. Die seien zwar - wie es sich gehöre - im Mai frisch gestrichen und mit Blumen geschmückt. Aber Frauen und Kinder, Männer und Jugendliche kämen nicht mehr zum Singen der Mai-Lieder.

Wo immer die Kirche Polens einen Freiraum für ihren Missionsauftrag sieht, den der Staat nicht besetzt, drängt sie vor. Wo Menschen dem Staat nicht vertrauen und gleichzeitig die Perspektiven im täglichen Leben ausbleiben, dort hat die Kirche ihre Chance. Und wo die Partei nicht regiert oder der Bürgermeister weit ist, da fordert die Kirche, was der Staat zu verlangen sich nicht trauen würde. Kurz vor der Kommunion, bei der letzten Besprechung mit den Eltern, mußten diese eine Erklärung unterschreiben, daß sie am Tag der Kommunionsfeier keinen Alkohol anrühren würden. Bei den Kindern wurde diese Drohung vielfach zur Obsession. Wie Milizionäre stellten sie den elterlichen Haushalt auf den Kopf auf der Suche nach Wodka oder selbstgebranntem Bimber. Vor der Gemeinde fordert der Priester dann an Pfingsten den neu zum Abendmahl Gerufenen ein Versprechen ab. Wer sich nicht traue, das Gebot zu halten, der solle seine Hand ruhig unten halten. Das wagt niemand. Und so verpflichten sich 24 Kinder, bis zum 18. Lebensjahr weder zu trinken noch zu rauchen. Der Priester weiß: dies Gebot werden nur die wenigsten halten.

Für die Eltern ist eine andere Mahnung bestimmt: Sie sollen ihre Kinder weiter so erziehen, daß diese in kritischen Zeiten, wie zum Beispiel im Kriegszustand, die Waffe nicht gegen den Nächsten erheben. Dies ist eine versteckte Anspielung darauf, daß Milizionäre der militarisierten Spezialeinheiten vornehmlich vom Lande stammen. – Aber handeln jene, die sich zur Miliz verpflichten, tatsächlich gegen das Gebot ihrer Kirche? So etwas wie Kriegsrecht ist Ausnahme, und zum Soldatendienst schweigt die Kirche. Aber allgemein sind Wohnungsnot und anderer Mangel Ursache für diesen Berufsweg. Lockt die jungen Männer nicht einfach soziale Sicherheit und ein Auskommen, das mit dem harten Leben als privater Bauer auf wenigen Hektar Land nicht erarbeitet werden kann? – Auch der junge Kaplan wird seine Sicherheit genießen und einen relativen Wohlstand.

Auf dem Land ist die Kirche in ihrer Mission stärker als in den Städten. Aber ihre Mißerfolge sind auch größer. Ein schlechter Priester, und das gesamte Dorf kehrt sich ab. Das kommt vor. Trunksucht verbreitet sich oft in einsam gelegenen Weilern. In der Stadt geht der Unzufriedene zur Nachbargemeinde. Dort wirkt die Kirche auch auf ganz anderen Gebieten. In Warschau unterhält sie ein Erzdiözesial-Museum für moderne Kunst. Einmal im Jahr finden in Warschau, Breslau, Posen, Danzig und anderswo „Wochen der christlichen Kultur" statt mit Vorträgen und Konzerten. Auch in die Kleinstädte dringen katholische Intellektuelle vor und halten Referate zu allen möglichen Themen. Bestimmte Berufsgruppen hegen besonders engen Kontakt zur Kirche; es kommt zu regem Austausch. All das gibt es in der Regel auf dem Lande nicht. Junge Kapläne fühlen sich strafversetzt, müssen sie eine städtische Pfarrei mit der auf dem Lande tauschen.

Aber heute ist dies alles vergessen, sogar die unaufrichtige Beichte neulich, nur um vom Priester ein Paket aus dem Westen zu erhalten. In dem grauen Leben in den geduckten Hütten, bei denen Vater gerade erst die Winterschäden am Dach reparierte, ist dieser Kommunionssonntag ein helles Fest. Gern hat man das Ersparte für das teuere Kleid der Tochter ausgegeben. So kann dann auch der Ärmste zeigen, daß er doch dazu gehört. Und wo nun schon alles so festlich vorbereitet ist und Paten und andere Mitglieder der Familie zu einem der seltenen Besuche aus der Ferne anreisen, ist es besonders schade, daß man ganz ohne Wodka oder Bier feiern muß. Um eine Lösung des Problems ist man nicht verlegen: Später soll dieser Teil der Feier nachgeholt werden. Aber davon darf Alusia heut' nichts wissen.

Für die Menschen auf dem Land ist der Primas, Kardinal Jozef Glemp, ein ferner hoher Herr, und der Papst wird wie ein Heiliger verehrt. Sein Bild, ein Foto, ist ohne Rahmen über dem Tisch mit Heftzwecken an der Wand befestigt. Mehr als fünfzig Prozent der Polen leben auf dem Land und in den Kleinstädten. Da gibt es wenig Kneipen, kaum Kinos oder anderen Anlaß zum Zeitvertreib. Nicht einmal die Tageszeitung der Regierung oder der Partei erreicht das Dorf am selben Tage. Nur die Kirche sorgt für Abwechslung. Aber die Menschen auf dem Dorf haben oft ein anderes Bild von der Kirche als die Gebildeten in der Stadt. Dies erweisen zwei grundlegende Strömungen der polnischen Kirche.

Der traditionelle Volks-Katholizismus ist seit Jahrhunderten mit nationalen Symbolen verbunden, mit dem Gnadenbild der Schwarzen Madonna von Tschenstochau, mit dem an der Ostra Brama im früher polnischen Wilna und seit dem Zweiten Weltkrieg auch mit dem Kloster Niepokalanow westlich von Warschau, in dem Maksymilian Kolbe wirkte. Als König Johann Kasimir im 17. Jahrhundert die Schwarze Madonna zur Königin Polens ausrief und sich ihr unterwarf, weil nur durch ihre - „nicht bezweifelbare" - Hilfe die „schwedische Flut" im Herbst 1655 vor dem Kloster zurückgeschlagen werden konnte, wurde diese Verknüpfung zwischen Staat und Religion besonders deutlich. Sie hatte freilich schon im Jahr 1000 begonnen, als Kaiser Otto III. die Gründung des ersten polnischen Erzbistums in Gnesen mit der Ernennung des Piastenherzogs Boleslaw des Tapferen (Chobry) als „seinen Bruder und Mitarbeiter am Reich" ehrte und so dem Streben von Boleslaw nach Stärkung seiner staatlichen Macht Rechnung trug.

Die wechselvolle Geschichte Polens mit ihren Teilungen und Besetzungen hat Nation und Kirche über Jahrhunderte miteinander eng verbunden. Die Philosophie der Aufklärung konnte am religiösen Empfinden der Polen ebenso wenig ändern, wie zuvor die Reformation, die meist Sache der Hochadeligen geblieben war. Die Dichter Slowacki und Mickiewicz stärkten das Selbstwertgefühl ihrer Landsleute zur Zeit der Romantik dadurch, daß sie das unterdrückte und geteilte Polen zur auserwählten Nation stilisierten. Ähnlich wie Jesus mit drei Nägeln ans Kreuz geschlagen wurde, so litte auch Polen unter drei Martern: den Besatzungsmächten Rußland, Österreich und Preußen, heißt es einmal sinngemäß bei Mickiewicz.

Diese Tradition gab den Polen über alle Bedrängnis hinweg Kraft, auch unter der deutschen Besetzung während des Kriegs und nach der kommunistischen Machtergreifung. Man hört es nicht offen; aber gewiß denkt mancher Geistlicher: Die Phase des Kommunismus wird kurz sein im Verhältnis zur tausendjährigen Geschichte der polnischen Kirche. Allen sichtbar wurde die Religiosität während der Unruhen im August 1980, als sich die Streikenden mit dem Marienbilde schmückten und wie selbstverständlich nationalreligiöse Lieder sangen. Die Religion war Ermutigung, moralische Rechtfertigung für den gesellschaftlichen und politischen Kampf. Diese Ermutigung wird durch das Wissen um den möglichen Mißerfolg nicht beeinträchtigt. Ganz im Gegenteil; es entspricht der Vorstellung von Polens Sendung, in einer feindlichen Umwelt für Freiheit zu kämpfen - womöglich als Märtyrer zu sterben. Diese Haltung kann in Fatalismus umschlagen, in die Überzeugung, die Polen seien ein zum Leiden auserwähltes Volk.

Eine zweite Grundströmung im religiösen Leben der Polen hat im polnischen Rehabilitationszentrum für Blinde, in Laski bei Warschau einen Mittelpunkt. Dort ist Polens katholische Soziallehre zu Hause. Dort wirkte der spätere Primas Wyszynski als Kaplan. Das Denken dieser Richtung gründet im Progressismus und Personalismus, wie sie von Jakob Maritain und Emanuel Mournier vertreten wurden. Der bedeutenste Priester dieser Richtung war der geistliche Vater des früheren Primas, Wladyslaw Kornylowicz, den man in Polen gemeinhin eine Seelenjäger nannte, weil er die Kirche auch für jene attraktiv machte, denen mehr an einer fortschrittlichen Soziallehre lag als an einem nationalreligiösen Kult.

Dieser Strömung entstammte auch der Gelehrte Henryk Dembinski von der Universität Wilna. Als leidenschaftlicher Vertreter des demokratischen Pluralismus, als radikaler Verfechter sozialer Reformen und heftiger Kritiker von Antisemitismus und Chauvinismus hatte er es schwer in der hergebrachten Kirche. Er wandte sich der politischen Linken zu, wo nun wiederum kein Platz für seine Religiösität war. Nach dem Zweiten Weltkrieg versuchte die - zur kommunistischen Partei - treue „katholischen Laienbewegung PAX", Dembinski für sich zu vereinnahmen. Sie hatte damit keinen Erfolg. PAX blieb wenig attraktiv. Dembinski war Katholik und Sozialist, aber doch nicht Marxist. Der noch heute bestehende Kreis katholischer Intellektueller, die einmal der Laiengruppe „ZNAK" im polnischen Parlament angehört hatten, stehen allerdings ohne Zweifel in dieser Tradition. Stanislaw Stomma und Tadeusz Mazowiecki sind hier zu nennen, sowie viele Redakteure der wichtigsten katholischen Zeitschrift „Tygodnik Powszechny" in Krakau unter Jerzy Turowicz.

Mit größerer Berechtigung orientierte sich in den siebziger Jahren das Komitee zur gesellschaftlichen Selbstverteidigung (KOR) an Dembinski. Bei ihm mag die Wurzel dieser Annäherung liegen, die in den

Monaten der „Solidarität“ eine Brücke schlug zu Agnostikern wie Kuron, Michnik und Modzelewski. Erst waren sie als Marxisten in der Partei aktiv. Kuron hatte gar die Pfadfinder auf sozialistischen Kurs gebracht. Dann kehrten sie dieser Partei enttäuscht den Rücken. In ihren Bürgerrechten bedroht, schwenkten sie zur Kirche über, versprachen sich unter ihrem Schirm Kampfverstärkung. Der Bündnispartner aus strategischen Überlegungen wurde später bei manchem zur geistigen Heimat. So kehrte noch kurz vor seinem Tode im Juli 1986 der 97 Jahre alte Patriarch der polnischen Ökonomie, Edward Lipinski, erst Sozialist und dann bis 1975 aktives Mitglied in der kommunistischen Partei, zur Kirche zurück.

Ein früherer Berater des Primas, der Historiker und Publizist Andrzej Micewski, hat darauf hingewiesen, daß sich diese beiden Strömungen der National- und der Freiheitskirche ergänzten. Im modernen Polen gingen sie im Universalismus der Gesamtkirche auf. Die Substanz beider trage dazu bei, daß der polnische Nationalismus nicht zum Chauvinismus werde, schrieb er einmal. Die Tradition der Freiheitskirche mag dem Laien darüber hinaus jenes Maß an politischer Bildung (im Sinne von Teilhabe), vermitteln, daß er von seiner Obrigkeit nicht erwarten kann, der es vor allem um ihre Macht geht. Die nationale Tradition kann ihrerseits die Kirche vor der Politisierung schützen, vor einem Engagement in der vergänglichen Tagespolitik, die Jahre prägen kann. „Die Kirche macht keine Politik, sie dient dem Glauben, dem Staat und der Nation“, meinte Glemp einmal gegenüber dem Autor. Die Kirche vermag so zum einen, Arbeiter vom Streik abzuhalten, andererseits kommt sie Streikenden zur Hilfe.

Gerade das Kriegsrecht drängte auch solche Menschen in die Kirchen, die sich in pluralistischer Demokratie und Freiheit anders orientieren würden. Dieser Staat zwinge seine Untertanen geradezu an den Altar. „Wir wären nicht so katholisch, wären wir frei“, ist nun einmal die gängige Meinung der städtischen Intelligenz. Die Kirche wird für diese Menschen immer offen sein, aber nie benutzbar. Das kann auch zu Enttäuschungen führen. Im Sommer 1980 streikten die Arbeiter an der Küste und in den großen Betrieben des Landes. Der Primas kritisierte zwar die Politik der Regierung, rief aber die Arbeiter auch zur Mäßigung auf. Die Streikenden fühlten sich im Stich gelassen. Auf der Danziger Lenin-Werft erscholl der Ruf: „Die Madonna streikt“.

Der Staat hat vor allem in den fünfziger Jahren auf verschiedene Weise versucht, nicht nur über PAX, in die Kirche einzudringen, sie zu spalten. Das ist nicht gelungen. Schon Gomulka muß dann einmal im Streitgespräch mit Chruschtschow darauf hingewiesen haben, daß sich

Polens Kirche auf kurze Sicht nicht brechen lasse. Die Zeit der „praktischen Koexistenz“ begann, in der die Partei zwar nach außen Waffenstillstand proklamierte, aber weiter um die Seelen der Polen kämpfte. Spätestens seit der Ernennung von Karol Wojtyla zum Papst im Oktober 1978 und seinem ersten Heimatbesuch im Juni ein Jahr später ist dieses Ringen um die Seelen für die Kirche entschieden. In der Katholischen Universität Lublin (KUL) betreiben die polnischen Christen eine Elite-Hochschule, die 1978 schon ihren 50. Geburtstag feiern konnte und die heute immer selbständiger auf fast allen Gebieten lehren und forschen kann. Hier macht die Kurie dem Staat auf dem Bildungssektor sogar zugestandene Konkurrenz. Zwischen beiden Polen muß jetzt von einem „mobilen Gleichgewicht“ gesprochen werden. Staat und Kirche haben ihren unverwechselbaren Platz im gesellschaftlichen Gefüge. Sie sind gleichberechtigte Partner, haben aber auch jeweils eigene, vom anderen nicht zu beeinflussende, Aufgaben. Randthemen aber bieten immer wieder Konfliktstoff. Und immer wieder versucht die Propaganda des Staates, wider den Stachel zu löcken. Das soll dann offensichtlich der Parteimoral dienen, ist aber nie mehr „Kirchenkampf“.

Anfang 1987 veröffentlichte der Parteiideologe Salecki im Zentralorgan „Trybuna Ludu“ einen grundsätzlichen Artikel unter der Überschrift „Kirche, Staat, Politik“. Darin wird wieder einmal versucht, spalterisch Einfluß zu nehmen. Salecki unterteilt die Kirche in eine julianische und eine konstantinische. Zur „Konstantinischen Kirche“ rechnet er die Geistlichen und Laien, die mit der staatlichen Führung zusammenarbeiten. Das seien jene, die zur Sejm-Wahl gehen und die sich von den oppositionellen Strömungen fernhalten. „Trybuna Ludu“ erwähnt hier auch Glemp, den das Blatt in Schutz nimmt vor der anhaltenden Kritik mancher in der Opposition. Die Pariser Exilzeitschrift „Kultura“ habe Glemp sogar schon einmal als „Genossen“ Primas bezeichnet. Die „Julianische Kirche“ dagegen hat nach Salecki zwar ihre politische Macht verloren, aber sie befindet sich in Opposition zum laizistischen Staat. Sie strebt „die Erhaltung, die Festigung und die Ausweitung ihrer moralischen Autorität an“. Sie kämpfe gegen die Volksmacht, bedrohe dadurch die „Organisationsstruktur des Vaterlandes ..., ist eine Kraft, die die Realisierung polnischer Interessen – im Gegensatz zur ‚Konstantinischen Kirche‘ – bedroht“, schrieb „Trybuna Ludu“. In der Regel haben solche Artikel nur eine Wirkung: Kleriker und Gläubige fühlen sich aufgerufen, näher zusammenzurücken, um Mißverständnisse gar nicht erst aufkommen zu lassen.

Zwei deutsche Ringe in Waldenburg

Das Auslagenbrett ist fast leer. Dies ist auch kein Stand für Obst und Gemüse. Die Polin hinter dem Tisch streckt einen Finger vor; sie bietet einen Schmuckring an: unechtes Gold mit einem bonbonroten Stein. Es könnte auch etwas anderes sein. Eine Brosche? Ihre Augen locken, und sie verwickelt die ausländischen Gäste in ein Gespräch. Auf diesem Teil des Marktes, nur ein paar Buden weiter, kaufen die Waldenburger alles, was es sonst kaum gibt. Mal sind es Strumpfhosen, mal Schokolade, mal Miederwaren. Aber auch Zucker kann man hier erstehen, wenn das staatliche Angebot während der Einmachzeit zu knapp wird. Hier gibt es auch Fleisch, das noch immer rationiert ist. Und zwischendurch handeln manche auch mit Gold oder was sie dafür ausgeben. Die Frau mit ihren aufgehellten Haaren wird diesen Ring nicht los. Ob es denn etwas anderes sein dürfe? Sie hat aus dem Geldbeutel zwei zusammengeschweißte Eheringe gezogen. Zu erahnen sind die Gravuren: E. K. auf dem einen, H. K. auf dem anderen. Und auf beiden: 2. Mai 1916. Das sei noch ein Ring aus deutscher Zeit, beantwortet die Frau eine Vermutung. Mehr aber wisse sie nicht. Schwer zieht grauer Rauch von den Fabriken herüber. Die Häuser aus den Gründerjahren sind verrußt. Waldenburg in Niederschlesien - nicht mehr weit vom Riesengebirge - war immer Industriestadt. Walbrzych, wie es nun heißt, verzehrt sich daran. Auch wenn die Steinkohlenflöze angeblich nicht direkt unter der Stadt verlaufen, die Häuser bekommen Risse, die Umweltverschmutzung ätzt.

Ob es denn noch Deutsche gebe in Waldenburg? Die Frau auf dem Markt weiß nichts Genaues. Aber dort sei eine, und sie zeigt auf ein weißhaariges Mütterchen, das zwischen Blumenkohl und Mohrrüben mit anderen Frauen ein Schwätzchen hält. Ja, sie sei Deutsche. Aber aus Rußland. Und ihre Kinder seien schon Polen. „Die können auch nicht sprechen deutsch nicht, mein Herr." Um ihr „Rentchen" aufzubessern, gehe sie auf den Markt. Womit sie handelt, das erfährt man nicht. Wahrscheinlich preist sie die Strumpfhosen für 300 Zloty an, für die ein paar Straßen weiter der staatliche Laden nur 200 haben will. Aber dort steht auch eine lange Schlange vor dem Geschäft. Vielleicht gebe es noch hundert Deutsche in der Stadt. Evangelischer Gottesdienst sei zweimal im Monat, einmal am Sonntag, dann wieder an einem Donnerstag. Vom Markt zur protestantischen Kirche ist es nicht weit. Das nach Plänen von Langhans bis 1788 fertiggestellte Gebäude fällt auf. Es liegt auf einer Anhöhe und scheint die älteste Kapelle der Stadt, die sich ganz in ihrer Nähe befindet, zu beschützen. Wohl hängt ihre Geschichte mit der Gründung des Orts um 1290 zusammen. Da ist von einem dürstenden Ritter die Rede und einem labenden Brunnen. Den gebe es im Kirchlein noch, aber er sei versiegt. Die Kapelle ist katholisch; im Langhans-Bau nebenan treffen sich die Lutheraner. Das Kriegerdenkmal des Schutzengels aus deutscher Zeit dazwischen ist einem polnischen Gedenkstein gewichen.

In Polen spricht man nicht von Lutheranern. Das hätte in der Vergangenheit die Vorbehalte gegen die „deutschen Protestanten" nur verstärkt; für die katholischen Priester waren Luther und Luzifer fast dasselbe. Ein guter Pole konnte nicht Protestant sein. Auf dem Schild des Gemeindehauses liest man „evangelisch-augsburgische Gemeinde". Früher stand dieses Pfarrhaus – es ist ein geräumiges mehrstöckiges Gebäude – nur den Protestanten zur Verfügung; jetzt werden ein paar Räume vermietet. Ansonsten hat die Gemeinde hier ihr Büro. Aber es gibt zwei Pfarrer, zwei Gemeinden. Etwa siebzig Personen zählen zur deutsch-protestantischen und wohl 150 zur polnisch-protestantischen Pfarrei. Die einen singen noch aus dem „Schlesischen Provinzial-Gesangbuch" von 1919. Sie halten auch an ihren einarmigen Altarleuchtern fest, wohingegen die polnische Gemeinde zwei dreiarmige vorzieht. In dieser Kirche hängt die Kanzel über dem Altar. Es gibt zwei Emporen übereinander fast im gesamten Kirchrund, und unten zeigen abgetrennte Sitzplätze zu den Seiten an, wo einst der Kirchenvorstand und die städtischen Würdenträger saßen. Etwa 500 Personen mögen in diesem neoklassizistischen Bau bequem Platz finden. Doch mehr als fünfzig sind es selbst am Reformationstag nicht. Ein letztes Mal voll soll es irgendwann in den fünfziger Jahren gewesen sein, als Martin Niemöller predigte.

Wer denn das sein könne, E. K. oder H. K.? Die Pastoren sind nicht da. Eine Auskunft gibt es nicht. Luther-Bilder hängen wie Familienfotos an der Wand im Pfarrbüro. Die Möbel erinnern an Großvaters Kontor. Man scheint Armut und Bescheidenheit zu riechen. Vor dem Haus stellt sich ein alter Mann vor. Sein Leben ist typisch für das der noch übriggebliebenen Deutschen in Waldenburg. „Die Reichen und Besitzenden flohen schon vor der Roten Armee. Dann wurden die meisten vertrieben und haben ins Reich gemacht. Aber wir Grubenleute durften nicht. Sie brauchten Spezialisten. Und als man 1956 wieder durfte, da wollten wir nicht. Nach 1970 hätten wir gekonnt. Aber wo sollten wir hin? Er lacht aus blauen lebensfrohen Augen. Seine Staublunge rasselt bei jedem Satz. Der Mann ist seit Jahresfrist verwitwet. Die Gemeinde ist der Bezugspunkt. „Wir Übriggebliebenen sind alle wie miteinander verwandt." Als die Polen gekommen seien, da habe man ihn aus seiner Wohnung hinausgeworfen und zu einem Kollegen gesteckt. Erst habe man geflucht. Später ging es einem doch gar nicht so schlecht. Ob er da nicht schönfärbe? „Ich will nicht klagen. Vergangen ist vorbei." Die Deutschen von Waldenburg hätten immer ein paar Sonderrechte gehabt, zum Beispiel den Gottesdienst - aber auch schwere Arbeit. „Und nun warten wir auf das Grab." Er lacht schon wieder, und so kann man ihn nach den Initialen auf dem Ring fragen.

Das könnte der Ring von den Kammlers sein. Aber gebe es da nicht Familie in Waldenburg und auch im Westen? „Die Emma Kammler starb im letzten Jahr, und fünfzehn Jahre tot ist schon ihr Mann Heinrich. Da auf dem Friedhof begraben liegen sie." Aber er habe die beiden kaum gekannt. Ihn etwas besser. Und dann ergibt sich beim Nachfragen, daß sich die Witwe nach dem Tode ihres Mannes mehr der polnischen Umgebung geöffnet hat. Ein Teil der näheren Familie war polnisch verheiratet. Das ist für den Gesprächspartner ein Problem, auch wenn er es nicht offen ausspricht. Verletzt das den Stolz, wenn man sich mit Polen gemeinmacht? Immerhin spricht der Mann mit Achtung von seinen früheren Kollegen im Bahnschacht; die Grube heißt jetzt Chobry. „Und mögen die Polen Euch Deutsche?" Die Antwort ist unentschieden. Aus Höflichkeit? „Die schimpfen schon ‚cholerny szwaby', (was in etwa mit ‚die verdammten Schwaben' übersetzt werden könnte). Aber wir fallen doch heute gar nicht mehr auf. Da gibt es keine Probleme. Wir haben hier gearbeitet, und unsere Heimat ist hier." Den letzten Satz fügt er ohne Zusammenhang an, und dann schiebt er noch nach, wie sinnend: „Aber unser Vaterland ist drüben bei Euch."

Vor dem Krieg waren gut achtzig Prozent der Bürger von Waldenburg Protestanten. Eigentümer des meisten Landes drumherum waren die Reichsgrafen von Hochberg Fürsten von Pleß, deren schaurig prachtvolle Residenz das nahegelegene Fürstenstein. Das heutige Ksiaz ging schon bei Kriegsanfang an den Staat über. Der letzte Eigentümer ging nach England. Noch 1944 sollte die Burg zu einem Ausweichquartier für Hitler umgebaut werden. Dann aber kam die Rote Armee, Haus wie Park wurden verwüstet; und erst in diesen Jahren strahlt das riesige und geschmacklose Schloß wieder halbwegs in alter Pracht. Die Fürsten betrieben eine Reihe von Gruben. Ihre Generaldirektion war im Waldenburger Schloß untergebracht, einem neugotisch erscheinenden Backsteinklotz in der Stadt. Der „Grieben“ von 1934 zählte 47 000 Einwohner. Es wurden bei Kriegsanfang noch mehr. Heute leben 130 000 Polen in Walbrzych, Steinkohle und Porzellan machte die Waldenburger vermögend. Davon zeugte das Heimatmuseum in der Gottesbergerstraße 23. Für die Industriellenfamilie Alberti hatte ein Langhans-Schüler das kleine Palais gebaut. Ein Vertreter dieses Namens errichtet in Waldenburg die älteste mechanische Leinengarn-Spinnerei des europäischen Festlandes, schreibt der „Grieben“.

Früher kostete der Eintritt 20 Pfennig, jetzt zwei Zloty. Mineralien und Möbel, Porzellan und Gerätschaften werden ausgestellt wie damals. Sämtliche Exponate sind Originale. Eine Museumsangestellte bleibt vor den Porträts eines Paares stehen. Der Name Kister sagt ihr nichts. Ihre Porzellanmanufaktur ist Geschichte; die der Familie Tielsch hat sich dem Namen nach noch bis heute erhalten. Hinter Stücken der Königlich Preußischen Manufaktur (KPM) steht als Herkunftsland DDR. Für historische Bildung wird nicht viel getan. In einem deutschsprachigen Führer von 1975 lesen wir zur Stadtgeschichte: „Im 18. Jahrhundert begann eine rasche Grubenentwicklung; ihre Anfänge reichen bis in das 16. Jahrhundert zurück. Es entstanden dabei nach und nach zahlreiche Industriewerke. Aus dem Bergbau ist vor allem Handwerkszeug aus dem 19. Jahrhundert erhalten geblieben wie z. B.: Spitzhacken, Schlegel, primitive Meßgeräte ... Hochinteressant sind die ‚olejki‘ (Öllampen) mit ungeschützter Flamme, die im Walbrzycher Bergbau bis zur Hälfte des 19. Jahrhunderts gebraucht wurden, sowie die Sicherheitslampen von Davy, die die Feststellung der sich unter Tage bildenden schädlichen Gase erlaubten. Am 8. Mai 1945 – nach einigen Jahrhunderten der Trennung – kam das Walbrzycher Land wieder an Polen zurück.“ Das deutsche Vermächtnis wird ausgestellt, aber nicht gehütet. Kann man daraus schließen, daß die verbliebenen Deutschen gut behandelt werden? Im Reiseführer der halbamtlichen Agentur „Interpress“ wird zur Waldenburger Bevölkerung angemerkt, sie bestehe zu einem hohen Prozentsatz aus Bergleuten, die aus Frankreich und Belgien reemigriert seien.

Der Ratskeller, eine Weinstube, das Gartencafé – sie werden vergeblich gesucht. Frisch und bekömmlich sind „paczki“ (Krapfen) aus einem Lädchen. Nebenan erzählt ein Heimwerker, die meisten Waldenburger seien Vertriebene aus der Region um Lemberg. Es gebe aber auch noch Deutsche, viele – und das seien ordentliche Leute. An denen könne man sich ein Beispiel nehmen. Bescheiden seien sie.

Bleibt nur noch der Friedhof. Der rechte Teil ist dicht belegt und neu. Der mittlere und alte scheint unter hohen Bäumen zum Teil eingeebnet. Es gibt auch ältere deutsche Gräber. Jung waren die Menschen gestorben, wenn sie in den sechziger, siebziger Jahren hierherkamen. „Friede ihrer Asche“, heißt es mal auf polnisch, mal auf deutsch. „Gott weiß warum“, sagt der Grabstein für Max Hoder von 1960. Etwas abseits ein Grabmonument für die Porzellan-Familie Tielsch; ein weinendes Mädchen. In Gott ruht Hedwig Szlagowska. Und dann ist da tatsächlich auch ein Grabstein für Heinrich Kammler, von seiner Frau 1970 mit deutscher Inschrift aufgestellt: „Hier ruht in Frieden mein lieber Gatte.“ Nur noch ein Holzkreuz steht daneben für Emma Kammler, die Inschrift auf polnisch: „Friede ihrer Asche“. – An dieser Stelle soll auch ihr Ehering begraben sein.

Kunst, Mäzene und Zensoren

Bei der ersten Einladung zum Namenstag wundert man sich. Man wird dazu nicht eigens gebeten. Wer es weiß, der kommt. Das zweite Mal ist man schon klüger. Es könnte wieder um Kunst gehen. Nicht in einer Galerie im Herzen von Warschau, nicht in einem der reputierlichen Museumsbauten findet die Vernissage statt - sondern in der Wohnung 215 im zweiten Stock eines Blocks in einem Neubauviertel an Warschaus Peripherie. Da drängeln sich nun die Menschen. Erst erkennt das Auge nur den Qualm von Zigaretten, die Nase ahnt Rotwein, aber dann fällt der Blick auf Wand und Boden, die gleichermaßen vollgepflastert sind mit Bildern eines Malers aus der Provinz. Sein Name ist unbekannt, und seine Bilder dürften unangenehm sein für den Staat. Eine Galerie - der Öffentlichkeit allgemein zugänglich - könnte sie nicht aushängen. Zwar kaufen manche Museen Bilder mit „antistaatlichen Inhalten“, aber die verschwinden dann fürs erste in den Magazinen. Da braucht man dann keinen der kunstverständigen Zensoren um Rat zu bitten, die Selbstzensur ist ausgeprägt genug.

Meister Piotr gründet seine Themen auf den Farben Weiß und Rot, den polnischen Nationalfarben. Sein Rot wird manchmal zu Blut. Dann verzehrt es als kommunistische Flamme die unschuldige weiße Nation. Mit diesem Gegensatz läßt sich viel ausdrücken, Piotr hat das bis zum Überdruß getan. Manches Ölbild wäre besser eine Karikatur geworden. Verblüffende Ideen wirken zum Schluß durch ihre Schroffheit platt. Sie kommen nicht raffiniert, sondern dreist daher. Darüber reden die Gäste. Man mokiert sich auch darüber, daß Piotrs Themen bald fünf Jahre alt seien. Es zeige sich schon jetzt, daß sie sich überlebt hätten. Die Ängste aus der Zeit des Kriegsrechts seien dahingeschwunden. Niemand möchte heute noch Blut auf den Bildern sehen. Private Themen herrschen vor. Der Künstler wiegt sanft sein Haupt, verteidigt sich und krault seinen Bart. Der Mäzen, der Wohnungsinhaber, ist Ingenieur und schweigt zu allen Kommentaren. Seine Frau mag diese Kritik nicht. Sie himmelt den Meister an.

Gemeinhin lebt man im Westen mit der Vorstellung, die harte Hand des Zensors greife fortwährend in das Kulturleben „sozialistischer“ Staaten ein. Das stimmt so nicht. Vielmehr ist dieser Vorgang subtiler, manchmal absichtslos. Farben und Pinsel verschwinden aus den Geschäften, obwohl die Versorgung allgemein besser geworden ist. Wer zum offiziell zugelassenen Künstlerverband gehört, wird über den jegliches Material bekommen. Wer nicht dazu zählt, gehört wohl zum alten, den das Kriegsrecht verbot, und ist so ohnedies verdächtig. Notfalls muß man Beziehungen spielen lassen. Vom Staat besonders goutierte Maler haben es manchmal leichter, erhalten sogar Kobaltblau aus der Sowjetunion. Der schreibenden Zunft wird das Fabulieren nicht verboten. Aber auf eigentümliche Art werden Bücher des einen Autors schneller gedruckt, während ein anderer Jahre wartet, manchmal auch vergeblich. Die Texte von Regierungssprecher Urban oder Vize-Sejm-Marschall Rakowski liegen schon nach einem halben Jahr im Buchladen. Tadeusz Konwicki dagegen, einer der bekanntesten Schriftsteller mit Geltung in der Welt, muß vier Jahre auf den Druck warten.

Die Zensur greift ein, aber sie richtet sich nicht nach den Maßstäben eines „sozialistischen Realismus". Über den hat man in Polen schon Mitte der fünfziger Jahre gelacht. Man kann mit den Zensoren verhandeln. Den einen oder anderen kennt man vielleicht persönlich. Die Telefonnummer in seiner Behörde ist kein Staatsgeheimnis. Oft handelt es sich um angenehme und gebildete Gesprächspartner. Zuweilen sind sie sogar klüger als ihre Opfer. Da erzählte einmal ein Bekannter, wie er - mitten in einer wissenschaftlichen Arbeit und auch mitten in der Nacht - sich nur noch in ein Telefonat mit einem Kollegen und Kenner der schweren physikalischen Thematik zu retten wußte. Es herrschte Kriegsrecht. Viele Gespräche wurden abgehört. Man habe ganz lange geredet, sei sich aber nicht einig geworden. Schon sei die Leitung heißgelaufen, da habe sich ein dritter Zuhörer von besagtem Amt eingeschaltet: „Ich kann es nicht mitanhören. Sehen Sie doch einfach in dem neuesten Aufsatz von Herrn X in der Zeitschrift Y nach. Da steht die Lösung."

Zensoren sind also weichherzig und freundlich. Bisweilen leiden sie wie jeder Kritiker daran, nicht selbst zu malen oder zu schreiben. Aber zäh können sie auch sein, mißgünstig und verbissen. Am besten wirft man diesen Menschen Verhandlungsmasse hin. Die schreibende Zunft würde dann unverzichtbar Unliebsames mit Verzichtbarem mischen und dann darauf hoffen, daß sich das Wichtige erhalten läßt, der Widersacher sich mit Streichungen mittels Rotstift bei Unwichtigem schon zufrieden gibt. Gräßlich streng ahnden die Zensoren nur die ausdrückliche Mißachtung des Systems und ihrer höchsten Repräsentanten. Die Bürokraten darf man schmähen, nicht aber Staatspräsident Jaruzelski. Den Parteibonzen im Dorf darf man lächerlich machen, nicht aber den Parteiführer. Der Zensor schärft den Verstand des Zensierten. Bisweilen hebt er so ungewollt die Qualität.

Als Jerzy Duda-Gracz, ein Maler aus Kattowitz, in Warschaus angesehenem Museum „Zacheta“ ausstellt, strömen die Menschen selbst an den Vormittagen zu seinen Bildern. Auch er nimmt wie Meister Piotr Symbole auf. Aber er setzt sie in eine bewegte Landschaft. Er malt nicht Typen, sondern Gesichter. Diese sind häßlich: feiste Frauenkörper, nackt und alt, lassen ihr barockes Urbild ahnen. Zu Rubens' Zeiten waren die Leiber wohl noch ansehnlich. Fahnenschwingende Gestalten erinnern an revolutionäre Schau-Schinken. Aber ihr Elan stockt vor dem verzerrten Antlitz einer schreckenden Wirklichkeit. Die Zeit ist schaurig, und so sind auch die Gestalten, die da in ihr leben müssen. Duda-Gracz ist bei vielen Malerkollegen unbeliebt. Er male zur Schau und spiele mit leichten Effekten, sei ein Spießer, wird behauptet. Das mag stimmen. Die Leute aber lieben seine Bilder.

Eine Symbolisten-Ausstellung im National-Museum lockt ebenfalls besonders viele Zuschauer an. Dort hängt das Bild „Wahn“ von Wladyslaw Podkowinski. Ein verzücktes und entzückendes blondhaariges Mädchen hängt mit ihren Armen völlig nackt am Hals eines sich kraftvoll aufbäumenden Pferdes. Der Akademielehrer Duda-Gracz aus Kattowitz hat sich dieses Motivs fast hundert Jahre später noch einmal angenommen. Aber bei ihm sind Pferd und Frau um die vierzig Jahre, die die Volksrepublik Polen nunmehr besteht, älter geworden. Sie sitzt jetzt feist und häßlich auf einem - unter ihrer Last wankenden - Klepper. Am nackten Busen sind alle möglichen Abzeichen ihres gesellschaftlichen Einsatzes befestigt. Sie hat sich wohl am Arbeitsplatz genauso verdient gemacht wie in der Partei. Und einen Sticker ihrer religiösen Überzeugungen trägt sie auch noch. Sie war überall dabei. Nun ist sie nackt, und nichts ist ihr geblieben. Mehrere Bilder widmet Duda-Gracz dem „Polnischen Dialog“, dem Liebling der Propagandisten, die nur das Gespräch suchen, wenn sie auch das Thema bestimmen können. Bei Duda liest zum Beispiel ein greiser Funktionär seinem Kollegen auf dem Totenbett von einem leeren Blatt Papier vor.

Die Zeitungen beschäftigen sich mit Duda-Gracz. Das hängt damit zusammen, daß sich dieser Maler nach Verhängung des Kriegsrechts nicht scheute, in die neue Künstler-Organisation einzutreten. Er „kollaborierte“ also. Aber er bekennt sich dazu. Das trägt ihm bei seinen Gegnern doch wieder etwas Achtung ein. Duda malt ein Selbstporträt und schreibt darunter: Ora et colabora. Auf dem Kopf sitzt ihm die Kattowitzer Parteizeitung „Arbeiter-Tribüne“ als Narrenkappe und ist ihm über das eine Auge gerutscht. Über seinem vorgewölbten

Bauch trägt er das Kreuz der Kirche, das polnische Verdienstkreuz und Parteiabzeichen. Mit dem einen noch sichtbaren Auge scheint er zuzugeben: Duda-Gracz schielt. Er verdrängt auch nichts. Selbst die Kirche ist ihm nicht heilig. So rückt er auf einem Bild den Wodka neben die Soutane. Zum Eklat kam es 1973, als Duda-Gracz erstmals seine „Pieta Limanowska" ausstellte. Auf einer Ikone von naiver Künstlerhand erscheint da die Muttergottes. Sie hat das Gesicht einer polnischen Bäuerin. Sie trägt nicht ein Christuskind auf dem Schoß, sondern in ihren Armen liegt ein festlich aufgemachter Bauer im gottergebenen Schlaf eines Volltrunkenen. „Polityka" schreibt Unsinniges, bemüht einen „evangelischen Sinn der Barmherzigkeit und Vergebung". Duda-Gracz aber geht es wohl um Bloßstellung und Ironie, um die Diskrepanz zwischen Anspruch und Wirklichkeit.

Der Eklat von 1973 ist heute undenkbar. Nach „Solidarität" und Kriegsrecht wurde die Kirche zum Kunstmäzen. Sie beschränkte sich dabei nicht auf klerikale oder fromme Künstler. In vielen Warschauer Kirchen stellen junge Maler aus. In Stanislaus-Kostka präsentierte der frühere Vorsitzende des „Verbandes der Plastiker und Bildenden Künstler" Arbeiten zum Thema Popieluszko. Mit vielen Mühen rang Priester Przekasinski dem Primas und den Behörden die Genehmigung ab, in einem größeren Gebäude an der Weichsel ein „Erzdiözesal-Museum" für Moderne Kunst einzurichten. Über Geschmack läßt sich trefflich streiten. Bisher ist es der Kirche nicht gelungen, Künstler nach Qualitätsmaßstäben zu fördern. Schickliches wird bevorzugt. Die Kleriker stärken aber die Schaffenskraft. Selbst gottlose Künstler gehen so mit ihren Werken zur Kirche. Kunst und Kirche hatten in diesem Jahrhundert bisher wenig gemeinsam. In den Gotteshäusern hing alte oder gestanzte Kunst. Selbst die Volkskünstler in den Dörfern wurden nicht an den Altar geholt. Die Maler und Schriftsteller waren vornehmlich auf den staatlichen Kunstbetrieb fixiert. Die Gewerkschaft, das Reisebüro, ein Kaberett oder Theater traten als Schirmherr einer Ausstellung auf. Kunst brauchte staatliche Mittlerdienste, schien aber ohne Publikum auszukommen. Museen konnten leer bleiben, Theater langweilig, und Buchläden blieben ohne Kunden. Das änderte sich fast schlagartig nach dem August 1980. In dem Maße wie die Zensur zurückgedrängt wurde, nahm die Attraktivität des kulturellen Lebens zu.

Es kam zum Schulterschluß zwischen Arbeitern und Intellektuellen. Erst beim Streik, dann in der „Solidarität". Als das Kriegsrecht die Möglichkeit nahm, in der Öffentlichkeit aufzutreten, mußten die beiden Gruppen, darunter auch die Künstler, auf neutralen Boden ausweichen. Und so traf man sich unter Jesu Kreuz im Kirchenschiff. Zur gleichen Zeit schlossen sich Künstler in einem „Komitee für unabhängige Kultur“ zusammen. Diese Untergrund-Organisation kaufte Bilder, so daß die Maler leben, organisierte Theater, so daß geschmähte Bühnen spielen und überleben konnten. Diese Gruppe vermittelte auch Meister Piotr aus der Provinz nach Warschau. Nun ist es darüber wieder ruhig geworden. Die Arbeiter wenden sich neuerlich von der Kunst ab. Auf ihre täglichen Fragen gibt diese keine Antwort mehr. Und die Künstler sind müde geworden. Die Zeiten der Schreie sind vorüber. Die Themen des Schreckens sind gemalt, beschrieben oder in Noten gegossen. Die Kirche aber ist Mäzen geblieben. Sie wird vielleicht Piotrs Bilder ausstellen. Um die Gemälde von Duda-Gracz braucht sie sich nicht zu kümmern. Die hängen schon in der „Zacheta“.

Krzysztof Wesierski gehört die Galerie in der Empfangshalle vom Hotel „Forum“ an Warschaus Marszalkowska-Straße. Da kommen Touristen, Geschäftsleute aus dem Westen unter, viele Ausländer aus arabischen Ländern, die von hier aus zu zweifelhaften Geschäften ausschwärmen. Diesen Leuten sollen seine Bilder gefallen. Hier hängt also kein Gemälde von Duda; denn die sind zu negativ. Piotr fehlt natürlich auch; der dürfte nicht vor aller Augen ausgestellt werden. Die Qualität der meisten Werke ist zweifelhaft. Aber gelegentlich verirrt sich hierher ein Gemälde von Antonin Falat, dem Abkömmling einer Malerfamilie, die in Polen Rang und Namen hat. Falat wird auch im Westen gehandelt; aber seine blau-schwarzen Gemälde, mit Personen und Gegenständen, sind natürlich in Warschau erschwinglicher. Der Kunde gibt West-Geld. Er bekommt die Ware und ein Zertifikat, das besagt, daß die erworbene Kunst exportiert werden darf. Diese Regel greift, solange der Künstler noch lebt. Aber die zuständige Behörde erteilt auch Sondergenehmigungen.

Wesierski war mal Redakteur bei einem Warschauer Boulevardblatt. Er witterte eine Marktlücke aber hat nur überlebt. Etwa seit 1982 sind private Einrichtungen dieser Art en vogue. Zwar gab es schon seit Mitte der siebziger Jahre Verordnungen des Kultusministers, die den Verkauf von Kunstobjekten durch lizensierte Privatpersonen genehmigten. 1977 tat sich in Warschau Piotr Nowicki mutig als Galerist hervor. Aber erst mit der „Solidarität“ blühte der private Kunstmarkt auf. Das Kriegsrecht stellte nur für kurze Zeit ein Hemmnis dar. Bis Ende 1985 wurden mehr als hundert Genehmigungen erteilt; ein Kenner zählte 75 Galerien. In Warschau soll es 17 geben, in Krakau acht. Danach folgen mit je vier Breslau und Posen. Jeder kann für die Unterhaltung einer solchen Galerie eine Lizenz bekommen; sie wird für die

Dauer von fünf Jahren ausgestellt. Es ist nicht nur ein Zeichen für Liberalität, daß es immer mehr Galerien gibt. Früher war der Staat hervorragender Mäzen. Mittlerweile ist seine Kasse leer. Er hat zudem Milliarden Schulden. Kunst kann er sich nicht leisten. Die Wirtschaftsreform war zudem - wenn sonst nicht, so doch hier - erfolgreich. Die staatlichen Galerien haben sich selbst zu tragen, ähnlich wie Museen und Theater. Das ging nicht immer glatt.

Galeristen werden niemals reich. Sie übernehmen in Kommission, behalten meist zwischen 15 und 30 Prozent der Verkaufssumme ein. Davon müssen sie Steuern zahlen und die Lizenzgebühren. Der Staat beäugt den privaten Unternehmer mißtrauisch und nimmt, wo er kann. So sind viele Galerien dazu übergegangen, ihr „Sortiment" zu erweitern. Sie bieten nicht nur Bilder an, sondern Kunstschmuck oder Porzellan. Mit kleinen Drucken und Radierungen am Eingang will man Käufer anlocken. Auf dem Alten Markt in Warschau werden an zwei Häuserzeilen im Sommer Bilder angeboten. „Röhrende Hirsche" auf Polnisch herrschen vor. Manche dieser Maler, die da auf ausländische Touristen warten, haben zu Hause bessere Werke hängen. Die Not fordert Kompromisse. Der polnische Kunstkenner hat mittlerweile seine Mittel erschöpft. Andererseits drängen immer mehr Künstler auf den Markt. An allen Fronten sind die Berufschancen so schlecht, daß sich das Risiko brotloser Malerei bezahlt macht. Da tut man wenigstens, was einem gefällt. Das gilt auch für den Schriftsteller, selbst den Lyriker. Halbtags Aushilfskellner - und abends Poet. Sollte dann ein Untergrund-Verlag in einer Anthologie das eine oder andere Verslein unterbringen, so wäre das schon ein Erfolg. Künstler arm - Mäzene arm. Nur die Zensoren werden nicht brotlos.

In Polen wird zuweilen ernsthaft die Frage diskutiert, ob Pianisten anderer Nationen überhaupt Chopin spielen können. Alle fünf Jahre werden dann beim Internationalen Chopin-Wettbewerb die Nationalisten belehrt. Auch diesmal. Der erste Preis ging 1985 an den Sowjetbürger Stanislaw Bunin. Schon beim Vornamen kommen allerdings Zweifel auf. Ist das vielleicht nicht doch ein Pole? - Viel schwieriger: Der 1966 in Moskau geborene Preisträger hat Harry Neuhaus zum Großvater, den Klavier-Pädagogen von Giller und Oborin, einen Litauer deutsch-polnisch-jüdischer Abstammung. Und ein Großonkel von Bunin hieß Karol Szymanowski. Einen größeren Komponisten hat die Jahrhundertwende in Polen nicht hervorgebracht. Bunin entstammt also beiden Nationen und ist zudem mit der Musik groß geworden. Er ist so ein Slawe, der zum Chopin-Meister geboren wurde.

Das Tschaikowski-Konservatorium in Moskau wird ihn – neben seinem Vater – mit den besten Lehrern versorgt haben. Und dann wurde zwei Jahre lang für diesen Wettberwerb geübt. Immer wieder spielte Bunin vor einem Publikum in ähnlicher Atmosphäre Chopin, als befände man sich schon in der Warschauer Philharmonie. Die Chopin-Wettbewerbe an der Weichsel gelten nach dem Tschaikowski-Wettbewerb in Moskau zum Besten, was die Karriere eines jungen Pianisten zieren kann. Mag das Warschauer Symphonie-Orchester von wechselnder Qualität sein, die Jury dieses Wettbewerbs gehört zum Areopag der Pianistenzunft. Je nach Wahl können Flügel von Steinway, Bösendorfer, Kawai oder Yamaha gespielt werden. Und der Stimmeister Kepinski, eine polnische Zeitung widmete ihm ein Porträt mit Foto, irritierte manche Zuhörer mit zeitraubender Präzision. Der Wettbewerb ist spannend wie ein Krimi. So ein Stimmeister zerrt an den Nerven.

Wahrscheinlich sind zumindest die meisten Polen Chopin-Experten. Manche Etüde oder Polonaise sitzt ihnen wie ein Gassenhauer in den Ohren. Bei guten Meldungen, und davon gibt es im Sozialismus bekanntlich viele, untermalt auch das Fernsehen gern seine Nachrichten mit Chopin-Musik. Chopin ist nationales Eigentum. Das haben schon die Nazis erfahren und deshalb seine Musik verboten. Seit 1927 gibt es nun den Wettbewerb. Lew Oborin, der junge Bunin mag ihn noch gehört haben, wurde damals erster Preisträger. Mittlerweile sei der Concours wie ein „nationales Desaster", meint der Vorsitzende der Jury, der angesehene polnische Pianist Jan Ekier. Alle Räder ständen still, und jeden interessiere nur noch Musik. „Die Polen haben eine Seele wie Chopin. Sie verstehen ihn. Seine Musik ist polnisch. Aber jeder polnische Pianist braucht außer Genius und Temperament auch noch Präzision und Fleiß, um Preisträger zu werden." So begründete ein anderer Experte den Umstand, daß alle Polen Chopin verehren, aber bisher nur drei den Sieg davontrugen; 1975 war das Krystian Zimerman, beim fünften Wettbewerb 1955 Adam Harasiewicz und das Mal davor die Pianistin Halina Czerny-Stefanska, jetzt in der Jury.

Schon Wochen vor dem ersten Wettbewerbstag sind die Karten ausverkauft. Selbst die Akkreditierung eines Journalisten im nachhinein bringt Probleme. Ein durchschnittliches Monatsgehalt reicht gerade für zwei Konzerte in der letzten Etappe. Der keineswegs kleine Große Saal der Philharmonie ist aber bis auf wenige Tage stets voll besetzt. Die Leute sitzen auf dem Fußboden. Manchmal muß jemand den Nachbarn nach einer Pause brüsk zurechtweisen: „Dies ist mein Stehplatz." Im Foyer mußte ein Videogerät aufgestellt werden, um diejenigen mild zu stimmen, die zwar eine Eintrittskarte hatten, sich aber nicht einmal einen Stehplatz ergattern konnten. Die Zeitungen berichten knapp drei Wochen lang jeweils auf ihren ersten Seiten. Das nimmt so viel Platz ein wie eine Fußballweltmeisterschaft. Täglich bringt der Rundfunk Mitschnitte, und das Finale kommt live in die Wohnungen.

Dabeisein wird da zur Maxime. Pianisten der letzten Wettbewerbe pilgerten wieder nach Warschau. Sie gaben Hauskonzerte. Die Diplomaten zeigten jeweils „ihre“ Spieler vor und stellten die Flügel der Botschaften zur Verfügung. Als dann der letzte Amerikaner ausschied, gratulierte der amerikanische Geschäftsträger dem deutschen Botschafter, denn Rolf Plagge war noch dabei. Nur Lob hörte man über den jungen Pianisten aus Westerstede. Er kam auch in die dritte Runde. Aber ganz nach vorn drang er nicht vor. Die einen sagen, der Pianist von der Musikhochschule Hannover habe in Warschau auch schlechte Tage gehabt. Andere glauben, im Bemühen um Präzision fehle es an Brillanz. Plagge sagt gegen Schluß: „Jetzt ist mir ganz egal, was noch passiert. Ich bin glücklich, so weit gekommen zu sein.“ Tatsächlich brachten es wenige Deutsche bis in die vorletzte Runde. Aber wird ihm dieses Glück Konzerte einbringen, Stipendien oder Plattenverträge? Er kam weit, aber unter die ersten kam er eben nicht. Die Silbermedaille ging an den Franzosen Marc Laforet. Bronze für den Polen Krzysztof Jablonski.

Also doch ein Pole! Dreizehn waren angetreten unter insgesamt 124 Kandidaten. Aber die Japaner rückten mit mehr als 25 an, und die Vereinigten Staaten hatten auch ein gutes Dutzend geschickt. Doch von vornherein war klar: ein Pole mußte ganz nach vorn. Dahinter stand ein Naturgesetz. Aber Jablonski verdiente es, auch wenn sich das erst gegen Schluß zeigte. Der zwanzig Jahre alte Musikstudent aus Breslau spielte immer besser. Aber was soll das heißen? Da saßen zwanzig Juroren auf dem mittleren Balkon und hörten vom 1. bis zum 20. Oktober mit Unterbrechungen nur noch Chopin. Kann man da noch unterscheiden? Das sei nicht schlimm, meinte Karl-Heinz Kämmerling von der Musikhochschule Hannover. „Wir sind wohl alle etwas verrückt. Wird richtig gespielt, dann strengt das weniger an.“ Der Amerikaner Charles Webb kommentierte: „Entweder stimmt es bei den ersten Klängen, oder ich klinke mich aus.“ Die Suche nach dem Urteil ist ein mühsames Geschäft. 25 Punkte kann jeder Juror vergeben für technisches Können, musikalischen Ausdruck und spielerische Persönlichkeit. Jan Ekier: Man bemühe sich um Objektivität; aber das müsse vornehmlich jeder einzelne Juror für sich tun.

Dabei muß angenommen werden, daß sich die Richter im Areopag schon lange kennen, ihre Vorlieben und Stärken. Halina Czerny-

Stefanska, Barbara Hesse-Bukowska, Wiktor Mierzanow und Tadeusz Zmudzinski nahmen alle am Chopin-Wettbewerb 1949 teil. Lidia Grychtolowna, Bernard Ringeissen und Fou Ts'ong waren 1955 dabei. Damals trat letzterer noch nicht als Brite, sondern als chinesischer Staatsbürger auf, belegte den dritten Platz und bekam den Preis für die beste Interpretation der Mazurka. Edward Auer und Arthur Moreira Lima wurden 1965 Preisträger. Die meisten anderen haben sich weniger als Pianisten hervorgetan; sie gelten als hervorragende Lehrer und kennen sich aus vielen internationalen Gremien. Dazu gehört Karl-Heinz Kämmerling, der als Lehrer nicht nur Rolf Plagge betreut, sondern den noch besser plazierten Teilnehmer François Killian aus Frankreich. Um das Publikum nicht zu beeindrucken, nennt die Liste der Kandidaten dieses Jahr aber keine Lehrer, und internationale Preise werden dort auch nicht mehr angegeben. Keiner der Spieler durfte nach seinem Vortrag - vom Applaus gerufen - ein zweites Mal auf die Bühne kommen - die Jury sollte vor den Emotionen des Publikums bewahrt werden. Bunin zum Beispiel war von vornherein der Held seiner Zuhörer, wogegen die Russin Tatjana Pikajzen schon nach dem ersten Auftritt ungeliebt war.

In Erinnerung ist noch der Eklat von 1980, als der heute vielgepriesene Jugoslawe Ivo Pogorelić nach der dritten Runde ausschied und die Jurorin, seine Meisterin Martha Argerich, wütend Warschau verließ. Diese Argentinierin hatte sich 1965 den ersten Platz erobert; noch 1985 meinte ein Rundfunksprecher, man habe ihr stets die Mühsamkeit ihres Spieles angemerkt. - Warschau hat ihr also bis heute noch nicht den Eklat von 1980 verziehen. Pogorelić setzte damals deutlich andere Akzente. Er trat nicht nur in Lederhosen auf die Bühne und ließ sich anstelle einer Klavierbank einen Barockstuhl auf die Bühne tragen, er spielte piano, wo forte angezeigt war. Sein Spiel war spannend; aber es war nicht werkgetreu. Und darauf legen die Juroren stets Wert. Kann man sich also nur im Anschlag unterscheiden, wenn das Spiel ansonsten fehlerfrei ist? Die Russen lieben offen hörbar den kräftigen Anschlag, und den Japanerinnen ist zu wenig Fleisch auf den Fingerknochen gewachsen, um den Tasten Milde zu zeigen.

Chopin soll wieder lebendig werden. Deshalb versuche er, sich in ihn hineinzuversetzen, meinte Bunin. Muß man dann nicht doch Pole sein, ein Emigrant fern der Heimat oder zumindest ein Slawe? Wer sonst kann Heiterkeit vortäuschen und Leichtigkeit, durch die plötzlich düstere Stimmung aufbricht, ein Schmerz über nichts Alltägliches. Die ‚tiefe Seele', so nennt man wohl diese slawische Mitgift, scheinen die Eltern ihren Kindern zu vererben, seit Generationen und schon vor Chopin. Der schrieb 1831 an einen Freund: „Äußerlich bin ich frohgelaunt, insbesondere unter den Unsrigen (mit Unsrigen meine ich Polen) - aber im Innersten plagt mich etwas: irgendwelche Vorahnungen, eine Unruhe, Träume oder Schlaflosigkeit - Sehnsucht - Gleichgültigkeit - Lebenslust, dann wieder Todesverlangen - eine süße Ruhe, eine Erstarrung, Geistesabwesenheit und manchmal eine zu genaue Erinnerung ... Diesen Brief schicke ich im Vertrauen auf Dein Mitleid, Fryderyk Chopin."

Praga preist an – was Warschau nicht bietet

In diesem Hauseingang riecht es nach Katzendreck und Wodka. Kein Lichtstrahl fällt auf den Steinboden, nur das Lachen und Gejohle der Kinder auf dem Hof verbreitet Leben. Die Ornamente über dem Hauseingang könnten zum Verweilen einladen. Aber sie bröckeln ab, wurden seit Jahren nicht gepflegt, vergipst oder gestrichen. Das Auge könnte sich am industriell gedrechselten Treppengeländer ausruhen, Säulen mit byzantinischen Kapitellen finden sich da, in denen Akanthus-Blätter morschgefressen sind. Das Geländer schwingt sich hoch, leicht, trotz der Farblosigkeit, trotz der stumpfen und durchgetretenen Treppenabsätze, die das Schuhwerk von vier Generationen aushielten. Eines Tages wird das Geländer brechen, die Treppe fallen. Niemand wird sich umsehen. Die Menschen ziehen weiter. Nur der Katzendreck bleibt, stechend und ätzend in den Nasenflügeln.

Also von der Straße durch den Hauseingang wieder hinaus in den Hinterhof, wo sich zwei Mädchen gegenüberstehen. Mit ihren Beinen spannen sie ein langes Gummi zwischen sich, und ein drittes Kind hüpft Figuren in dies Band. Auf dem Treppenabsatz zu einem Hinterhaus sitzt der Alte, der dort wohl immer schon gesessen hat. Die Zigarette im zerfurchten Gesicht, in dem Mund und Falten ineinander übergehen. Lacht er? Oder weint er? Der Mann hockt nur. Die Sonne scheint auf seinen Kopf, einige Strähnen weißen Haares blinken, sonst ist die Gestalt fahl und falb. Über einer anderen Tür weist ein Schild auf die Werkstatt hin, die wir suchen. Der Türgriff hängt gebeugt in seiner Fassung. Ein Splint aus Holz hilft kaum. Es gibt ein Schloß, doch wird es einem Einbrecher standhalten? Die Tür öffnet sich leicht, sie quietscht nicht. Die Frau hinter dem Arbeitstisch blickt mit vertrocknendem Lächeln auf. Sie wünschen? Der Kunde will sieben weiße Knöpfe mit schwarzer Seide überspannen lassen. Die Seide und die Knöpfe bringt er mit.

Es ist heiß in dieser Werkstatt. Die Luft steht. Selbst die künstlichen Blumen aus Stoffresten scheinen zu vertrocknen. Die Frau begutachtet den Auftrag. Dabei sieht sie mit ihren blauen Augen, die einmal glänzend waren, über eine Hornbrille auf die Seide. Ihr Blick wechselt zum Kunden, wie um den Preis der nötigen Arbeit abzuschätzen. Dann sagt sie, die Knöpfe seien in vier Tagen fertig. Das kostet 80 Zloty.

Selbst nach dem offiziellen Kurs derzeit entspricht das nur einer Mark. Wie soll die Frau davon leben? Ob man nicht gleich bezahlen könnte. Der Kunde hat das Gefühl, er dürfe nicht nur auf sein Geschäft bedacht sein. Hier sei Hilfe nötig. Er legt 100 Zloty auf den Tisch und meint, dies sei in Ordnung so. Als Dank, weil die Knöpfe schon so schnell fertig seien. Ob die Frau die Geste versteht? Sie guckt schweigend. - Es ist so heiß. Schnell raus, zum Atmen. Der Abschiedsgruß ist wieder geschäftsmäßig. Vielleicht quietscht die Tür doch. Der Alte brütet noch immer an der selben Stelle.

Auf der Straße aber schwappt dann das Leben über. Der Hof, die kleine Werkstatt sind dagegen wie Idyllen. Von der Zabkowska-Straße geht es zum Rozyckiego-Markt ab. Und um diesen Platz herum, bietet Praga alles, was das Leben bieten kann. Nur keine Ruhe. In diesem Stadtteil auf dem rechten Weichselufer ist Warschau am lebendigsten. Hier ist es auch am ältesten. Überall sonst hatte der Krieg ganze Straßenzüge plattgewalzt. Häuser mußten nach alten Plänen erst wieder aufgebaut werden. Sie sind neu. In Praga aber trägt Warschau noch Züge der Vorkriegshauptstadt, gleicht dem alten Berlin oder Paris. Wie sich die Industrialisierung im 19. Jahrhundert breit machte, in roten Ziegelhäusern, die sich zum Teil über noch hölzerne Wohnhäuser erhoben, kann man heute noch erkennen. Die Möbelfabrik von Wroblewski, die Brauerei, die Stahlgießerei. Vor allem aber die „Warschauer Spiritus Betriebe", ganz nah beim Rozyckiego-Markt und so am Herzen der Trinker, die Praga heute in einigen Straßenzügen beherrschen.

Wollen Sie Strumpfbänder haben, Strapse? Dort gibt es auch „paczki", Krapfen, aus einem beweglichen Wagen mit gläsernem Aufbau, so daß der Straßendreck kaum hinein und die surrenden Wespen und Bienen nicht mehr hinaus können.

Und Schuhe gibt es, im Großen und im Kleinen. Die verhutzelte Frau, die dort drei Paar Sandaletten anbietet und vier Zeitschriften und eine alte Standuhr ohne Minutenzeiger, ist wahrhaft arm dran. Nur daß ihr jetzt die Sonne auf den Pelz brennt und so die Traurigkeit der langen Winternächte fortsaugt. Aber die andere Frau dort, die einen richtigen Stand hat, wo man hineingucken kann, Fensterläden sich öffnen und Glasfenster an der Holzwand eingelassen sind, die sieht nur arm aus. Sie verkauft seit Jahren hier Schuhe - in Massen. Wer ihr am Abend erst mit der Bahn, dann dem Bus ein paar Stationen lang folgt, der sieht sie schließlich in einen westlichen Personenwagen steigen. Der ist neu und stark und bringt sie zu einer properen Vorstadtvilla. Oder soll die Bäuerin am anderen Ende des Markts einem braunen

Huhn den Hals umdrehen - und für Sie das arme Vieh auch noch rupfen?

Am Stand nebenan gibt's im übrigen den russischen Kaviar, rot oder schwarz und billiger als anderswo, auch frisch geräucherten Lachs, lippenrot und kein bißchen trocken. Die Menschen wuseln durcheinander, von ungezählten Konsumgelüsten getrieben. Es ist nicht so, daß die Polen, die Warschau zum Einkaufen besuchen, nur auf der anderen Seite der Weichsel einholen, an der Marszalkowska-Allee oder Nowy Swiat. Was sie dort in den großen staatlichen Kaufhäusern nicht finden, das muß man hier suchen: ein Ersatzteil für den Wagen, eine Dichtung für den Wasserhahn, ein Fahrrad für das Kind, aber auch Video-Kassetten oder Pornofilme. Und weißen Quark gibt es, den die Bäuerin in ihre abgelegten Nylon-Strümpfe gepreßt hat, so daß alles Wasser entwich. Ein Trupp grauer Männer ist ins Glücksspiel vertieft. Es geht um Karten und Münzen. Die Miliz sieht nicht hin. Dort bietet ein junger Mann Fleischkarten an. Das ist in Polen die einzige Ware, die es noch immer auf Karten gibt. Und wieder ein Grüppchen, Männer und Frauen umlagern leere oder halbgefüllte Flaschen. Bier müßte drin sein, aber es riecht nach Schnaps.

Der Rozyckiego-Markt ist nach einem reichen Apotheker benannt, einem Kapitalisten aus dem 19. Jahrhundert. Wären hier nicht der Handel und das halbfaule Gewerbe zu Hause, dann hätte die Volksrepublik diesem Platz nach dem Krieg bestimmt einen neuen Namen gegeben. Aber so blieb alles beim Alten. Am Rozyckiego-Markt treibt die Halbwelt ihre halblegalen Geschäfte. Vogelfreie trinken hier. Im Schatten legaler Kommissionsläden brüten Gauner Verbrechen aus, Ladendiebstahl, Taschendieberei. Nichts großes. Diese würdige Dame mit klingendem Gold an den Armen, die gerade auf dem Markt nach einem Winterpelz Ausschau hält, zieht gewiß Diebe an. Wie sie ihre Tasche krampfhaft festhält! Noch ist keiner hinter ihr her. Dann ist sie im Gewühl verschwunden. Vielleicht wohnt sie gar nicht weit weg. In Praga gibt es auch feine Straßenzüge, wo der Portier in der Nacht dem Spätheimkehrer das Haus öffnen muß.

Nur per Gesichtskontrolle kommt man auch in das Haus Ecke Targowa- und Wilnaer-Straße, in dem sowjetische Soldaten wohnen. Sie zeigen sich kaum. Die Gardinen sind zugezogen. Auf den Balkons aber blühen Geranien in den Kästen. Wer hier aus dem Fenster sieht, der blickt auf die russisch-orthodoxe Cyrill- und Methodus-Kirche. Und daneben prunkt das „Denkmal der Waffenbrüderschaft" mit der sowjetischen Armee. Der Volksmund spricht bei den müde sich haltenden Soldaten in Metall nur von den „Schlafenden". Ein neues Viertel entstand unten an der Weichsel, bei einem zweiten, fast gruseligen Denkmal, das an die Erste Polnische Armee erinnern soll, die im sowjetischen Lenino aufgestellt wurde. Es ziert ein Gespenst, daß mit weit geöffneten Armen in Richtung Weichsel zu fliegen scheint. Wahrscheinlich soll es einen Soldaten darstellen. Nur, wer erkennt das? Drumherum sind vor allem Offiziere in neue Häuser eingezogen. In ihrer Straße gibt es Devisen-Läden der Kette „Pewex", Boutiquen und Delikateß-Läden wie sonst kaum in Praga. In der Stefan-Okrzei-Straße daneben, nach einem Arbeiterführer der Vergangenheit benannt, ist das Ausländeramt. Hier muß man das Visum verlängern lassen. Ein grimmiger Milizionär steht stets in der Tür. Aber drinnen sitzen liebenswertere Frauen, zu denen allerdings nur gelangt, wer geduldig warten konnte. In Praga aber hat man Geduld, - wenn mal das Licht ausfällt oder heißes Wasser ausbleibt.

Praga selbst erwies sich voll Langmut in seiner Geschichte. Kaum ein Warschauer Stadtteil wurde so oft mit Bränden überzogen und Kriegen und immer wieder aufgebaut. Schon im 10. Jahrhundert gab es hier eine Siedlung. Dann wurde noch mehr Land nördlich der Sümpfe, auf denen heute der neue Stadtteil Saska Kepa liegt, „wybrazane" (abgebrannt) und danach erhielt „Praga" vielleicht seinen Namen. Erstmals 1432 wurde er erwähnt. Hier gedieh der Handel, während drüben die höfische Welt der masowischen Fürsten und später Sejm und König regierten, Handel mit Holz und Getreide, mit Tieren. Es gab Gerbereien, Brauereien und eine Salzsiederei. 1648 bekam Praga die Rechte einer Stadt zugesprochen. Das war als König Wladyslaw IV., der erst einen Krieg gegen Moskau halb gewann und dann einen gegen die Türken gar nicht erst beginnen konnte, auch eine Loretanische Kirche auf Praga errichten ließ, neben dem Bernadiner-Kloster, das erste Warschauer Gebäude aus Stein auf dieser Seite der Weichsel. Diese Nachbildung der Werkstatt des hl. Josef, ein kleines Haus unter dem Dach einer großen Kathedrale, überlebte sogar Napoleon, der die Kirche für eine Befestigung schleifen ließ. Um die letzte Jahrhundertwende entstand die Kirche im klassizistischen Stile neu.

Wer von hier die Rathaus-Straße nach Nordosten geht, auf der Linken Wohngebäude aus stalinistischer Zeit, eine Straße ist hier nach Bertold Brecht benannt, markiert die Grenze zwischen dem alten und dem neuen Praga. Südlich liegt das alte, mit den meist fünfstöckigen Gebäuden, auf denen Putten und Stuck einst prangten. An der Ecke da oben übrigens hat ein Sportclub sein Gebäude. Und hinter weit geöffneten Fenstern, aus denen der Dunst von Schweiß schwelt, sind Kraftsportler mit dem Aufbau ihrer Muskeln beschäftigt. Grimmige Gesichter über quellenden Oberarmen. Eine Dogge pinkelt draußen an den Zaun. Wer im alten Praga zwischen der Brodnowska- und der Wilnaer-Straße in dieser Abendstunde auf dem Weg ist, der hat noch ein Geschäft zu erledigen. Ohne Grund flaniert hier nur, wer hier auch wohnt. Ein Gemüseladen schließt gerade. Aber wer genau hinsieht, erkennt eine Wendeltreppe, die in den ersten Stock führt. Dort soll man Alkohol kaufen können. Tatsächlich lohnt sich ja auch der Handel mit Kartoffeln und Blaubeeren nicht. Der aber mit Wodka lohnt sich, vor allem nach den Öffnungszeiten.

In den Eingängen zu den Häusern stehen die Menschen und gukken mißmutig. Sie mögen wohl Fremde nicht. Sie stehen in Grüppchen am Haustor und sprechen doch kaum. Langeweile steht den Müßigen auf den Gesichtern, die oft hinter Zigarettenqualm verschwinden. Dann toben Kinder vorbei. Es könnten auch Banden sein. Hunde hetzen hinterdrein. Ein junges Pärchen schiebt den Kinderwagen. Ein paar Bürger, die hier schon vor dem Krieg lebten, verrammeln am Abend ihre Tür: alte Leute, die sich mühevoll in hohe Stockwerke schleppen müssen. Natürlich gibt es keine Lifte. Diese Menschen haben einmal bessere Zeiten gesehen. Die Nachmieter sind ärmer geworden. Für die Wohnung müssen sie meist ein Zehntel ihres Einkommens zahlen. Für sie ist das viel. Aber den Genossenschaften, denen die Häuser nun gehören, reicht das nicht für eine Reparatur. Hier wohnen keine gastfreien Warschauer. Vielleicht schämen sich manche. Die Fassaden der Häuser bröckeln. Manchmal fiel ein Balkon schon über Nacht auf die Straße. Ein paar Balken versperren bei der Balkontür jetzt den Austritt. Einst frech blickende Putten glotzen verwittert auf die Fremden.

Dabei begann hier einmal der Fortschritt von Warschau, das Praga erst 1916 eingliederte. Der erste Bahnhof entstand auf dieser Weichselseite 1860, die Wilnaer Station. Sie verband Polens Hauptstadt mit Petersburg. Schon fünf Jahre später öffnete der noch heute stark frequentierte Ost-Bahnhof, von dem die Züge nach Terespol, Brest-Litowsk und Moskau abfuhren. Und schließlich wurde seit 1976 die Weichsellinie vom Prager Bahnhof aus bedient. Kein Wunder, daß sich die Zentrale der Polnischen Eisenbahn (PKP) hier ihre Residenz errichtete, ein monumentales Gebäude mit Säulen und Portikus. Im Februar 1945, als westlich der Weichsel noch der Krieg tobte, zog dann die polnische Führung ein, die gegen den Willen der gewählten Exil-Regierung in London allmählich die Macht übernahm. Am Anfang des Jahrhunderts wohnte das gehobene Bürgertum in Praga. Polens Adlige unterhielten hier Residenzen. Der Ortsteil war so attraktiv, daß die Familie Radziwill noch 1907 den größten Warschauer Gottesbau stiftete, die Herz-Jesu-Kirche, für die 12 Granitsäulen aus Italien eingeführt werden mußten. Vorbild war „St. Peter vor den Mauern“ in Rom.

Pragas älteste und wichtigste Straße ist die Targowa, die Marktstraße. Sie verläuft parallel zur Weichsel, glich wohl einmal einem Boulevard mit vornehmen Geschäften. Heute hetzt hier das Leben. Straßenbahnen, Busse, Autos warten vor Ampeln. Menschen drängen sich durch Unterführungen, wo alte Weiber Plastiktüten und Blumen anpreisen. Nicht weit davon bieten sich Huren an, Frauen aus Warschau, die nicht auf ausländische Freier warten, die mit Dollar bezahlen, sondern auf polnische Männer. Hier bleibt man national. Auch nicht weit davon in einer Seitenstraße gibt es so etwas wie einen „drive-in-Wodka“. Der Fahrer hält unweit eines Häusereingangs, vor dem unauffällig Männer warten. Er bleibt im Wagen sitzen, mit der Hand gibt er eindeutige Zeichen. Und schon spurtet jemand ins Haus und kehrt mit eingepackten Flaschen zurück. Wodka wechselt für einige Scheine den Besitzer. Der Wagen fährt weiter. Vielleicht zur Weichsel. Praga liebt seinen eigenen Strand. Die Weichsel - wie überall nicht kanalisiert - hat zuweilen noch eine kleine Insel für Robinsons aus Praga übriggelassen. Unorganisiertes Wildland lockt Sonderlinge an. Hier ein paar Säufer, dort ein paar Nackte, ein Abschnitt für Schwule. Praga bietet für jeden etwas.

Dieser Stadtteil steht auch für die Schlacht zwischen den Truppen Gustav Karls und Kurfürst Friedrich Wilhelms von Brandenburg auf der einen und polnisch-litauischen Soldaten unter König Johann Kasimir auf der anderen Seite im Juli 1656. Das Geschichtsbuch berichtet weiter über blutige Auseinandersetzungen zwischen zaristischen Truppen und den Kosciuszko-Anhängern, über Brandschatzungen durch die Kosaken vor der dritten Teilung Polens 1795. Und dann wird noch einmal von Truppen in Praga berichtet, die aber tatsächlich dort gar nicht lagen. Polens Geschichtsschreibung hat es schwer, in Treue zur Sowjetunion zu erklären, warum die Rote Armee im August 1944 der Heimatarmee im Warschauer Aufstand gegen die Wehrmacht Hitlers erst kurz vor Ende zur Hilfe kam. Über Wochen, so sagt der Volksmund, hätten die Sowjets vom Weichselstrand von Praga aus zugesehen, wie der bürgerliche Widerstand drüben verblutete. Der Aufstand sei an sich unnütz gewesen, heißt es heute offiziell.

Der Chronist Hans von Krannhals schreibt über die Truppen der UdSSR, die tatsächlich 15 bis 20 Kilometer vor Praga liegen blieben, sie hätten nicht mit einem Aufstand in Warschau gerechnet. Von dem sei mehr in Moskau die Rede gewesen als an der Front. Allein die schwachen Kräfte der 9. deutschen Armee hätten den ungeplanten Vorstoß des III. sowjetischen Panzer-Korps bis auf Radzymin ermöglicht und dann den russischen Kommandanten dazu verführt „durchzufahren". Er sei dann aber auf unerwartet starke Gegenwehr gestoßen, sei von eigener Infantrie kaum unterstützt worden und so mit Mängeln beim Nachschub liegen geblieben. Die deutsche Heeresgruppe wußte sich vom 2. August 1944 an erleichtert: das sowjetische Panzer-Korps würde fürs erste nicht nachstoßen. Dort ersetzte man erst einmal die Panzer-Verbände durch Infantrie-Divisionen. „Das war der Augenblick, in dem die Sowjetunion den Aufstand desavouierte". Zweifellos hätte die Rote Armee zumindest zehn Tage nach Ausbruch des Aufstandes vorrücken können. Aber die Sowjets halfen den Polen nicht. „Die Eroberung der polnischen Hauptstadt war nicht geplant."

Als die ersten sowjetischen und polnischen Soldaten der Roten Armee am 14. September 1944 um zehn Uhr morgens am Platz mit der orthodoxen Kirche auftauchten, dort wo die Wilnaer Straße auf die Targowa-Straße stößt, benahm man sich in Praga so, als sei der Krieg schon zu Ende. Es begann wieder der Handel. Die Artillerie schoß noch, und an der Weichsel wurde gekämpft, aber in der Brzeska-Straße und auf dem Rozyckiego-Markt ging es wieder um Fleisch, Brot und Zigaretten. Noch künden Einschußlöcher in manchen Häusern vom letzten Krieg. Sonst sprechen nur noch die Denkmale davon. Das Leben geht weiter. Von der Schokoladenfabrik „Wedel - 22. Juli" weht Wind aus Kakao-Bohnen-Duft über den Skaryszewski-Park, der das nördliche Praga mit dem reinen Wohnviertel Saska Kepa verbindet. Dazwischen liegt ein großes Stadion. Dort sind zwei Tennisplätze für das Spiel im Winter unter Dach. Aber vor allem erinnert diese Stätte an den vorletzten Besuch des Papstes, der hier im Juni 1983 vor einer knappen Million Polen eine Messe las.

Student sein

Dieses dumpf stehende Duft-Gemisch aus Seife und Knoblauch erhielt sich über die Jahre. Doch die Farben an der Wand sind grauer geworden, und der Linoleumboden wirkt abgetreten. Aber vor allem findet der Besucher, der wieder über den langen Flur des Studentenheims geht, um die Nachfolger in einem Zimmer zu besuchen, das er in besonderer Erinnerung hat, nun nicht nur andere Gesichter, sondern auch neuen Wandschmuck vor. Da war Marians Bude. Wo damals Plakate der „Solidarität" prangten, ein Textildruck mit dem Abbild von Marschall Pilsudski, hängt heute die Kopie eines farbenfrohen Bildes von Miró. Ein zweites Plakat zeigt den weißen Nebel, der vom Pazifik über die Golden Gate Bridge in die Bucht von San Francisco fließt. Jetzt wohnt Jerzy hier. Von seinem Namenstag blieben noch die Fresien übrig, die in braunem Wasser stehen, das bald anfangen wird zu stinken. In diesem Zimmer wurde vor Jahren über die polnische Revolution debattiert, über den Weg des Sieges von „Solidarität". Monate später aber steckte dann Marian die trügerische Hoffnung wie ein Kloß im Hals, wutschnaubend und hilflos stampfte er mit seinen Stiefeln auf. Das Kriegsrecht hatte allen Träumen ein Ende bereitet.

Marian ist später ausgezogen. Die Stiefel, militärisch-jugendliche Tracht des Protests, soll er verkauft haben. Heute handelt er mit Video-Geräten und Klein-Computern. Das ist ein einträgliches Geschäft. Ein anderer zog in seine alte Bude ein und wieder aus, und nun lebt Jerzy drin. Jerzy kennt Marian. Seit dessen Auszug ist nur ein halbes Jahrzehnt vergangen, und doch vertritt Jerzy eine ganz andere Generation. Marian hatte Ehrgeiz. Er wollte sein naturwissenschaftliches Studium so schnell wie möglich hinter sich bringen. Er interessierte sich nicht sehr für Politik, aber die Umstände förderten sein aktives Engagement. Nach der Verhängung des Kriegsrechts verteilte Marian sogar illegale Flugblätter, wenn auch nur für ein paar Wochen. Teilnahme am öffentlichen Leben ergab sich aus sittlichem Anstand. Wer nicht mittat – stand abseits, war Außenseiter. Das ist nun anders. Für Jerzy ist die „Solidarität" eine Erinnerung der Kindheit. Daß es sich nicht lohne, in den öffentlichen Dingen mitzutun, hat er daraus gelernt. In seinem Studienfach ist Jerzy nicht besonders fleißig. „Diese Zeit will ich vor allem angenehm verleben. Die Welt der Erwachsenen kommt früh genug."

Vor Jahren drängten die Jugendlichen noch in das Leben der Älteren. Sie wollten mittun. Die Zeit neuer Ideen und Hoffnungen beförderte das. Nun wollen Studenten lieber unter sich bleiben, von den Philistern getrennt, diesen Vorbildern des grauen Alltags. Jerzy zieht mit dem Walkman durch die Stadt, als gehe ihn das Leben drumrum nichts an. Er trägt den outfit westlicher Jugend, kurz geschnittene Haare. Er hat seine Freunde. Die leben ähnlich wie er. Über Politik wird nicht gesprochen.

Eine Statistik meinte kürzlich, nur siebzehn Prozent der 320 000 Studenten in Polen interessierten sich für Politik. Vor fünf Jahren wird es umgekehrt gewesen sein. Und noch etwas ist an diesen Zahlen erstaunlich. Immer weniger Jugendliche studieren. 1978 waren es noch 495 000. Vor allem an den Technischen Hochschulen und den landwirtschaftlichen Akademien ging die Zahl der Studierenden zurück, um knapp vierzig Prozent. Das macht sich in den Studentenheimen noch nicht bemerkbar. Über ungenutzten Wohnraum klagt niemand, denn die Studienzeiten sind länger geworden. Eine Zeitschrift schrieb jetzt, sechzig Prozent der Studenten wollten ihr Leben an der Universität um jeden Preis in die Länge ziehen. 1984 beendeten nur gut dreißig Prozent ihr Studium in geplanter Zeit. Jerzy geht im übrigen mit seinem Walkman nicht zur Vorlesung oder in die Bibiliothek. Er hat anderes vor.

Allmählich wird das Grau der Warschauer Straßen wieder von Grün überwuchert. Die Forsythien erblühen über Nacht. Die Magnolien sprenkeln Feierlichkeit über den Alltag. Der Frühling geht schon in den Sommer über. Polen hat kontinentales Klima. Jerzy hat wieder seine Polohemden herausgeholt, mit dem bekannten Markenzeichen, und in seiner Sonnenbrille kann sich das Gegenüber spiegeln. Er legt auf Äußerlichkeiten Wert, viel mehr als Marian damals, der seinen flaschengrünen Parka sommers und winters gleichermaßen trug. „Gut angezogen zu sein, das erhöht die Lebensfreude", sagt er. Hätte Marian vor fünf Jahren das Wort Lebensfreude im Mund geführt? Ob er das Geld von den Eltern habe? Nein, die gäben wenig. Vater sei Offizier und habe nicht viel. Er beschaffe sich das Geld selbst: Er arbeite. Am Anfang waren es Gelegenheitsjobs. Mal hat er als Wächter einer Baustelle für eine Nacht knapp 2000 Zloty verdient, was dem Kaufwert eines Oberhemds entsprach. Dann kehrte er zusammen mit Freunden im letzten Jahr nach dem Winter die Warschauer Straßen, was ihm nach offiziell acht, tatsächlich jedoch zwei Stunden getaner Arbeit – neben Autoabgasen – nur 600 Zloty einbrachte. Soviel kostet ein Paar Strümpfe.

Viel Arbeit könne doch unmöglich zu einem angenehmen Leben beitragen, wird gefragt. Ein kurzsichtiges Argument. „Als Student kann ich ohne viel Anstrengung mit verschiedenen Jobs zu mehr Geld kommen als später im Beruf, vor allem in der privaten Initiative.“ Allein schon mit Nachhilfestunden, für die er sich als angehender Germanist etwa 500 Zloty stündlich zahlen lasse, könne er es im Monat zum durchschnittlichen Monatsgehalt eines Lehrers bringen. Eine Kommilitonin arbeitet in einer Reinigungskolonne, putze Eisenbahnwaggons. Sie fahre bei zwei Stunden täglich gut 15 000 Zloty im Monat ein. Ein Bekannter habe seine Fertigkeit als Maler entdeckt. Der preise mit Annoncen in der Zeitung seine Arbeit an, und bei gar nicht großem Einsatz bringe das monatlich 30 000 ein. Von soviel Geld habe sein Vater, berichtet Jerzy, lange geträumt. „Wir können uns als Studenten mehr leisten als später im Berufsleben. Das ist angenehm.“ Jerzy hat übrigens ein eigenes Geschäft, ein Produkt aus der Freundschaft mit Marian. Dort geht Jerzy hin. Er fertigt Alarmsysteme für private Haushalte und kleinere Firmen an. Marian hatte dies früher selbst getan. Aber dann wurde er mit der Nachfrage allein nicht mehr fertig.

Praktische Arbeit bringt in Polen zuweilen mehr ein als ein akademischer Beruf. Das ist mit ein Grund, weshalb vor allem Kinder aus Arbeiterfamilien immer weniger an die Universität gehen. Viele diplomierte Akademiker enden im Handwerk oder als Taxifahrer. Für Jerzys Cousin in Lublin ist Studienzeit gleichbedeutend mit einer Probefrist. Wojcechs Eltern leben auf dem Land, und ihr Sohn sollte immer Priester werden. Dagegen hat er sich gesträubt. Nun studiert er Mathematik an der Marie Skludowska-Universität. Das war insofern ein Kompromiß, als er seinen Eltern sagen konnte, er werde zu seinen Kommilitonen an der katholischen Universität ein paar Straßen weiter engen Kontakt halten. Aber Priester wird er nie werden. Eher Tankwart oder wieder Bauer wie seine Eltern. Am Ausgang der Stadt ist er für die Sonntage in einen Betrieb eingestiegen und hat sich in kurzer Zeit ein ordentliches Zubrot verdient. Aber noch ist die Entscheidung nicht fällig, obwohl er schon sieht, daß er als Mathematiker nur über Kontakte zum Ausland aus elfenbeinerner Ärmlichkeit hinauskommen könnte. Vorerst genießt er das größere Warenangebot der Stadt und versorgt auch seine Familie auf dem Land mit Gütern, die es in dem kleinen Lädchen daheim nicht gibt. Dann sinnt er auch noch darüber nach, ob es sich nicht lohnen könnte, in den Computer-Bau einzusteigen. In Warschau kennt er einen Techniker, der pro Jahr 12 Sechs-Bit-Computer baut. Über Absatz kann der nicht klagen. Selbst staatliche Firmen kaufen.

Die Kneipe in der Warschauer Altstadt, wo Marian vor fünf Jahren einmal drei Flaschen Wasser bestellte, dann seinen eigenen Whisky auspackte und zumindest an seinem Tisch für Stimmung sorgte, bietet wieder Alkohol an, auch österreichischen und rumänischen Wein. Der Kellner unterläßt auch nicht die Bemerkung, daß seine Ware giftfrei sei, aber dennoch bleiben Studenten aus. Auch die „reichen" Kommilitonen wollen hier nicht ihre Zeit vertrödeln in verrauchter Luft, wo die Langeweile auf den Tischen steht. Meist bleibt man daheim. Dort trifft man sich auch. Geselligkeit hatte vor Jahren in der Regel mit Politik zu tun. Man saß auf den Buden unter den Büsten von Pilsudski und geriet sich schnell in die Haare bei deftigen Diskussionen um Heimat und Zukunft. Der Zoff brachte Freude. Jene Abende sind in guter Erinnerung. Jetzt gehen die Themen aus. Man kann sich wohl eine Zeitlang über neue Wagen, Moden oder Computer unterhalten, aber dann wirds fad. Der geistige Anspruch ist gesunken. Früher waren am Schwarzen Brett Anzeigen für Theater, Kino-Abende und Vorträge angeschlagen. Heute tauschen Studenten „Ersatzteile für Fiat", verkaufen „moderne Uhren", nur einmal benutzte Ski.

Man macht, was sich lohnt. Das wird der polnischen Jugend schon in der Schule beigebracht. „Wir lernen nicht fürs Leben", sagt auch Jerzy. „Nein, ganz so stimmt es nicht", verbessert er sich. „Das Leben lehrt uns, mit Leistungen nicht gerade aufzufallen, doch durch die Prüfungen zu schlüpfen, die staatlichen Leistungen ausnutzen, ohne viel dazu beizutragen, im Mittelmaß mit wenig Einsatz möglichst viel zu erreichen. Viel für das Leben daheim, die Familie zum Beispiel." Jerzy ist zwar erst 25 Jahre alt. Aber er wird bald heiraten. Dann kann seine Freundin bei den Eltern ausziehen und auch ins Heim kommen. 1980 gab es schon 26 000 verheiratete Studenten. Solche Ehen erhalten bevorzugt Plätze. Die Kinder wohnen gratis. Wer ohnedies ein Stipendium vom Staat erhält, und das trifft auf fünfzig Prozent der Studenten zu, erhält pro Kind für jeden Monat 3150 Zloty Zuschuß. Das ist viel, wenn man als Lebensminimum generell 7000 Zloty annimmt. Ein normales 0,8-Kilo-Brot kostet knapp 30 Zloty. Vor dem Fenster neben Jerzys Zimmer trocknen schon Windeln im linden Wind. Soweit sei es bei ihnen noch nicht, lacht Jerzy. Meist wird im sechsten oder siebten Semester geheiratet, wenn der Reiz der Studentenzeit verflogen und das Studium Routine geworden ist. Möglicherweise sehen viele in der Ehe eine Flucht in Geborgenheit, einen Schutz vor der feindlichen Welt. Aber bestimmt wirkt sich auch altes Rollenverständnis aus. Die Kirche ruft zur katholischen Ehe auf, und der Staat predigt die sozialistische. Das Ergebnis ist dasselbe: Kinder sind der billigste Luxus.

Überdies ist es in Polen schwer, eine Wohnung zu bekommen. Millionen warten. Ein verheirateter Student aber hat Anrecht auf Wohnplatz. So ein Zimmer im Heim mit etwa dreißig eigenen Quadratmetern und einer Naßzelle draußen, die man mit dem Nachbarn teilt, muß da schon zufriedenstellen. Jerzy erhält einen staatlichen Zuschuß, weil zu Haus nur sein Vater – der Offizier – Geld verdient. Er hat mit seiner Frau noch drei Kinder zu unterhalten. Der Zuschuß deckt in etwa die Kosten für das Zimmer im Heim, monatlich 1900 Zloty. Die Verpflegung in der Mensa liegt bei 4000. Für Jerzy sind das allerdings alles keine Beträge. Die Alarmanlagen, Nachhilfe-Stunden und andere Jobs schlagen im Monat mit gut 20 000 Zloty zu Buche. Da kann er der Mutter schon mal ein paar Scheine zustecken. So ist das in Polen oft. Der Staat subventioniert. Der Privatmann freut sich. Eine leicht überspielbare Bürokratie mit eigentümlichen Vorstellungen von der Wirklichkeit versüßt Jerzy das Leben. Es gibt Millionen armer Leute, die dringend Hilfe bräuchten. Acht Milliarden Zloty steckt der Staat jährlich in Stipendien. Das ist ein Zehntel der Gesamtausgaben im Hochschulwesen.

Jerzy weiß von der Ungerechtigkeit, gönnt jedem Mütterchen auch eine höhere Rente. Aber auf der anderen Seite will er nicht für das System verantwortlich gemacht werden. Das sei nun mal tumb, bringe überdies so viele Nachteile für die eigene Entwicklung, daß es nur gerecht sei, den Staat zu schröpfen. Denkt so eine Generation ohne Chancen? Dies Schlagwort verbirgt sich hinter Jerzys Klage. „Ich weiß schon heute, daß ich als Germanist nicht viel werden kann. So studiere ich eben mehr zum Spaß, und um auch Zeit zu haben, richtig Geld zu verdienen. Wenn ich etwas Endgültiges gefunden habe, dann verzichte ich vielleicht sogar auf das Examen. Meinen Sie, ich will Übersetzer werden und in einer Kabine das Geseire von Ministern nachplappern, die von der einen zur anderen Seite der Oder den Sozialismus loben?“. So meint Jerzy heute. Vielleicht wird er es sich noch anders überlegen. von jenen, die damals in der „Solidarität“ mitstritten, ist heute mancher beim Staat untergekommen. Nicht jeder Student hat soviel Initiative, daß er sich selbständig machen kann wie Marian. Eine frühe Heirat, das erste Kind zwingen zu Kompromissen. Aber 40 Prozent der Studenten dachten Anfang 1987 auch daran, Polen endgültig zu verlassen. Das Exil ist für Akademiker attraktiv. Dort gibt es Forschungsmöglichkeiten, die im Lande fehlen.

Natürlich gibt es einen sozialistischen Verband der Studenten. Aber das ist eine schwache Organisation von Karrieristen, die es schnell gelernt haben, auch im Fernsehen in Luftblasen zu reden. Hier sind meist Studenten der ersten Generation ungebildeter Familien aktiv. Sie kommen aus den kleineren Universitäten, die im Schatten von Krakau, Warschau, Breslau oder Danzig stehen. Dort ist im Schnitt auch das akademische Niveau niedriger als in den ehrwürdigen alten Hochschulen. Die 37 Millionen Bürger Polens unterhalten 11 Universitäten, 19 Technische Hochschulen, zehn Medizinische Akademien. Neben 17 Militärakademien gibt es noch weitere Fachhochschulen. Aber gänzlich unattraktiv ist dieser Verband auch nicht. Er organisiert und finanziert zum Beispiel Auslandsreisen. Um die Gelder nicht aufs Spiel zu setzen, bemühe sich der Verband um eine vorsichtige und konservative Politik. Er habe panische Angst vor einem mutigen Programm, stellte neulich das Wochenblatt „Polityka" fest. Die Aktivisten des sogenannten Unabhängigen Verbandes dagegen, die unerlaubt agieren und meist noch mit der „Solidarität" im Untergrund Kontakt halten, genießen zwar viele Sympathien aber wenig Zulauf. Die „Passivität und Gleichgültigkeit ist eine beunruhigende Erscheinung bei einer großen Anzahl von Studenten. Ihnen ist fast alles egal. Sie haben zum Lernen keine Lust aber hegen hohe Erwartungen", stellte „Polityka" fest.

Über Konflikte zwischen der Partei und den Professoren oder Studenten an der Universität kann Jerzy nicht viel berichten. Ist er zufrieden mit der angebotenen Literatur in deutscher Sprache? Kommen genügend Bücher in die Bibliotheken und nicht nur solche aus der DDR? Ihm reiche es. Wichtiger seien ihm zudem Zeitschriften und Zeitungen oder technische Prospekte, um die Sprache so zu lernen, wie sie das tägliche Leben brauche. Und daran fehle es. Und dann stellt auch er eine Frage. Ob man ihn nicht einmal in die Bundesrepublik einladen könne? Ob er vielleicht emigrieren wolle, wird frech gekontert. Jerzy lächelt. „Ich weiß nicht." Warum habe er sich eigentlich für Deutsch als Fach entschieden?

„Die Deutschen sind unsere Nachbarn. Ihre Grenze ist offen. Da kann man hin."

Die Bauern – Polens Hoffnung?

Im Querschnitt der Statistik schneidet das Höfchen von Frau Kowalska nicht schlechter ab. Und die mehr als sechzig Jahre alte Frau klagt auch nicht. An den Sejm-Wahlen hat sie brav teilgenommen; denn sie ließ nie einen Urnengang aus, weder zum Wahlbüro noch auf dem Friedhof. Beides gibt es in Zalesie nicht, aber im Nachbarort, wo auch die Holzkirche steht, von der ein Heimatforscher meint, sie sei erst nach dem Krieg katholisch geworden. Zuvor habe sie dem Kult der Filiponen gedient. So nennt man die Altgläubigen der Orthodoxie, die im zaristischen Rußland verfolgt wurden und um 1830 in Galizien und nördlich zwischen Suwalki und Nikolaiken im alten Ostpreußen eine neue Heimat fanden. Aber Frau Kowalska kümmert dies nicht. Sie hat andere Sorgen.

In dem hügeligen Weiler nordöstlich von Warschau, wo Mitteleuropa langsam zu Ende geht und zumindest auf der Europastraße schon die Kilometer nach Moskau angegeben werden, schlägt das Herz noch mit dem Puls der Vergangenheit. Es gibt elektrisches Licht, aber nicht in jedem Haus. Es fehlt der Wasseranschluß, wie bei fast siebzig Prozent aller polnischen Höfe. Frau Kowalska hat einen Brunnen vor der Kate. Als WC entpuppt sich ein Verschlag am Zaun hinter dem Haus. Nicht einmal hier liegt Zeitungspapier. Gelesen wird nur im Katechismus „Jezu Pochwalony".

In diesen Weilern ist der Mensch noch mehr Untertan als im Westen Polens. Es prägt zaristische Vergangenheit. Und dennoch ist hier nicht europäisches Grenzland. Zalesie gehörte einst zu Zentralpolen. Erst Hitler und Stalin verschoben das alte Königreich. So wurde nach 1945 Polens Zentrum Europas Osten. Frau Kowalska schuftete erst mit ihrem Mann, dann zudem mit zwei Söhnen auf dem Hof. Nun schuftet sie allein. Ihr Mann verunglückte. Janusz arbeitet in Augustow, und Tomasz verließ eines Tages Polen und lebt heute in Amerika. In Kanada oder in den Vereinigten Staaten? „Ich weiß nicht. Aus Montreal kam einmal eine Karte. Er war gut angekommen. Danach haben wir nichts mehr gehört. Aber wenn es ihm schlecht geht, wird er wieder kommen." Nach einer Pause: „Jest im dobrze" – „Gut geht es ihm." Im Winter reicht manchmal der Schnee bis zum Fenstersims. Und dann dürfen Hund und Katze, aber auch das Federvieh mit in das Haus. Im kommenden Sommer soll der alte Schober neu aufgebaut werden, „für das Vieh."

Drinnen besteht aus großem Raum und kleinem Vorzimmer, das Windfang, Garderobe, Stall und Fußabtreter zugleich ist. Da liegen Lappen auf dem Boden und eine Decke für Hund und Katze. Vielleicht lehnt da an der Ecke auch ein Spaten, vielleicht ein Besen. Dahinter ist es gleichfalls dunkel, und es steht schwerer Dunst nach Kohl, Nassem und nach Mensch in der Luft. Fest gestampfter Lehm ist das Parkett dieser Kate. Neben dem kleinen Fenster in der Haustür gibt es noch jeweils eines auf den Längs- und jeweils zwei auf beiden Breitseiten. Doch hält entweder Grünzeug oder Gardine das Licht ab. Vielleicht ist das Glas auch nicht sauber. Wie diese Hütte – so malen Kinder ihre Häuser. Aber ob sie darin leben wollten? Mitten im Raum: ein Tisch und drei Stühle. Ein Hocker, der sich mehr zur Feuerstelle hinkehrt, einem Ofen für Holzbefeuerung, drei Herdplatten darauf. Jede besteht aus Ringen, die sich mit einem Feuerhaken abziehen lassen, so daß man auch von oben Papier oder Abfälle in das Feuer werfen kann. Wenn Frau Kowalska etwas Plastik verbrennt, es gibt zunehmend derartige Verpackung, zischt es, und ätzender Qualm mischt sich mit der schweren Luft des Hauses.

Über dem Eingang prangt ein Kreuz. Man kann nicht erkennen, ob es aus Holz oder Gußeisen ist. Beim Bett hängt das Bild der Schwarzen Madonna von Jasna Gora, eine Fotografie, die man zu Tausenden für billiges Geld von den Händlern in Tschenstochau kaufen kann oder in jedem „Veritas"-Geschäft der parteitreuen Laienbewegung PAX. Unweit von diesem Bild ist noch das Porträt des Papstes angebracht; wie eine persönliche Erinnerung an den Heiligen Vater, denn Frau Kowalska war im Juni 1983 dabei, als Papst Johannes Paul II. im Warschauer Stadtteil Praga vor gut 50 000 Menschen eine Messe las. Mit einem Bus der Gemeinde war sie gekommen, mit dem schwarzen Kopftuch. Denn damals war der Tod ihres Mannes noch frische Wunde. Er war unglücklich gefallen, hatte nach einigen Ruhetagen plötzlich „ein Fieber" bekommen und starb daran, wie Frau Kowalska mit Tränen in der Stimme berichtet. Von da an war sie allein. Die Sommer, die danach kamen, waren milde. „Es gab nicht viel Sonne, aber auch nicht viel Regen." Nur die Kletterrose am Gartenzaun ging ein.

Doch lohnt sich der Betrieb von Frau Kowalska? Die Frage versteht sie nicht. Wie viele Hektar hat sie? Ganze drei. Damit erklärt sich auch ihr Unverständnis. Das Heu, was sie „einfährt", wird gegen Fleisch getauscht. Die paar Eier, die ihr selbst über sind, werden im Bauernhandel zu Brot und anderen Nahrungsmitteln. Allein das Obst verläßt ihr

Dorf. Eine staatliche Firma kauft erst Erd- und später Brombeeren. Und sie bezieht dadurch mal ein paar Stiefel, mal auch Gerät. Damit gehört Frau Kowalska schon nicht mehr zu den ganz kleinen im Lande. Denn zwanzig Prozent der polnischen Bauern gelangen mit ihren Waren überhaupt nicht auf den Markt. Und das ist der Grund, warum Frau Kowalska nicht klagt.

Im Durchschnitt verfügt der polnische Bauer, dem mehr als 76 Prozent des landwirtschaftlich nutzbaren Bodens gehören, über fünf Hektar. Doch diese Zahl verfälscht das Bild. Es gibt in Polen Regionen, wo fast alle Bauern nur zwei, und andere, wo die meisten über 30 Hektar Land beackern. In den historisch polnischen Gebieten, in Zentral- und Kleinpolen, in Podlasie, in der Region um Lublin und vor den Karpaten müssen die Bauern zumeist auf Höfen mit weniger als fünf Hektar herumwirtschaften. Deutlich größer sind sie dagegen im Bezirk Posen, im alten Ostpreußen und in Schlesien. In der Neumark und im alten Pommern, dort, wo die wenigsten Menschen ernährt werden müssen, verfügen die Landwirte über die größten Höfe mit im Schnitt zwischen 50 und 60 Hektar. Aus den alten Betrieben der schlesischen Grundbesitzer wurden meist Staatsgüter. Sonst hat der Staat vor allem dort seine Betriebe, wo Städte versorgt werden müssen, um Warschau, Krakau, Lodz herum und im oberschlesischen Industrierevier.

Im Oktober 1982 beschloß der Sejm, privaten Landbesitz in der Verfassung zu verankern. Endlich; denn seit dem Krieg waren die Landwirte im Ungewissen, hatten die Älteren meist ihren Hof an den Staat für eine Rente verkauft, und die Jüngeren waren in die Stadt gezogen. Bauern haben ein langes Gedächtnis. Sie erlebten Jahr für Jahr die Bevorzugung der Staatsgüter, die bis heute hohe Subventionen einstekken und über eine bessere Infrastruktur verfügen – und dennoch kaum aus den roten Zahlen herauskommen. Zwischen 1950 und 1954 hatte die polnische Regierung in Anlehnung an die Sowjetunion den „sozialistischen Umbau des Dorfes" geplant. Minister Hilary Minc ist mit seiner Rede vor dem V. Plenum den Zentralkomitees im Juli 1950 noch bei vielen in schlechter Erinnerung. Die Kollektivierung sollte aus dem Bauern eine Art Industriearbeiter machen. Durch die Zusammenfassung von Kleinbetrieben sollten überdies Arbeitskräfte für die städtische Industrie frei werden. Den Großbauern – „Kulaken" – sollte durch einen höheren Ertrag der Produktions-Gemeinschaften und niedrigere Verkaufspreise der Markt entzogen werden.

Aber schon 1954 sah die Regierung ihren Fehler ein. Die landwirtschaftliche Produktion stagnierte. Der Staat hatte kein Geld für Investitionen, weil jeder Zloty an die Industrie ging. Hohe Steuern und Zwangsabgabe-Quoten verdrängten überdies die Kulaken nicht. Ihre teure Ware fand weiterhin Absatz. Die Partei gab die Schikanen auf. Der „Neue Kurs“ gewährte den Bauern sogar Kredite zum Ankauf von Zuchtvieh, Maschinen und Baumaterial. Der Fünf-Jahresplan von 1955 setzte dann den Fortbestand der freien Bauern voraus. Aber die Partei rückte nicht von ihrem ideologischen Fernziel einer „sozialistischen Umformung des Dorfes“ ab. Daran änderten auch die Unruhen 1956 in Posen nichts, auch nicht die Auflösung von etwa 8500 der 10 000 Produktionsgemeinschaften in kurzer Zeit. Selbst die Kritik des neuernannten Parteichefs Gomulka vor dem VIII. Plenum im Oktober 1956 rührte nicht an Grundsätzlichem. Dem Landwirtschaftsminister Ochab – zehn Jahre später Präsident des Staatsrates – oblag es nur, den Antagonismus zu pflegen: trotz sozialistischer Umgestaltung sollte er die Privatbauern fördern. Die Partei mußte recht haben – aber die Nation sollte auch essen.

Bis zu 15 Hektar Land durfte sich ein ausgewiesener Landwirt von Juli 1957 an kaufen. Das neue Gesetz sah auch Verpachtung und Vererbung vor. Mittlerweile darf der Bauer in Nord-, und West-Polen, also in den früher deutschen Gebieten, bis zu 100 Hektar Land besitzen und 50 Hektar anderswo. Die althergebrachte Struktur soll also nicht verändert werden. Aber noch Mitte der achtziger Jahre gab es eine parteiinterne Diskussion zwischen Pragmatikern und Ideologen. Die einen forderten stabile und berechenbare Agrarpolitik. Man darf „strukturelle Veränderungen nicht als Ziel an sich betrachten, sondern als Mittel, um für die Gesellschaft vorrangige Ziele zu erreichen“. Dazu gehörte eine ordentliche Versorgung der Städte, nachvollziehbare Preise und gesellschaftlicher Friede. Die Ideologen dagegen sahen in diesem Abrücken „vom marxistisch-leninistischen Konzept“ der Landwirtschaft eine Ursache für die regelmäßg wiederkehrenden Krisen in Polen. Die „privatkapitalistische“ Besitzstruktur sei zudem Ursache für die allgemeine Rückständigkeit auf dem Land. Das Hergebrachte werde mythologisiert.

Für den polnischen Landwirtschaftsminister Stanislaw Zieba ist diese Debatte allerdings abgeschlossen: „Nicht nur ich, sondern auch meine Partei wünscht sich die Beibehaltung der heutigen Besitzstruktur. Wenn jemand etwas anderes behauptet, dann richtet sich das gegen Partei und Volksmacht,“ sagt er. Sein Großvater hatte einen kleinen Hof in Galizien. Der Vater wurde Lehrer. Stanislaw Zieba zog es wieder zum angestammten Beruf. Er studierte jedoch, habilitierte sich sogar. Gearbeitet hat er nur in Staatsbetrieben, schließlich in einer Zuckerfabrik. Aber sein Sohn, – und das ist bei Kindern von Hochgedienten selten –, gründete einen Betrieb in der Nähe von Plock an der Weichsel. Dieser Hof hat 14 Hektar, gehört nach dem polnischen Maßstab also schon zu den größeren. Zieba folgte als Minister im März 1983 überraschend dem beliebten Bauern Wojtecki. Ungünstig war für Zieba auch, daß er innerhalb der PVAP Karriere gemacht hatte. Die Bauern fürchten eben noch immer die Partei, die ihnen in den fünfziger Jahren den Dogmatismus bescherte.

Für den Arbeiter auf einer Staatsfarm lohnt es sich nicht, viel zu leisten. Wenn der Betrieb rote Zahlen abwirft, bekommt er nur 400 Zloty weniger. Und das entspricht dem Wert von 100 Gramm Kaffee. Obwohl die Wirtschaftsreform auch auf die Staatsfarmen angewandt wird und nur noch ein halbes Hundert Betriebe Defizite erwirtschaftet, nehmen die staatlichen Subventionen zu. Privatbauern erhalten bestenfalls Kredite und überleben dennoch von einer gewissen Größe an. Die Staatsfarmen aber kommen ohne Subventionen nicht aus. Sie haben Telefon, Wasserleitungen, einen Fuhrpark und eine bessere Infrastruktur, und dennoch arbeiten sie unwirtschaftlicher als die privaten. Die Situation ist unvergleichbar mit der in der westeuropäischen Agrargemeinschaft. Im Durchschnitt bringt ein Hektar mit relativ wenig Düngemitteln 28 Zentner Getreide ein. Gegenüber deutschen Zahlen ist das keine Steigerung. In Polen wird kaum Überschuß produziert. Eher sollen Subventionen zur Produktionssteigerung anregen. So wurde in letzter Zeit auch mehr Milch erzeugt, aber auch mehr, als verarbeitet werden kann. Der Staat hatte sich verpflichtet, jeden Liter aufzukaufen. Jetzt müssen mehr Molkereien gebaut, alte renoviert werden.

Über die Qualität der Milchprodukte war es Anfang der achtziger Jahre fast zu einem Prozeß zwischen den Molkereien und dem Verbrauchermagazin „Veto" gekommen. Zu wenig, zu spät, zu alt – hieß der Vorwurf. Insgesamt brachten 1983 alle 11 000 staatlichen Lebensmittel-Betriebe, von der Farm bis zur Konservenfabrik, 24 Prozent des Nationaleinkommens ein. Aber nur 12 Prozent des Kapitals flossen für Investitionen wieder zurück. Die ständig in den roten Zahlen liegende Stahl- und Schwerindustrie bekam wie immer den übergroßen Anteil ab. Die Molkereien, Mühlen, die Lebensmittelfabriken kamen, wie in den fünfziger Jahren, zu kurz. Minister Zieba will das ändern. Da er sich kaum Chancen auf einen stärkeren Anteil am Investitionskapital ausrechnet, sucht er den direkten Zugang zu Devisen. Polen will mehr Konserven ausführen, Schinken, Wild, Obst. Deutsche Firmen sollen polnische Kühlhäuser renovieren und dafür Saatgut erhalten. Ein wichtiger Exportposten sind auch die Pferde aus Janow Podlaski an der sowjetischen Grenze oder von Auktionen anderswo. 49 Araber von diesem Gestüt am Bug brachten in der letzten Zeit zusammen 3,2 Millionen Dollar ein.

Nur eine Straße führt zum Markt der Bauern. Jeden Mittwoch schieben sich schon vor fünf Uhr morgens die Pferdewagen voll mit Früchten der Saison an den Holzhäusern vorbei zu diesem freien Platz. Jetzt sind die Wagen schwer beladen mit Kohl und Äpfeln, mit Schweinen und Schafen, Enten und Hühnern. Dann geht im späten Oktober die rote Sonne hinter dem Örtchen auf, und die Kunden kommen. Aber die Kunden sind hier auch die Verkäufer. Kaum ein Wagen aus der Stadt hat es bis hierher geschafft. Zu den Pferdewagen gesellen sich nur Motorräder, zudem Zwei-Takt-Wagen aus ostdeutscher Produktion, der kleine Fiat-Polski, und nur ganz gelegentlich ein westliches Auto, das der Besitzer wohl aus zweiter Hand für Devisen erstand. Eine Bäuerin sitzt auf einem dieser bunten baumwollenen Kelims, die man sich auch über die Schulter hängen kann, einen Sack Wallnüsse vor sich und schon drei Hühner von einem ersten Kauf. Ihr Mann heißt Piotr und ist berühmt für seine Körbe, die er noch am späten Abend flicht. Heut will er auch drei Ferkel verkaufen. Aber die beiden bieten auch hellfarbene Fässer vom Küfer an, worin man Kohl oder Essiggurken einlegen kann.

Geselligkeit und Geschäft gehören zusammen. Ein Ferkel hat grundsätzlich den Wert von 12 000 Zloty. Gegen zwei Ferkel kann man aber auch ein Schaf eintauschen. Piotr aber will ein Rindvieh. Er hält eins seiner drei Ferkel preisend in die Luft. Und das quiekt und gellt vor Schrecken. Drei Ferkel für ein Kalb? Piotrs Markt-Nachbar bietet sogar vier zu eins. Der Kalbverkäufer steht vor einer schweren Entscheidung. Piotr kennt er. Der Unterbietende ist ihm unbekannt. Und so wird erst einmal über die Ernte gesprochen, über Bekannte. Ein Geschäft kann nur dann glücken, wenn die Verhandlungen nicht engherzig um die Sache kreisen. Zeit gibts dafür. Die stillen Stunden auf dem einsam gelegenen Gehöft haben in den Gehirnen viele Worte aufstauen lassen. Nun muß gesprochen werden. Mit Händen und mit Füßen. Manche Zahnlücke wird sichtbar, manche Silberkrone. Zum Geschäft gehören auch Menschenkenntnis, gute Laune und Gesprächigkeit. Niemand will den anderen übers Ohr hauen. Doch in so einen Handel muß man schon Teile seines Herzens legen. Keinen Aspekt der Ware sollte man außer acht lassen, und beim Käufer muß man auch die Bereitschaft spüren, für diese Sache ein Opfer zu bringen. Jede Ware hat doch den Wert, den man ihr zuspricht. Und da gibt es – selbstverständlich - verschiedene Auffassungen. Aber der Käufer kennt Piotr. Man hat schon manchen Markttag am Nachmittag mit einer Flasche Wodka abeschlossen. „Du kriegst zu den drei Ferkeln auch noch einen Zentner Grütze (Kasza) hinzu." Und das gibt den Ausschlag. Einzig abwesend ist das Kalb, das sich blasiert von den quiekenden Ferkeln abwendet.

Grau und Mittelmaß im Alltag

Wenn Du morgens aufstehst, ans Fenster gehst, fällt Dein erster Blick auf die grauen Mietskasernen, die sich um Deinen eigenen Block scharen. Immerhin ist es schon hell an diesen Sommertagen, immerhin blühen da unten Rosen und Dahlien. Aber die zwei Bäumchen auf dem Rasen sind noch klein und spirrig.

In der Regel ist der Wasserdruck in Deinem fünften Stock gerade noch ausreichend, so daß Du duschen kannst. Das graue Brot ist über Nacht hart geworden, es hat sich gewellt. Erst am Wochenende wirst Du Zeit haben, Dir in jenem Privatgeschäft gegenüber vom Gericht Baguette zu kaufen. Auf dem Kaffee schliert ein Film in schillernden Farben.

In einem schäbigen Fahrstuhl ziehts Dich ins Erdgeschoß hinunter. Das Zeichen von „Solidarnosc“ an der Wand ist mehrfach überkratzt, jedoch noch sichtbar. Es ermuntert nicht mehr. In Deinem kleinen Fiat, der so orangerot oder beige gespritzt ist, wie tausend andere kleine Fiats in der Nachbarschaft auch, fährst Du in die Stadt, - wo abgesehen vom ältesten Teil - ein graues Haus ans andere grenzt. Immerhin ist die Stadt reich an Parks und Gärten. In Deinem Büro ist der Teppich abgetreten und der Boden auch. Die Möbel sind aus den fünfziger Jahren, das Telefon auch. In der Ecke wird Dir wie jeden Morgen Tee per Tauchsieder aufgebrüht. Deine Kollegin kämmt sich die Haare, und der Chef ist auf Dienstreise.

Der Arbeitsplatz in der Behörde ist in stehende Luft gehüllt. Deine Arbeit scheint nichts zu bewegen. Die gelblichgrauen Bogen, die Du täglich in Deine alte Schreibmaschine einspannst, werden zwar vollgeschrieben, aber dann hast Du nichts mehr mit ihnen zu tun. In Mappen gepackt, gehen sie ihre eigenen Wege. Du siehst sie nicht mehr. Ihre Adressaten kennst Du nur bei ihren Namen. Manchmal kaufst Du eine Topfpflanze. Aber die blüht nur einmal, geht bisweilen dann ein. Zum Namenstag bringen Dir der Chef und die Kolleginnen Nelken oder Tulpen; bisweilen jeder nur eine. Damit es reichlicher aussieht, sind um die Blumenstengel zwei grellfarbene Zierfaden aus Papier geknüpft, meist giftgrün und bonbonrot. Du steckst die Blumen in ein Marmeladenglas. Aber das Wasser, das Du dann noch dazu gibst, scheint sie langsam umzubringen.

Du bist der festen Überzeugung, die Behörde könnte auch ohne Dich auskommen. Aber das denken alle hier. Es kann also nicht stimmen. Dein Mann dagegen scheint Tag für Tag älter zu werden, als sauge ihm seine Arbeit die Lebenssäfte aus dem Körper. Er verläßt früher als Du die Wohnung, kehrt aber auch eher heim. Er fährt mit Bus und Straßenbahn zur Hütte. Er ist Vorarbeiter, verdient mehr Geld als Du. Als Techniker könnte er in der privaten Wirtschaft sogar reich werden. Aber für einen Wechsel fühlt er sich zu alt. Er müßte voller Initiative und Tatkraft sein, einen neuen Rhythmus finden. Dabei hält ihn die alte Routine noch am besten zusammen. Er hat in seinem Leben fest zupacken müssen. Er hat Einsatz gezeigt, und der hat ihn bisweilen auf die „falsche" Seite getrieben. Als es hieß, mehr Leistung bringe der Brigade Erfolg, hat er sich unbeliebt gemacht, weil er seine Leute zu Fleiß anhielt. Letztlich hatten die anderen recht. Was bringts, wenn ein Trupp besser ist als der andere. Sie sind alle ineinander verkettet. Der Langsamste bestimmt das Tempo.

Als die Arbeiter murrten, zuerst über mangelnde Arbeitsplatzsicherheit, später über Preiserhöhungen, dann über die Entlassung eines „unwilligen" Kumpels – Dein Mann war immer dabei. Das hat seinem Aufstieg geschadet. Der Kollege von einst hat schon seit Jahren den Blaumann mit dem Anzug vertauscht. Jetzt fährt er bisweilen mit Betriebsgästen zur Jagd. Als die „Solidarität" im Betrieb gegründet wurde, tat Dein Mann mit. Deine Einwände und eine Krankheit konnten ihn davor bewahren, außerhalb der Hütte auf höheren Ebenen aktiv zu werden. Das war vielleicht sein Glück. Aber er fiel dennoch auf. Dein Mann kniete vor Kaplan Popieluszko nieder, als dieser auf dem Werksgelände seine erste Messe für die Streikenden las. Dieses Foto ging um die Welt. Dein Mann ist still, er ruht in sich selbst. Er ist sich treu. Im Betrieb hat er für die Gewerkschaft gekämpft, und am Sonntag seid ihr zur Messe in die Stanislaus Kostka Kirche gegangen. Dein Mann ist ein polnischer Arbeiter.

Jetzt kannst Du sein Klagen nicht mehr hören. Da stehe ein nagelneues Gerät in den Hallen ungenutzt herum, weil ein Ersatzteil fehlt, oder weil die Anschlußtechnik ausbleibt, eine weitere Maschine aus dem Westen nicht mehr bezahlbar ist. Er schimpft über die Elektriker, die so schlampig arbeiteten, daß es zu Kurzschlüssen komme. Aber auch denen fehle es an Ersatzteilen. Er murrt über die Disziplin seiner Kollegen, die reihenweise „desertierten". Es gebe nur noch Hilfsarbeiter, qualifizierte Kräfte suchten andere Jobs. Du magst es nicht glauben, aber die Hütte sei zu vierzig Prozent unterbesetzt. Diese Ungelernten seien zu nichts nutze. Aber auch aus anderen Gründen arbeite das Unternehmen nur mit gut halber Kraft. Wer kaufe heute noch Stahl – außer den Russen?

Dein Mann ist unzufrieden. Er wird zwar besser bezahlt als der Durchschnitt. Aber wer nur vier Wochen in die Bundesrepublik geht und dort Schmutzarbeit tut, bringt etwa so viel wieder nach Hause wie Dein Mann in einem Jahr. Das hebt die Moral nicht. Die Lehrlinge forderten, sagt Dein Mann, schimpften nur. Und von oben gebe es nur Druck – aber keine Arbeit. Was solle man an ruhenden Maschinen tun, die nicht in Betrieb genommen würden, weil sichs nicht lohnt? Putzen und Gammeln. Und trotzdem hat Dein Mann schwielige Hände und nur noch ein müdes Lächeln. Als das Kriegsrecht kam, wurde er ernstlich krank. Sein Magengeschwür wurde erst stärker, brach später wohl auf. Du hast die Ärzte nicht gefragt. Aber er wurde operiert, lag für Wochen im Krankenhaus, kam später zu Kur. Die Diät hat ihn magerer gemacht, – aber auch drahtiger. Er war gerade wieder richtig gesund, als Kaplan Popieluszko ermordet wurde. Die letzten Tage seines Genesungsurlaubs verbrachte Dein Mann daraufhin in der Kirche im täglichen Wachdienst. Er ballte seine festen Hände zur Faust und weinte vor Schmerz über diesen Verlust. Du liebst ihn sehr.

Wenn Du am Nachmittag nach Hause fährst zu ihm, sind die Straßen noch immer grau. Jetzt aber spielen die Kinder, die Dich daran erinnern, daß Du noch immer keine hast. Andere Menschen führen ihre Hunde aus. Warschau ist voller Köter, so daß die Behörden die Hundesteuer drastisch in die Höhe trieben. Zu Hause hat Dein Mann das Mittagessen schon warm gemacht, das Du am Morgen vorbereitet hattest. Dann legt ihr beide müde Eure Beine hoch. Die Fernsehnachrichten haben noch immer nicht den Film für sich entdeckt. Die Nachrichten sind Vorlesungen bekannten Inhalts aus unbekannten Ländern. Der Film am Abend ist die Überleitung in den nächsten Tag voller Mittelmaß.

Mittelmaß – dieses Wort wirkte einst wie eine Beleidigung. Jeder Pole kommt schließlich mit einer Portion Größenwahn zur Welt. So hat es das Warschauer Wochenblatt „Polityka“ einmal festgestellt. Mit Mittelmaß wollte man nie etwas zu tun haben. Das galt für die gesamte Nation, vor allem gleich nach dem Krieg, als sie Polen aus der Asche aufbaute. Das galt wieder, als Gomulka 1956 neuerlich die Partei übernahm, nochmals, als Nachfolger Gierek 1970 die Gesellschaft zur Mitarbeit aufrief. Das galt bei jedem Besuch des Papstes, 1979 und 1983, 1987. So ein Hochgefühl, ganz nah dem Wahn, vermittelte vor allem auch die „Solidarität“. Immer gab es Neuanfänge. Und selbst Anhänger dieser unabhängigen Gewerkschaft glaubten klammheimlich, daß auf gewisse Weise auch das Kriegsrecht ein Neuanfang sein würde. Der stellte sich zwar mit Knüppel, Panzer und häßlichen graugrünen Uniformen ein. Doch die Monate zuvor schienen zu machtvoll. Vor diesem Hintergrund ließ sich die Zeit nicht ins sozialistische Einheitsgrau zurückdrehen. So hoffte man. Aber die Krise hat später jedermann gefügig gemacht.

Mittelmaß steckt an. Es hat sich in jedes Haus geschlichen, sitzt in abgewetzten Sofalehnen, in abgeschlagenen Suppentellern. Es hat das Aggregat im Eisschrank zerstört. Es sitzt in den Köpfen, in den Gliedern. Du hast die Kräfte nicht mehr, dagegen anzukämpfen. Dir ist fast alles gleich. Früher war zwar das Layout der Zeitungen vom Grau des Mittelmaßes geprägt, aber die Schönfärbereien vermittelten ein Licht, von dem sich blenden lassen konnte, wer das wollte. Heute berichten die Blätter statt dessen über die Mißstände. Es werde schlecht gewirtschaftet, kaum gearbeitet. Da steht, wie „unvernünftig, schmutzig und faul wir sind, - und dies ruft eine noch tiefere Depression hervor. Auf diese übermäßige Kritik antwortet die Gesellschaft mit Widerwillen und Verdruß“, stellte der schon genannte Artikel in „Polityka“ fest. So trägt der Gewinn an Pressefreiheit auch noch zur schlechten Stimmung bei.

Die Hoffnungen von 1956 wurden enttäuscht, die von 1970 und 1980. Die menschliche Fähigkeit, sich neue Illusionen zu schaffen, scheint erschöpft. „Die Wirklichkeit hat sich als zu hart erwiesen“, hieß es in einer anderen Zeitung. „Auch Katastrophen-Stimmung ist nun banal - die Vision einer ökologischen Katastrophe, der Rückgang an Zivilisation, die gegenüber dem Westen immer größer werdende Lükke in der Technologie. Das erschüttert niemanden mehr. Alles kommt, wie es kommen muß. Wir spüren nur die allgemeine Hilflosigkeit.“ Dies sei Beweis für die „Krise der Intelligenz“, vermutet der Aufsatz. „Die geistige Mittelmäßigkeit wird dadurch begünstigt, daß die Teilnahme der Intellektuellen am öffentlichen Leben mit politischer Aktivität gleichgesetzt wird.“ Die Intelligenz war nach Verhängung des Kriegsrechts zum großen Teil in den „Boykott“ gedrängt worden, weil ihre Kritik unerwünscht war und die Autonomie der Theater und Verbände gerade beschnitten werden sollte. Kommissare übernahmen die Organisationen, wie den PEN-Club oder den Schriftsteller-Verband. Sie verwalteten Polens Geist wie eine Behörde.

Unbequeme Dichter und Denker mag das Regime nicht. Die Techniker und Ingenieure kann es kaum halten. Der Anschluß an viele Forschungen im Westen geht verloren. Eine Orientierung nach Osten ist begrenzt. Bei der militärischen Innovation mißtraut man Polen in

Moskau genauso wie in Washington. Immer mehr Techniker, Computer-Fachleute und Biochemiker emigrieren. An der Schnelligkeit, mit der diese Spezialisten anderswo Anstellung finden, zeigt sich, wie gut die polnische Ausbildung ist. In Polen wirkt auch eine große Anzahl von Ökonomen, die zwischen 1980 und 1982 zum Teil in breiteren Entwürfen von sich reden machten. Die Tradition von Oskar Lange, der in den fünfziger Jahren Polens Wirtschaft liberalisierte, ist noch lebendig. Aber der Spielraum für Reformen ist heute klein. Er schränkt sich bei einer auf den Reserven laufenden Ökonomie immer weiter ein. Die Einführung von mehr Markt und Wettbewerb führt zudem fürs erste zu mehr sozialer Ungerechtigkeit für Schwache, kann gesellschaftliche Unruhe befördern. Für große Würfe ist kein Platz, das Herumpuzzeln wird den Bürokraten überlassen.

Die Staatsführung hat den depressiven Seelenzustand der Nation längst erkannt. Aber ihre Therapie erreicht das Gegenteil. Auf einem Parteitreffen sagte Staatschef Jaruzelski einmal, ohne den Nachweis zu führen, es gebe zunehmend mehr Vertrauen in die Partei: „Die Ungeduld, das Zurückweisen von Stagnation kann ein Hebel zu aktivem Handeln sein. Diese Stimmung kann breit wirksam werden, wenn wir die Menschen von den wirklichen Reserven überzeugen, wenn wir Wege zu einer besseren Parteiarbeit eröffnen. Schaffen wir das nicht, dann kehren sich die gesellschaftlichen Erwartungen gegen uns, werden zu Mißtrauen, Passivität, Apathie. Und der Gegner wird keine Mühe scheuen, die Stimmung in diese Richtung zu verändern." Von Vertrauen in die Partei kann keine Rede sein. Solange die Führung versucht, über die Partei an die Gesellschaft heranzukommen anstatt andersherum, wird sie erfolglos sein. Erst wenn die Regierung die Gesellschaft für sich gewinnt, kann dadurch wieder die Partei stärker werden.

Die schlechte Stimmung werde noch vom Ausland aus verstärkt, gar importiert – behauptet die polnische Parteiführung gern. Damit rührt sie an einen Nerv der Gesellschaft. Sie reagiert zornig. Kann der Westen daran schuld sein, wenn es nicht genügend Wohnungen gibt, wenn die Versorgung der Kranken betrüblich aussieht? Ist der Westen daran schuld, wenn es nicht genügend Nägel gibt, um die Poniatowski-Brücke, eine von Warschaus Weichselbrücken, endlich zu erneuern? Die polnische Gesellschaft kennt – zumal nach den Monaten der freien Gewerkschaft „Solidarität" – die Funktionsströme in der Wirtschaft und in der Bürokratie. Die Fehler sind hausgemacht, und wer sie leugnet, verschlechtert die Stimmung. Andererseits hat das System seine Polen dahin erzogen, immer mehr vom Staat zu fordern und immer weniger selbst zu leisten.

Das begann mit der Verstaatlichung weiter gesellschaftlicher Bereiche, mit dem Entzug von Informationen für den Bürger und endete in der unbeschränkten Erwartungshaltung des einzelnen. Die Parteiführung weiß das. Aber es wird daraus nur langsam die Konsequenz gezogen. Die finanzielle Pleite des Staates ist noch der stärkste Antrieb zur Innovation. Aber reicht da das Warschauer Experiment, einen Stadtpark an einen Gärtner zu verpachten und öffentliche Bedürfnisanstalten zur besseren Pflege in private Hände zu geben? – Du sagst, Dich geht das nichts an. Du fühlst Dich grau und ziemlich häßlich. Jetzt besteht die Gefahr, daß Du Dich aufgibst.

Wie schreibt „Polityka" in dem schon zitierten Artikel? „Der kleine Mann hatte einst seine Ambitionen und Leidenschaften. Er lernte fremde Sprachen, las Bücher, pflegte seine Pläne. Aber daraus wurde nichts. Er gewöhnte sich Mittelmäßigkeit an und ist überzeugt, daß es anders nicht geht. Er hat gelernt, sich an kleinen Dingen zu freuen: an einem Einkauf, über den kommenden Sonntag." Und ist es nicht auch viel besser, seine Ruhe zu haben und nicht aufzufallen, mittelmäßig zu sein? Der beste Schüler in der Klasse würde womöglich ausgeguckt, am 1. Mai die rote Fahne zu tragen. Früher hat es einmal eine feste Ordnung der Werte gegeben. Der Arzt war etwas anderes als der Handwerker, und ein Gelehrter stand besser da als der Verkäufer. Heute zieht sich der Diplomingenieur den Blaumann an und arbeitet an der Tankstelle. Das bringt mehr ein, schafft Freiheiten, denn er hat Benzin für den Schwarzhandel. Die Frau im Fleischladen, der Lehrling bei Fiat haben bessere Möglichkeiten als der Dozent.

Was sich lohnt und was nicht, das würden Deine Kinder schnell lernen. Bildung lohnt sich nicht. Womöglich würdest Du die erste Mutter werden, die sie zum Mittelmaß erzieht. Ende 1986 ergab eine Umfrage, daß für mehr als vierzig Prozent der befragten Jugendlichen derjenige zum Ideal wird, der einer Organisation nicht angehöre und für den sein Privatleben am wichtigsten sei. 1981 waren noch fast 75 Prozent aus demselben Kreis gesellschaftlich aktiv, heute nur noch 36; und von denen gaben wieder fünfzig Prozent an, sie seien nur passive Mitglieder. Es lohnt sich nicht mehr, sagen die jungen Leute. Gut ist nur, was aus dem Westen kommt. In den Geschäften gilt als höchstes Lob: sieht aus, als sei es westlich. Videogeräte und Computer sind Traumgeschenke. Wenn auch die meisten reichlich passiv sind, viele mühen sich ab, um Englisch oder Deutsch zu lernen. Dafür nehmen sie Privatunterricht und opfern Abendstunden.

Seit 1981 seien bis zu 180 000 Jugendliche von Reisen in den Kapitalismus nicht mehr zurückgekehrt, besagt eine Statistik. Das sind die

Mutigen. Zu ihnen gehören auch die im privaten Gewerbe, die sich zunutze machen, daß westliche Devisen immer stärker auch in den offiziellen innerpolnischen Handel integriert sind. Aber nur der besonders Clevere bricht aus. Der riskiert zwar staatliche Bewachung, aber er kann es auch zu Unabhängigkeit und Reichtum bringen. Dieser Weg ist ohne ein bißchen Korruption, ohne ein Stück Betrug, ohne den Umweg an Gesetzen vorbei nicht denkbar. Aber er lohnt sich: Schon jede Stunde Schwarzarbeit bringt mehr ein als ein normaler Arbeitstag Deines Mannes. Aus einem Durchschnittslohn von 24 000 Zloty wurden Anfang 1987 ganze 60 Mark. Aber das kann nicht zum Weg der gesamten Nation werden. Und noch etwas: Polen ist wohl das einzige größere Land in Europa, das gerade erst an seinem ersten Atomkraftwerk baut. Dennoch bekam es ziemlich viel von der Strahlenwolke aus Tschernobyl ab. Die Lehre: Man kann auch ohne jede Schuld am Schluß der „Gelackmeierte“ sein.

Also. Große Hoffnungen hast Du nicht. Wenn Du Glück hast, wird in ein paar Wochen das Aggregat geliefert, und Du kannst den Eisschrank reparieren, den man im August so dringlich braucht. Vielleicht ist die Umwelt noch kränker geworden, aber Du darfst den Platz im masurischen Ferienheim in diesem Sommer nicht verfallen lassen. Dann wären die Chancen fürs nächste Jahr geringer. Also, freu Dich auf den Urlaub in der Hütte mit der Pumpe vor dem Haus. Nicht darüber nachdenken, noch scheint die Sonne, wärmt der Sommer. Deine Nachbarin hat im übrigen bald Namenstag. Das wird eine kleine Feier geben. Und im übrigen reihst Du Dich mit Deinem Mann ein – in die lange Schlange der Gleichgültigen.

Handwerker und Millionäre

In der Zeitung stand die Anzeige, eigentlich mehrere. Aber da Tomasz Zieba gleich am Apparat war und einen vernünftigen Eindruck machte, blieb es bei ihm. - „Wir brauchen für dies Zimmer vier Tage: einen zum Abschleifen des Parketts, einen fürs Lackieren. 24 Stunden muß der Boden trocknen, und am letzten werden die Wände gestrichen. Kostet zusammen 70 000 Zloty." Pan Tomasz macht tatsächlich einen vernünftigen Eindruck, aber einen Sinn für Geschäfte hat er auch. In westlichen Jeans und mit Kleincomputer steht er da, legt eine schriftliche Vorausrechnung vor und wartet nun auf den Auftrag. Siegessicher. 70 000 Zloty trägt ein durchschnittlicher Arbeiter in drei Monaten nach Hause. Tomasz und seine Freunde wollen die schon nach vier Tagen verdient haben? - „Sie müssen unser Risiko mitbezahlen. Wir sind nicht festangestellt, nicht versichert. Eines Tages schließt die Miliz den Laden, und dann ist es aus. Aber wir sind jetzt frei verfügbar, flexibel, renovieren Ihr Wohnzimmer schneller als jeder andere. Und da wir von unserer Arbeit leben müssen, machen wir es besser als Angestellte großer Firmen." Solche Argumente überzeugen. „Wann fangen Sie an?" - „Morgen um sieben."

Am nächsten Tag klingelt Tomasz Zieba pünktlich mit seinem Team: drei junge Männer, „sauber und nüchtern", wie die polnische Nachbarin später feststellt. Tomasz ist eigentlich Ingenieur. Aber als er sein Studium hinter sich hatte, gab es für ihn kaum Aussichten auf ein gutes Berufsleben. In der Regel wurden ihm nur Abhängigkeit und geringes Gehalt versprochen. So wechselte er in die „private Initiative". Er tats seinem Freunde nach, der nach der Technischen Hochschule Tankwart wurde. Seit kurzem betreibt er eine Autowerkstatt. Es geht ihm gut. Die Kumpel von Tomasz: sein jüngerer Bruder, derzeit Student und zwei Kommilitonen. Und als Maler eine Gruppe aus weiteren drei. Sie kommen mit ihrem Stipendium nicht aus, planen eine Auslandsreise und haben sich deshalb bei Tomasz verdungen. Einer von denen ist tatsächlich Arbeiter. Sie bringen in einer Woche den üblichen Monatslohn heim. Schnell hat das Team sein westliches Outfit mit der Arbeitskleidung vertauscht. Schon schleift Tomasz' Bruder den Boden ab. Der Chef verabschiedet sich derweilen und geht „akquirieren" für die nächste Woche.

Der Markt für private Dienstleistungen hat sich in den letzten Jahren erheblich verbreitert. Vor Jahren noch hätte sich hinter der Annonce ein alter Mann verborgen, dessen Rente nicht ausreicht. Oder Angestellte hätten sich mit Schwarzarbeit noch etwas hinzuverdienen wollen. Heute verspürt das private Handwerk größere Sicherheit. Es fällt leichter, selbständig zu werden, auch weil es eine Mode geworden ist. Mit guten Gründen. Die Kombination aber, die Tomasz anbietet, ist noch rar. Während er allein für das Geschäftliche zuständig ist, läßt er zwei Trupps hintereinander arbeiten. Erst kommen die Parketteure, danach die Maler. Wenn der Druck zu groß wird, läßt Tomasz auch noch ein paar Schüler anrücken, die aushelfen, putzen oder auch nur die Möbel hin- und hertragen, so daß nach ein paar Tagen der Auftraggeber tatsächlich alles renoviert wiederfindet, und die Möbel stehen an ihrem alten Platz.

Es komme darauf an, in einem Gewerbe aktiv zu werden, wo man zwar mit - wenn auch billiger - Handarbeit aber doch geringen Investitionen viel erreichen könne, trägt er ein paar Tage später als Betriebs-Philosophie vor. Bei der staatlichen Industrie fresse die Verwaltung den Profit. Bei ihm gebe es keinen Plan. „Wenn keine Aufträge rein kommen, mache ich zu." Aber es kämen immer welche rein. Seine Leute seien aber darauf nicht angewiesen. Es gebe zwar zwei Familienväter darunter, aber die bezögen noch ein Stipendium, oder die Frau arbeite. Der finanzielle Einsatz sei gering. „Am teuersten war die Parkettmaschine, die wir zuerst kauften. Aus zweiter Hand. Vom ersten Ertrag erstanden wir einen Kombi-Wagen und einen Anhänger für Leitern, Eimer und Farben." Ansonsten sei er unabhängig. Farben und Pinsel könne er sich durch Verwandte im Westen besorgen, sollte es damit in Polen einmal schwierig werden. Das gelte auch für Farben. Aber da seien die Ansprüche der Kunden gering. „Alle Leute sehen alles weiß." - Und Tönungsfarben? - „Gibts nur für Westler und Devisen." Werde er eines Tages reich sein? Tomasz Zieba lacht. „Ich habe da bei einem wirklich Reichen gearbeitet. Wollen Sie seine Adresse?"

Ignacy Soszynski ist derzeit nicht erreichbar. Er ist in Hannover, womöglich bald für immer. Aber „Polityka" druckt in diesen Tagen zufällig sein Bild. Da läßt er sich auf einem Fahrrad fotografieren. Er wolle nicht auffallen, heißt es im Text dazu. Aber seiner Kleidung mag man es ansehen, smartes Lächeln, gepflegtes Äußeres, und bestimmt einen Duft von After Shave. Ignacy Soszynski gilt als der reichste Mann in Osteuropa. Er produziert Parfums. Die polnische Wochenzeitschrift „Polityka" erklärt ihn zum einzigen Milliardär Polens. Er vertritt die Spitze der freien Wirtschaft. Ihr Anteil am Bruttosozialprodukt ist sehr bescheiden und liegt deutlich unter zehn Prozent. Aber der Einsatz dieser Unternehmer in einer von Planwirtschaft umgebenen Industrielandschaft ist bewundernswert. Die Risiken sind unabschätzbar. Man braucht ungeheuer viel Fleiß, Energie, Glück, Nerven und eine zarte Hand im Umgang mit all den Behörden, die einem an den Karren fahren können. An Soszynski verdient der Staat jährlich knapp fünf Millionen Mark.

Der polnische Staat freut sich an diesen Kapitalisten, weil durch sie Devisen ins Land kommen. Ob abgesprochen oder zufällig, die Kritik kommt meist von unteren Behörden. Die meisten Firmeninhaber betreiben ein „Polonia"-Unternehmen, das mit westlichen Geldern in Polen begründet wurde und gleichzeitig für Export und Binnenhandel produziert. Bis zu drei Jahre nach Betriebsgründung gibt es Steuernachlaß. Als das Gesetz hierzu um 1980 in Kraft trat, schossen die Betriebe wie Pilze aus dem Boden. Sie produzierten Ketchup, Damenstrümpfe, Autoersatzteile und Schmuck. Es wurden schnell Gewinne gemacht, in Ausmaßen mit illegalen Mitteln. Die aber waren später Anlaß einer Kampagne, die Schlimmes befürchten ließ. Nach drei Jahren, nun mußten Steuern bezahlt werden und die Kampagne stand kurz vor ihrem Höhepunkt, schlossen viele Betriebe oder nannten sich zumindest um. Der Zuwachs sank.

Doch wer die Hürde nahm, bestand den Test. Einige Eigentümer sonnen sich in Reichtum. In manchen Warschauer Stadtteilen sind die Schwimmbäder in den Gärten auch nicht seltener als in Frankfurt. Die westlichen Wagen in den Garagen sind auch nicht billig. Hier wohnen keine Parteifunktionäre. Die kommen wohl leichter an ein Haus, aber doch selten an westliche Güter. In diesen Villen wohnt die „private Initiative". Man kennt einander. Und einmal im Jahr zu Sylvester trifft man sich zum „Malboro-Ball" in Warschaus teuerstem Hotel, dem „Victoria" am Siegesplatz.

Aber dort, wo Reichtum sichtbar ist, wohnen auch noch nicht die ganz Reichen. Die nämlich ziehen es vor, unscheinbar aufzutreten. Die Gebrüder Jopek, deren knapp 150 Mitarbeiter Fliesen produzieren und damit eine halbe Milliarde Zloty Umsatz jährlich erwirtschaften, haben ihr Büro in einem Raum, der an das Zimmer einer billigen Pension erinnert. Die beiden stecken ihr Geld nicht in Möbel oder schöne Häuser. Sie investieren sofort wieder. So heißt es jedenfalls. Wer es in Polen wirklich ganz an die Spitze bringen will, hat kaum Zeit, sich um die schönen Seiten des Lebens zu kümmern. Der Majonnaise-König Piatkowski aus Posen allerdings, der in seinem Betrieb jeden Tag 15 000 Majonnaise- und Rettich-Gläser füllt, baut sich nun endlich Garten und Schwimmbad aufs Dach. Einen Mercedes fährt er schon. Anfangskapital: Chemie-Technikum und drei Monate Arbeit in Schweden. Vor fünf Jahren fing er an, jetzt - 1987 - ist er gerade 29 Jahre alt: ein bulliger Typ, etwas lederjackig, ehrgeizig, hartnäckig, leidenschaftlich aber doch nicht unsympathisch.

Ignacy Soszynski ist da wohl ganz anders. Dieser Herr mit silbernem Schläfenhaar wurde 1914 in einem Dorf bei Posen in eine arme kinderreiche Schusterfamilie hineingeboren. Er half den Brüdern bei der Heimproduktion von Kölnisch Wasser. 1937 gründete er seine erste Firma. Nach dem Krieg baute er ein Chemisches Werk in Piotrkow und später in Warschau auf. 1956 zog Soszynski ein Studium an der TH in Warschau nach, und die schickte ihn nach Paris. Dort lebte er bis 1963, studierte Mathematik an der Sorbonne, baute aber auch von 1958 an die kleine Firma „Givoris" auf, die ihre duftenden Erzeugnisse vor allem nach Polen exportierte. 1963 - Umzug nach Casablanca, Arbeit in der Zitrusfrucht-Verarbeitung. Dann kaufte Soszynski von Franzosen, die es zurück an die Seine drängte, das hundert Jahre alte Unternehmen „Fragrances Floral S. A." Bald danach wurde es möglich, vom Ausland aus „Polonia-Firmen" zu gründen und auch nach Polen zu ziehen. Soszynski brachte 1978 vier Kilo Gold und 50 000 Dollar in die Heimat und gründete mit staatlicher Genehmigung das Unternehmen „Inter Fragrances - Le Foret". Hauptsitz ist Posen. Diverse Betriebseinheiten liegen meist auf privatem Grund und Boden. Die Besitzanteile sind in seiner Familie aufgeteilt. Jetzt hat die Firma mehrere Töchter: in Danzig, Krakau, Kattowitz - und in ganz Polen ein Ladennetz. Soszynski beschäftigt tausend Leute, allein siebzig in der Verwaltung. „Ich hatte nicht viel Kapital, aber eine Idee und den Willen. Viele Polen hätten dasselbe tun können", sagt er.

Soszynski ist mittlerweile wieder umgezogen. Er bezog eine Villa in Hannover, der Partnerstadt von Posen. Von dort aus betreut er nun das Unternehmen. Überdies verkauft er in dem Geschäft „Pos-Han" polnische Waren, meist eigener Produktion. 1986 nämlich bekam er in der Heimat Schwierigkeiten mit den lokalen Behörden, bei denen offensichtlich Neid und Mißgunst regieren. Zwei seiner Posener Betriebe sollen geschlossen werden, - gegen den Willen der Regierung in Warschau. Soszynski gibt seinen Angestellten Brot, die sind mit ihrem Arbeitsplatz zufrieden. Er versorgt den Markt mit Produkten, die ähnlich vom Staat nicht hergestellt werden. Er hält es bestimmt nicht mit der Opposition, geht wählen und hat in der Regierung gute Freunde. Aber in der Nähe, in den staatlichen Kosmetikbetrieben in Posen, in der Stadtverwaltung, da sitzen seine Neider.

Soszynski spendete zwischen 1980 und 1985 imponierende 73 Millionen Zloty für karitative Zwecke. Für sich sammelt er Gemälde. Lange schon sind seine Kinder im Betrieb aktiv. Und das ist typisch. Viele private Unternehmer versorgen die Sprößlinge mit einer besonders guten Ausbildung. Besitzrechte werden aufgeteilt und bleiben doch in einer Hand. Meist engagieren sich Polens Reiche in exportfähigen Branchen und versuchen, eine Lizenz für den Außenhandel mit Devisen zu bekommen. So baut bei Warschau Andrezej Krysztof 170 000 Stethoskope pro Jahr. Davon bleiben nur zehn Prozent daheim, 80 Prozent gehen ins sozialistische Ausland und die übrigen zehn Prozent gen Westen. Demnächst sollen die 90 Mitarbeiter des Arztsohnes medizinische Spiegel produzieren. So will er Polen vom Import dieser Geräte aus dem Westen unabhängig machen.

Die Privatunternehmen entstammen meist dem Handwerksbetrieben. Davon gibt es in Polen gut 300 000. 1984 waren es sogar noch 16 000 mehr. Rohstoff- und Materialmangel wirkten sich aus. So ist das private Handwerk nur in den Zentren groß. Am Anfang steht die Konzession für die Werkstatt, erst sind es nur ein paar Arbeitskräfte, dann folgt die Umverteilung auf kleine Betriebe mit einer Streuung der Eigentumstitel, sodann die organisatorische Zusammenführung auf nächsthöherer Ebene. Der Erfolg kann aber immer erst kommen, wenn es gelingt, mit Staatsunternehmen Verbindung zu knüpfen. Meist liefern diese dann Grundprodukte. Fast immer ist der Unternehmer auf einen staatlichen Distributions-Kanal angewiesen, die staatliche Kiosk-Kette „RUCH“ oder den staatlichen Spediteur „PEKAES“. Sonst kommt er nicht in die Geschäfte und Kioske dieses weiten Flächenstaats. Wichtig ist natürlich das Grundkapital. Häufig stehen Auslandsaufenthalte im Westen am Anfang des Erfolgs. Der kleine Betrieb kann glücklich leben, der Gärtner mit seinem Gewächshaus, der Mechaniker mit der Werkstatt. Eine Stufe weiter schließt sich die Durststrecke der mittleren Größe an, wo die Steuern schwer lasten, sowie die Mißgunst von Nachbarn und Behörden. Gelegentlich schürt die Parteipresse Neid. Wenn diese Periode dann aber mit Energie, Optimismus und Einsatz durchgestanden ist, sind dem Wachstum kaum noch Grenzen gesetzt. Aber nur wenige schaffen es. „Polityka“ nahm zehn Unternehmer in den Club der polnischen Multimillionäre auf.

Tomasz Zieba, der seine Amateur-Maler und Parketteure in die Häuser schickt, hat diesen Ehrgeiz nicht. Mit Dienstleistungen könne man nicht soviel verdienen, meint er. Da greife die Kontrolle des Staates schneller. Wer im Keller eine Heißmangel betreibt, und drumherum ist nur ein Platz von zwei Quadratmetern, der muß die Schließung befürchten, wenn er Angestellte für sich arbeiten läßt. Arbeitsplatzbestimmungen. Mit Mangeln ist so viel Geld nicht zu verdienen. Würde derselbe Mann in derselben Garage hochwertige Güter produzieren und verkaufen, dann könnte es ihm finanziell besser gehen und belangt würde er nicht. Unredliches Einkommen und unsozialistischer Wettbewerb sind die Gummivorwürfe, mit denen die Behörden der Privatinitiative gern zu Leibe rücken. So verdarb ein südpolnisches Gericht vor einigen Monaten einem Fischhändler das Geschäft. Die Fischversorgung im Süden ist schlecht. Aber es gibt ein staatliches Handelsmonopol. Der besagte Mann umging dies aber. Er fuhr mit seinem Wagen zur Küste, kaufte - unter Umgehung staatlicher Abmachungen zwischen Vertriebsfirmen und Fischerei - für ein paar Zloty mehr frischen Fisch, fuhr noch am selben Tag wieder nach Hause und bot seine Ware den Käufern an. Das Geschäft lief gut. Nur dem Gericht schmeckte es nicht. Das Urteil fiel mit Gefängnishaft und Geldstrafe hart aus, obwohl die örtliche Presse dagegen aktiv wurde.

Neulich berichtete eine Wochenzeitschrift über den Fleischermeister Szymanski in Brieg (Brzeg). Der hat eine kleine Wurstfabrik und verarbeitet monatlich das Fleisch von hundert Pferden. Im Westen ist Pferdefleisch verpönt, aber in einem fleischversessenen Land wie Polen, wo Schinken und Steak nur auf Karten und nach langem Warten in der Schlange zu haben sind, verdient Szymanski im Monat etwa 300 000 Zloty. Seine Wurst wird besonders gelobt, denn dieser Fachmann pökelt sie drei Wochen und nicht nur einige Tage lang wie die staatliche Konkurrenz. Überdies verwendet er keine chemischen Zusätze. Aber in diesem Unternehmen wird auch geschuftet. Sieben Mitarbeiter sind von sechs Uhr an dabei und gehen erst nach Hause, wenn alles Fleisch verarbeitet ist. Wer zu spät kommt, wer trinkt - wird gefeuert. Das erlebte sogar Szymanskis eigener Bruder. Der drang auf Lohnerhöhung. Bisher verdienen die Mitarbeiter mehr als 40 000 Zloty im Monat, also fast doppelten Durchschnitt. Der Chef muß aber achtzig Prozent Einkommenssteuer zahlen, denn so ein Betrieb kann vor den Behörden nicht verheimlicht werden. Schon neidet die staatliche Schlächterei Szymanski den Erfolg. Sie will das Schlachten für private Unternehmen einstellen. So kann auch bei Szymanskis eines Tages alles aus sein. Bisher leisten sie sich im Sommer noch einen Urlaub auf Mallorca.

Nach vier Tagen ist Tomasz Zieba mit der Rechnung zur Stelle. Zu den geplanten 70 000 Zloty kommen noch ein paar Mark für eine Tönungs-Farbe. Seine Helfer machen deutlich, daß man für Fleiß und Schnelligkeit auch einen Extra-Tip verdient hätte. Mit fünf Mark für jeden gibt es strahlende Gesichter. Die Möbel stehen wieder an ihrem Platz. Selbst der alte, schwer an die Wand zu bringende Blaker, hängt dort wieder. Das Parkett glänzt wie im Warschauer Stadtschloß, und die Wände sind sauber. Ein Sondertrupp wienert noch die Fenster, während der Chef sich schon zu einem Wodka nach Auftragserledigung niederläßt. „Sind Sie zufrieden mit der privaten Initiative in Polen?“ - „Bin zufrieden“, wird gemeldet.

Walesa – Symbol ohne Zukunft?

An diesem 11. Dezember 1983 rücken Danzig und Oslo nah zusammen, eine östlichere und eine westliche Stadt. Priester Jankowski spricht von Frieden, Wahrheit und Gerechtigkeit. Das tut auch der norwegische König. Walesa ist der erste Arbeiterführer, der die angesehenste Nobelpreis-Auszeichnung erhält, – den Friedenspreis. Aber auf jene Regierung eines „sozialistischen" Landes, der sich der Elektriker unterwerfen muß, fällt davon kaum Ehre. „Er ist so groß, weil er so klein ist." Mehrere Male greift Walesas Beichtvater Jankowski diese Worte eines norwegischen Regierungsvertreters auf. Er kennt Walesa am besten, ist fast mehr dessen Freund und Pressereferent als gehorsamer Priester des Primas. Unter seiner geistlichen Führung kann der „Arbeiterführer" diesen Tag zwischen Freude und Bürde ertragen.

Am Morgen überspielt er seine Spannung noch ein wenig. Auf dem geblümten Sofa in einem der beiden Wohnzimmer seiner Wohnung im Danziger Neubauviertel Zaspa wiederholt er mit Stetigkeit dieselben Antworten, während er seinen Namenszug unter ein Gebet setzt, das er im Oktober 1980 vor dem Bild der Schwarzen Madonna von Tschenstochau sprach. Später verteilt er diese Kärtchen. Die Spannung erreicht erst am Nachmittag ihren Höhepunkt, als er im Pfarrhaus seiner weit entfernten Frau zuhört. Der Preisträger muß diese Zeremonie über einen der am meisten vom polnischen Staat geschmähten Sender miterleben, am Knistern unbestimmter Störungen vorbei. Der staatliche Rundfunk nimmt von dem Ereignis kaum Notiz. In diesem Moment ist Walesa ganz bei seiner Frau, die da irgenwo weit weg vor einem König seine Rede hält, die er zwischen belegten Broten und rangelnden Kindern mit Ratgebern entworfen hatte. Irgendwie scheint er gebückt, so als spüre er die Last der Auszeichnung.

So bewegend dieser Tag auch war, politisch bewegte er nichts. Später wurde es um Walesa auch immer stiller. Er ist kein aktiver Gewerkschaftspolitiker mehr. Zwar werden von Zeit zu Zeit Verlautbarungen verbreitet. Aber ihr Gewicht hat sich verloren. Sie kreisen immer häufiger um Mängel der Wirtschaftsreform. Doch gerade auf diesem Gebiet sprach „Solidarität" nie mit einer Stimme. Mit Walesa traten die meisten Gewerkschafter für die Weiterentwicklung eines sozialistischen Systems mit westlichen Komponenten ein. Aber es gab auch immer wieder Ratgeber, vornehmlich Wirtschaftswissenschaftler, die eine radikale Neuorientierung der Ökonomie forderten und die Einführung der sozialen Marktwirtschaft. Sie forderten die Vergesellschaftung der staatlichen Betriebe in Aktiengesellschaften mit weitgestreuten Anteilen.

Weiterhin pilgern westliche Journalisten und Diplomaten zu Walesa. Ohne Zweifel verehren ihn auch seine Landsleute. Doch die rechnen noch weniger als die Ausländer damit, daß er „Solidarität" zu neuem Leben verhelfen könnte. Der geht nun Tag für Tag in die Werft und arbeitet wie jeder andere auch. Anfang 1986 war er der erste, der eine Auszeichnung dafür erhielt, daß ihm eine Arbeitsverbesserung eingefallen war. Walesa ist Symbol eines polnischen Geschichtsabschnitts. Der dauerte nur 16 Monate und war doch eine Epoche. Das Kriegsrecht bereitete ihr ein brutales Ende. Manches ließ sich dennoch retten, vieles ging verloren. Der Mythos einer starken Bürgerbewegung aber bleibt lebendig und die Hoffnung, daß sich dereinst etwas Ähnliches, vielleicht unter anderem Namen, wiederholen ließe.

Dieser Friedensnobelpreis ist aber auch ein Abschlußgeschenk, fast ein Trostpreis für gute Absichten, die nicht in Erfüllung gingen. Schon am Tag zuvor war der amerikanische Geschäftsträger Davis mit seiner Frau nach Danzig gekommen. Es gibt derzeit keinen Botschafter der Vereinigten Staaten in Polens Hauptstadt. Die Beziehungen sind seit Verhängung des Kriegsrechts frostig geworden. Daran wird sich trotz des Besuchs von Vizeaußenminister Whitehead Anfang 1987 in Warschau – und auch bei Walesa in Danzig – erst ganz allmählich etwas ändern. Offiziell sollte Davis an diesem Dezembertag 1983 die Glückwünsche von Präsident Reagan übermitteln, aber die Begegnung trägt auch private Züge. Davis ist zum zweiten Mal als Diplomat seiner Nation in Polen. Seine Familie spricht die Sprache, kennt und liebt dieses Land. Es scheint so, als erwiderten viele Polen diese Gefühle. Wo immer Davis in der Öffentlichkeit erscheint, gibt es anhaltenden Beifall. In das Bild der offiziellen Beziehungen zwischen Warschau und Washington paßt das noch nicht.

Walesa braucht sich nicht an diplomatische Gepflogenheiten zu halten. Aber er ist sich seiner Bedeutung bewußt, sieht sich erfüllt von einer Mission. So begegnet er auch den Journalisten, wie ein Arbeiter und doch hoheitsvoll. Die haben an diesem Morgen schon sehr zeitig vor dem Mietsblock in der Piloten-Straße von Zaspa Quartier bezogen. Walesas Fahrer und Bewacher öffnet auf ein Klingelzeichen, das traurigem Vogelgezwitscher gleicht, die Tür. Die Flasche Sekt zur Gratulation wandert ohne weitere Worte in den Kühlschrank. Dort mögen schon mehrere liegen. Walesa sitzt allein auf dem breiten Sofa. Fernsehkameras richten sich auf ihn. Es ist erst zehn Uhr, und schon ist er bei der vierten Tasse Tee und hat etliche Zigaretten geraucht. Einige fünfzig Autogramme sind geschrieben.

Noch einmal erklärt Walesa sein Fernbleiben in Oslo damit, daß er nichts riskieren wolle. Die Regierung könnte ihm, was allerdings noch niemals passierte, die Wiedereinreise verweigern. Dann zieht er ein Zettelchen hervor und liest davon ab. Mit diesem Text solle jedes Pressegespräch beginnen. Er fühle sich solidarisch mit seinen seit zwei Jahren in Haft sitzenden Beratern. Auch denen gelte der Preis. Auch ihretwegen wolle er derzeit Polen nicht verlassen. Sie seien „Geiseln für uns alle". – Begeistert äußert er sich später über seine Frau Danuta. Sie mußte am Vortag schon eine Pressekonferenz im Westen bestreiten. Da seien bisher unerkannte politische Talente zutage getreten, sagt der Strohwitwer. Sie mache das großartig. Er habe sich gerade ein weiteres Mal in sie verliebt. Währenddessen quängeln die sechs Kinder nebenan im zweiten Wohnzimmer der großen Doppelwohnung. Dort fehlt die Mutter. Zur Ablenkung läuft der Fernseher.

Gratulanten, Journalisten, Kinder – das ist doch etwas viel. Der Knoten der weinroten Krawatte auf dem hellgelben Hemd ist etwas zur Seite gerückt. Walesas Bruder ruft an. Sehr ernst wird er ein wenig später, als man ihn auf den Demonstrations-Aufruf der Untergrund-„Solidarität" für den 16. Dezember, eine Woche später, anspricht. Preiserhöhungen gebe es in jedem Lande. Aber in Polen seien sie besonders drastisch. Dennoch sei er für eine friedliche Lösung aller Probleme. Er sei dagegen. Dieser Aufruf sei nicht mit ihm abgestimmt worden. „Aber ich muß ihn akzeptieren."

Nach internen Umfragen der „Solidarität" seien sechzig Prozent der Bevölkerung für ein Ende der Wirtschaftssanktionen des Westens gegen Polen, sagt er an diesem Tag. Immerhin seien aber vierzig Prozent anderer Meinung. Deswegen müsse er sich bei seiner Erklärung über die Sanktionspolitik so ungenau fassen. Ob er denn noch immer zu einem Gespräch mit General Jaruzelski bereit sei? „Ich bin, ich war und werde bereit sein. Ich warte." Aber er sei kein Politiker, fügt er noch hinzu. Allein wolle er deswegen auch nicht mit dem General zusammentreffen. Da müßten schon seine Berater um ihn sein. – Er ist seitdem nie mit dem heutigen Staatspräsidenten zusammengekommen.

Das Gespräch mit den Journalisten wird unterbrochen. Eine Gruppe von Medizinstudenten aus Krakau überreicht ihm ein Diplom. Blumen werden gebracht. Das nächste Fernsehteam rückt an. Er ist aufgeregt und will doch ein ruhiger Gastgeber sein. Er scherzt. Der Staat nehme ihn ganz schön wichtig, passe gut auf ihn auf. Als er seine Frau zum Flughafen gebracht habe, sei ein Wagen der Miliz vorausgefahren, so daß er stets die Sicherheitsgeschwindigkeit einhielt. So schütze man ihn vor Unfällen. „Ist das nicht ein gutes Zeichen?"

Wenig später fährt Walesa dann in die Danziger Altstadt ins Pfarrhaus von Beichtvater Jankowski. Zwischen rotem Plüsch, Deckchen und Kristall soll die Radiosendung aus Oslo verfolgt werden. Auf Walesas Sessel, einem alten Möbel, steht auf deutsch: „Ohne Furcht, allzeit treu". Darüber ist in das schwarze Holz der Rückenlehne das Danziger Stadtwappen eingeschnitzt. Nervös hält Walesa die Rede von Oslo in der Hand. Es ist ganz still im Raum. Nur wenige Personen können mit im Zimmer sein; es sind vor allem Berater und Gemeindemitglieder.

Als der König mit seiner Rede beginnt, erheben sich alle von ihren Stühlen. Die gesamte Zeremonie über folgen wir den Worten aus Oslo wie einem Gottesdienst. In besonders markigen Tönen kommentiert der Rundfunkmoderator, wohl ein Exilpole, die Feier. Das geht manchen Zuhörern im Danziger Pfarrhaus zu weit. Die Kritik an den Zuständen in Polen fällt ihnen zu herb aus. Danuta liest den Text - dort weit entfernt in Oslo - ohne Stocken.

Walesa guckt versunken in sich hinein. Voller Spannung, den Kopf etwas eingezogen. Erleichtert und entspannt wirkt er erst wieder, als der Sprecher berichtet, wie Walesas Sohn Bogdan mit Stolz dem norwegischen König die Hand reicht. Er habe sich ordentlich verbeugt. Bogdan ist dreizehn Jahre alt.

Schlesier - Deutsche, Polen und Hiesige

Plötzlich stehen nicht nur Marienbilder vor dem Haus, sondern auch Gartenzwerge. Die Verwunderung darüber versteht unsere Beifahrerin nicht. Das sei hier bei vielen Familien üblich, meint sie, auch bei ihrer Großmutter. In Oderwinkel (heute Katy Opolskie) südlich von Oppeln blühen die Kirschbäume schon etwas früher. Dort ist es wärmer. Und als wollte sich der Mensch für dies Geschenk der Natur bedanken, wirkt hier auch das Bild der Dörfer freundlicher. Die Gartenzäune sind weiß gestrichen wie der untere Stamm vieler Bäume, um Schädlinge fernzuhalten. So ist das gelegentlich in Polen. Aber um Krapkowice (ehemals Krappitz) und Gogolin (Name unverändert), zwischen Opole (Oppeln) und Kozle (Cosel), wird zudem oft noch der Rasen zwischen Straße und Zaun gemäht. Dort sind Blumen gepflanzt, und am Samstag wird der Bürgersteig gekehrt. Und hinterm Zaun gießen Gartenzwerge Wasser aus der Kanne in eine Vogeltränke.

Hier sollen noch mehr Deutsche wohnen als anderswo in dem nun polnischen ehemaligen Reichsgebiet. Siehts deutsch aus in der Region? Ein bißchen schon. Die Anhalterin wird ausgefragt. Tagsüber arbeitet sie als Sekretärin in Oppeln. Jeden Abend fährt sie nach Gogolin zu den Eltern. Die sprächen auch noch deutsch, meint Katarzyna; sie selbst käme kaum dazu und habe es verlernt. Sie weist den Weg fast bis zum Dorfrand und läßt dann zu einem kleinen Bauernhaus abbiegen; anderthalb Stockwerke, bis auf abgesetzte Kanten grauweiß verputzt. Man kann sich in Ruhe die frisch gestrichenen Fensterrahmen ansehen und die verglaste Holztür, während das Mädchen seiner Großmutter berichtet, was für ein Gast da ins Haus steht.

Genaugenommen besteht das Gärtchen nur aus zwei Gartenzwergen inmitten eines Beets von Leberblümchen und Stiefmütterchen. Katarzyna hat mit ihrer Großmutter Deutsch gesprochen; wenn auch nicht flüssig, so doch fehlerfrei. Und während sie zu einem Haus in der Nachbarschaft läuft, wo ihre Eltern leben, lädt Frau Geiger zur Einkehr ein. Auf dem Tisch in der Wohnküche, den eine Plastikdecke schützt, wird Teegeschirr aufgetragen. Eine polnische Küche oder eine deutsche? Deutsches Scheuermittel neben einem polnischen Geschirrspüler. Das Bild vom Papst und eine Postkarte vom Kloster auf dem St.Anna-Berg, wo es bis zur Teilung Oberschlesiens im Mai 1922 zu harten Kämpfen zwischen polnischen und deutschen Freikorps gekommen war. In diesem Haus habe damals ihr Vater einigen polnischen Kämpfern Unterschlupf gewährt, berichtet Frau Geiger. Die Frage, ob polnisch, ob deutsch, stellt sich nun nicht mehr. Die Geigers sind Schlesier, Hiesige, im Laufe der Geschichte von beiden Nationen vereinnahmt. Verpflichtet fühlen sich diese Oberschlesier aber nur ihrer Heimat. „Mein Enkel ist Rekrut im polnischen Heer; mein Bruder fiel an der Ostfront im Zweiten Weltkrieg."

Ihre Zunge ist die polnischen Zischlaute gewohnt. Ihr Deutsch klingt nach polnischer Melodie. Sie sucht nicht nach Worten, benutzt bisweilen aber slawische Begriffe. „Als da kamen die Truppen zurück und die Flüchtlinge, habe ich gehofft, mein Mann kommt auch. Aber er kam nicht. Dafür kam ein entfernter Vetter im Frühsommer 1945. Ein Grubenarbeiter aus Kattowitz. Der war Pole. Und weil ich Rodzina (Verwandte) war, bin ich auch geblieben." Frau Geiger scheint ungern über jene Monate vor und nach Kriegsende zu erzählen. Erst zogen Flüchtlinge vor der Roten Armee durch das Dorf. Sie blieb, weil sie mit den Kindern auf ihren Mann warten wollte. Sie blieb trotz all der Schrecken. Es wurde geraubt und geschändet. „Es war doch da keine Obrigkeit." Als dann der Vetter kam, blieb sie, um ihm nicht ganz das Haus zu überlassen. Im Sommer 1945 klebte dann über Nacht in vielen schlesischen Ortschaften der „Sonderbefehl" an den Litfaßsäulen, der die deutsche Bevölkerung aufforderte, am kommenden Tag innerhalb von wenigen Stunden mit zwanzig Kilogramm Gepäck „ordnungsgemäß umzusiedeln". Aber im Oderwinkel ließ sich die Menschheit so einfach nicht teilen. Geigers gaben an, der Gesinnung nach immer schon Polen gewesen zu sein. Frau Geigers Vater hatte sich 1921 für ein polnisches Oberschlesien eingesetzt, wenn auch aus Protest gegen den „sklavisch deutschen" Vater. Dann kamen sogar manche Nachbarn zurück, erzählten von verbrannten Städten und verwüsteten Landschaften. Im Oderwinkel konnte man sich dagegen 1945 bei der Kirschenernte wie in einer Idylle fühlen. Schwer wurde die Entscheidung dann noch zweimal: Als ihr Mann, Unteroffizier der Wehrmacht, aus russischer Verschleppung heimkam, wurden sie von den zugewanderten Polen als „Faschisten" beschimpft. Sollte man dem Druck weichen? Geigers votierten für die polnische Staatsbürgerschaft. Nur so konnten sie auch ihr Eigentum behalten. Wo sollten sie auch hin? Über das Schicksal von Verwandten im Westen, die es dort besser getroffen hatten, wußten sie nichts.

In den fünfziger Jahren wurden dann noch einige Familienangehörige der Geigers ausgesiedelt. Nochmals stellte sich die schwierige

Frage. Frau Geiger und ihr Mann aber blieben. Der Hof ernährte seine Besitzer wieder, gleichzeitig war er aber zu klein, um Neid bei den Behörden zu erregen. Die Kirche schien polnische Nachbarn den Alteingesessenen vorzuziehen. Offiziell hieß es, die Obrigkeit habe eine deutsche Messe verboten. Die Kinder bekamen polnische Vornamen, weil das so sein mußte. Aber Ryszard wird bis heute in der Familie meist Richard gerufen. Dieser älteste Sohn hat eine Polin zur Frau, die mit ihren Eltern aus dem jetzt sowjetischen Teil des alten Polen nach Oberschlesien gekommen war. Drei Kinder gibt es aus dieser Ehe. Die Anhalterin vom Nachmittag ist das jüngste. Neben Anna-Katarzyna sind da noch Marek und Jozef. Weil Marek gerade beim Militär ist, ist ein Bett frei für den Gast aus Warschau. Während der Abendnachrichten im Fernsehen gibt es Fischkonserven aus dem Westen, polnische Wurst und erste Winter-Radieschen aus einem Gewächshaus. Geschwister der Großeltern Geiger leben in der Bundesrepublik. Mit einer Cousine in Schwerin hat man auch Kontakt. „Die Deutschen hatten keine Wahl. Die mußten gehen. Wir Hiesigen konnten uns dagegen entscheiden“, meint der Hausherr. In Oberschlesien begreift man sich als autochthon. 1950 zählte man im Westen gut eine Million Oberschlesier, Masuren und Kaschuben zu diesem Personenkreis. 1980 seien es noch 500 000 gewesen, zählte Mitte der achtziger Jahre das polnische Wochenblatt „Polityka“. Die deutsche Minderheit wird von offizieller Seite in Polen geleugnet.

Keiner der Geigers hat sich in Warschau bei der Botschaft gemeldet, um die deutsche Staatsbürgerschaft zu beantragen. Statt dessen fuhr Jozef vor zwei Jahren als Tourist in die Bundesrepublik. Er hat dort bei Verwandten einige Monate arbeiten können. Und nun fährt er in Polen einen westlichen Wagen. Er hätte auch im Westen bleiben können wie viele Bekannte aus dieser Region. Ihn habe das damals nicht gelockt. Gehe es aber weiter bergab mit der Wirtschaft, ließe sich noch einmal daran denken. Aber er würde es stets als Tourist versuchen; denn wer sich als Deutscher bei der Botschaft melde, habe es schwer herauszukommen. Die polnischen Behörden geben einfachen Touristen leichter einen Paß, sagt Jozef. Er lebt bisweilen noch bei Muttern, sonst bei den Schwiegereltern in Oppeln. Seit Jahren wartet das Paar auf eine Wohnung.

1975 beschlossen Bonn und Warschau, die polnische Regierung werde bis Ende der siebziger Jahre im Höchstfall 125 000 Deutschen die Ausreise gestatten. Das Rote Kreuz mahnte damals schon an, mindestens 250 000 Personen deutschen Ursprungs wollten Polen gerne verlassen. Warschau folgte diesem Monitum stillschweigend. Bis Ende

1983 wurde diese Zahl erreicht. In jenem Jahr durften 11 500 Personen ausreisen. 1984 waren es noch 3100. In diesen Monaten sind es im Durchschnitt nur noch etwa sechzig. Das Deutsche Rote Kreuz zählte 1987 noch 110 000 Personen, die nach deutschem Staatsbürgerrecht einen westdeutschen Paß beantragen können, handelt es sich doch um Menschen (sowie deren Ehegatten oder Nachkommen), „die in dem Gebiet des Deutschen Reiches nach dem Stand vom 31. Dezember 1937 Aufnahme gefunden hatten". Tatsächlich will von diesen aber, einer Auskunft der Botschaft zufolge, nur ein Bruchteil auswandern. Bonn reklamiert dabei für sich offiziell keine deutsche Minderheit in Polen, sondern gewährt nach deutschem Recht jenen die Staatsbürgerschaft, die dies ausdrücklich wollen.

Ein Problem besteht darin, daß man, wenn Belege verloren gingen, schwer von deutscher Staatsangehörigkeit im Jahre 1937 auf die Volkszugehörigkeit heute schließen kann. Soweit es sich um Nachkommen der Generation von 1937 handelt, sind beim Auswanderungswunsch zudem immer seltener nationale Überlegungen ausschlaggebend. Meist geht es um persönliche Freiheitsräume, um wirtschaftliches Fortkommen, um den legitimen Wunsch nach Selbstbestimmung. Juristisch ist der Nachweis deutscher Staatszugehörigkeit jenen möglich, die belegen, daß ihre Ahnen Reichsangehörige waren. Es werden aber auch die als Deutsche anerkannt, welche eine deutsche Volkszugehörigkeit bei sich oder ihrem Ehegatten nachweisen können. Danach ist der Deutscher, „wer sich in seiner Heimat zum deutschen Volkstum bekannt hat, sofern dieses Bekenntnis durch bestimmte Merkmale wie Abstammung, Sprache, Erziehung und Kultur bestätigt wird", heißt es in den Richtlinien zur Anwendung des Bundesvertriebenengesetzes (BVFG). Für die heute noch auf polnischem Gebiet Lebenden bedeutet das meist den Nachweis, daß ihre Ahnen auf den nationalsozialistischen Volkslisten mindestens zur Kategorie drei gehörten. Das betraf die, die zwar Bindungen zum Polentum eingegangen waren, aber die Voraussetzung boten, wieder „vollwertige Mitglieder der deutschen Volksgemeinschaft" zu werden. Wenn sie wollen, sind auch die Geigers „Vertriebene". Nach den westdeutschen Richtlinien von 1985 hat sich nämlich seit der Verabschiedung des BVFG in den fünfziger Jahren „nichts Grundlegendes geändert": In den entsprechenden Regionen lebten Deutsche „weitestgehend unter Bedingungen, die ihnen die Wahrnehmung grundlegender Menschenrechte als Deutsche nicht gestatteten. Sie sind als Volksgruppe nicht anerkannt."

Geigers Cousine aus Schwerin will nach ihrer Pensionierung nach Oderwinkel zurück. Ein verwitweter Onkel aus der Bundesrepublik hat das auch vor. Mit seiner Rente wird er in Polen ein reicher Mann sein. Die Trennung von den Verwandten in Polen nach dem Tode seiner Frau fällt ihm zunehmend schwer. Er sehnt sich nach dem heimatlichen Dorf, zumal der Sohn sich nicht viel um den Vater kümmert. Diesen Vetter hatte Jozef damals im Saarland besucht. Arbeit hatte es für ihn reichlich gegeben. Die Bezahlung war gut. Aber familiäre Herzlichkeit fehlte, so daß Jozef nicht ungern zurückkehrte. Er fühlte sich als armer polnischer Verwandter. Das gefiel ihm nicht.

Um den Eßtisch im Haus der Geigers in Oderwinkel wird an diesem Abend bis spät in die Nacht geredet. Bier aus einem Kiosk wird aufgetischt. Wodka fehlt auch nicht. Deutsche und polnische Worte vermischen sich immer schneller. Irgendwann, als die Fragen des Gastes versiegen, wird auch deutlich, daß die Geigers ganz andere Sorgen haben als ihr nationales Bewußtsein. Das Haus müßte renoviert werden. Welchen Berufsweg soll Marek einschlagen? Sollte man eine bevorstehende Operation bei Oma Geiger in Polen vornehmen lassen oder in der Bundesrepublik? Das sind die wichtigsten Fragen. Die Sorge, von den Verwandten im Westen abgeschnitten zu sein, die Grenzen eines Tages geschlossen vorzufinden, gehören der Vergangenheit an. Nur Jozef meint zu später Stunde, irgendwas müsse ja wohl daran sein, wenn in den Zeitungen immer wieder über den Revisionismus in der Bundesrepublik geschimpft werde. Ob es denn denen am Rhein nur um Rechtspostionen gehe oder auch um die Menschen? Eine klare Antwort gibt es darauf nicht. Und Jozef: „Der Weg zwischen Oderwinkel und Bonn ist eben doch länger als der nach Warschau."

Kopernikus gehört uns allen

Mit den Störchen tauschen. Die wurden nicht vertrieben, leben schon seit Generationen hier auf einem Turm der Domburg und auf zwei anderen Firsten an der Frischen Nehrung bei Frauenburg. - Die Messe endet um elf. Während die Orgel noch spielt, steigen manche Kirchgänger schon auf den Aussichtsturm. Der Blick ist nach allen Seiten weit. Wind weht von Osten, plustert sich etwas in den Schwungfedern der Störche, in den Haaren der Menschen. Ist dies Luft aus Königsberg, das kaum fünfzig Kilometer entfernt etwa dort hinten unerreichbar liegen muß? Und verbirgt sich nicht auf jenem Landzipfel, der die weite Sicht einengt, das frühere Balga? - Was kümmerts die Störche! Für die Jungtiere hat der Altvogel aus der Niederung dort drüben, die in das seichte Wasser des Haffs übergeht, Nahrung herbeigeschafft. Schnäbel recken sich aus den Horsten. Es duftet nach Wiesen und Meer und Sonne. Aber all das läßt beim Besucher keine Heiterkeit entstehen. Womöglich spielt die Orgel da unten gar nicht das Adagio von Albinoni. Der Wind trägt nur Töne am Ohr vorbei. Aber es klingt so. Wehmut legt sich auf die Sinne.

Aber was kümmert das diese polnische Familie neben dem deutschen Touristen? Der Vater zeigt seinem Sohn die Schule. Und dann blickt der Sohn wie gebannt auf einen Ausflugsdampfer, der da unten im kleinen Hafen gerade ablegt. Das weiße Dampfboot wendet sich nicht nach Osten, wo die sowjetische Grenze die Ausfahrt zur See abschneidet. Das Schiff zieht gen Westen, vielleicht nach Tolkemit, das jetzt Tolkmicko heißt, vielleicht weiter nach Elbing. Der Blick streift an der backsteingotischen Fassade des Doms vorbei, an dem kleinen Haus, das sich an die Burgmauer schmiegt und in dem einst der Domherr Kopernikus wohnte. Es ist der Junge, der zufällig den Arm des deutschen Touristen streift, als der sich umdreht. Der Junge sagt: „Przepraszam" und reißt mit diesem polnischen Wort sein Gegenüber in die Gegenwart zurück. Großvater könnte er von diesem Knaben sein, der mit seinen blauen Augen um Verzeihung bittet. „Schon gut". Das mag für Jurek unverständlich sein, unbekannter als die begleitende Handbewegung, die dem Jungen über das Haar streicht, wie um den Scheitel wieder zu richten, den der Wind verwehte. „Pan jest niemiec? Sie Deutscher?"

Hätte der polnische Vater nichts gesagt, dann wäre es nicht zu dieser Begegnung gekommen, die eine gesamte Reise in die alte Heimat veränderte. Dem Alten wäre Frombork völlig fremd geblieben. Und sein Frauenburg aus Kindertagen, das hätte er nur in toten Resten finden können und im Sehnen nach dem „Glück" einiger Weißstörche. So aber gab ein Wort das andere. Es kam zum Gespräch, das ein Übersetzer erleicherte, der sich der deutsch-polnischen Gruppe anschloß. Der Weg führte erst zu einem weiter nicht auffälligen Haus, das den Krieg überdauert hatte, nun aber unbewohnt schien. In ihm war der Deutsche geboren. Gar nicht weit davon entfernt blieb dann die Mutter des Jungen stehen. Hier sei sie im Spätjahr 1945 zur Welt gekommen. Dies Gebäude war für ihre Eltern das Ende einer langen Vertreibung. Sie kamen aus Grodno im alten Ostpolen. „UdSSR steht im Paß meiner Mutter. Sie kann ihre Heimat nicht mehr besuchen. Sie bräuchte dazu eine Einladung." Die neuen Bekannten sind weitergegangen in eines der wenigen Neubauviertel und sitzen nun in einer Drei-Zimmer-Wohnung, wie sie sich überall auf dieser Welt findet.

Jureks Mutter erzählt: „Nach dem Pakt zwischen Hitler und Stalin, nach der Besetzung von ganz Polen durch die Wehrmacht im Westen und die Rote Armee im Osten, wurden Vater und Mutter mit ihren Eltern nach Sibirien verschleppt, wie das gesamte Dorf. Nur der Pfarrer, ein Apotheker und der jüdische Händler kamen nicht mit. Sie wurden wohl erschossen. Mein Vater lernte Mutter im Waggon kennen. Das kam, weil dessen Eltern plötzlich verlorengingen. Da nahmen Mutters Eltern ihn als weiteren Sohn auf. Er war aber schon 15 Jahre alt. Wie die Großeltern die fünf Jahre hinter dem Ural überlebt haben, weiß ich nicht. Sie starben schon Anfang der fünfziger Jahre und liegen nun hier in Frombork auf dem Friedhof. Vater arbeitete in einer Fabrik, die Mutter auch. Irgendwie durch die Fremde zueinandergewachsen heirateten sie ohne einen Priester und eine Feier kurz vor Kriegsende. Dann kam die zweite Verschleppung. Sie führte aber nicht nach Grodno zurück, sondern über die Heimat hinaus weiter in den unbekannten Westen. Als meine Eltern nach Warmia kamen, (so nennt man heute das Ermland – aber auch die übrigen Teile des alten Ostpreußens), waren die meisten Deutschen wohl schon fort."

Aber ihre Eltern seien das ganze übrige Leben lang nicht mehr ohne die Furcht vor den alten Eigentümern des Hauses gewesen. „Wo sollen wir hin, wenn die wiederkommen?" war Mutters ständige Rede. „Für eine dritte Verschleppung reichen meine Kräfte nicht." Es gibt Marmelade und Tee aus Gläsern, die man – so heiß wie das Getränk –

kaum halten kann. Früher steckten diese Gläser in einem silbernen oder hölzernen Unterbecher mit Henkel. Die Tradition dieser Behältnisse ging den gut zwei Millionen Polen wie so manches andere auch auf ihrer Verschleppung aus Grodno, aus Wilna, aus Lemberg und Tschernowitz in der Bukowina verloren. Um Danzig und in Pommern leben heute die aus Wilna in Litauen, in Breslau die Leute aus den Regionen um Lemberg in Galizien. Meist wurden Kleinbauern zu Städtern. Die Höfe, die sie jetzt bekamen, waren größer. Statt Petroleum und Öllampe gab es plötzlich elektrisches Licht. Die weißruthenische Bäuerin, die vielleicht auf dem Ringplatz von Stryj noch breitbeinig unter ihre Röcke gemacht hatte, - öffentliche Bedürfnisanstalten sind eine spätere Erfindung, - gewöhnte sich erst jetzt an das Wasserklosett. Und es gab keine Spucknäpfe mehr. Kein Wunder, daß sich manche anfangs Hühner auf dem Balkon der Stadtwohnung hielten. Autarkie bot Sicherheit. Das hatten die Erfahrungen von Generationen gelehrt.

Der Kulturschock mancher Ostpolen über den Reichtum des deutschen Ostens war mindestens ebenso groß wie die Trauer über die verlorene Heimat. Das hergebrachte Gefälle von Ost nach West verlor überdies seine Allmählichkeit, auch wenn bis auf 1,8 Millionen die zentralpolnische Bevölkerung in ihrer angestammten Heimat blieb. Diejenigen aus den „Städteln“ Galiziens, Lodomeriens und Podoliens, die nicht wie die Juden systematisch von den Nazis umgebracht sondern verschleppt wurden, richteten sich nun in Jauer, Warmbrunn und Schweidnitz ein. Osteuropa übersprang so einen Teil Zentraleuropas. Noch Ende der achtziger Jahre spricht die Altbäuerin auf dem Gut Wäldchen bei Strehlen in Schlesien von „zu Hause“ nur dann, wenn sie ihre Heimat bei Drohobycz im Vorland der Waldkarpaten meint. „Wir waren nie krank. Obwohl wir viel ärmer waren. Wir hatten ein Haus, und darin nur ein großes Zimmer mit Ofen und Ofenbank. Da schliefen ich und die Magd. Die Eltern hatten ein Bett aus Brettern und Stroh. Wir hatten auch zwei Federkissen. Im Winter durften Hund und Katze ins Haus, oder auch die Jungtiere gleich nach dem Wurf. Wir waren nie krank. Wir haben die Beeren aus dem Wald gesammelt, die Pilze. In der Heimat waren das Wasser besser und die Luft. Im Winter blies es ordentlich kalt. Der Sommer war aber heiß. Wir waren nie krank, obwohl wir hart arbeiten mußten, denn wir waren sehr arm. Der reichste im Dorf war ein polnischer Lehrer. Und dem gaben wir im Winter sogar manchmal noch Kartoffeln ab.“

Die einen verloren ihre versprengt gelegene Kate, die anderen ihr Geschäft mit Öl, Zündhölzern oder Textilien oder ihren großen Gutshof als polnische Schlachtschitzen. Und alle hatten doch gleichermaßen meist schon als Folge von Hitlers Vertrag mit Stalin im September 1939 ihre Heimat verloren. Viele wurden von der Roten Armee verschleppt, viele enteignet. Als dann die Wehrmacht kam, änderte sich für die Armen nichts. Andere empfingen jubelnd die neuen Besatzer, die von den Polen lange Zeit dominierten Ukrainer allemal. Den Wohlsituierten mag es manchmal unter den Deutschen sogar besser gegangen sein als bei den sowjetischen Besatzern. Sie konnten zum Teil auf ihre Höfe zurückkehren. So erklärt sich, daß bei manchen Ostpolen der Haß gegen die Russen größer ist als gegen die Deutschen.

Als die früheren Herren auf Gut Wäldchen bei Strehlen das erste Mal nach dem Krieg wieder die schlesische Heimat besuchten, war das ohnehin schon recht kleine Gutshaus zweigeteilt. Während die einen den Kontakt zu den alten Besitzern mieden, öffneten die anderen „Repatrianten" sogleich ihr Haus. „Wir halfen den Schwaben im deutschen Nachbardorf Königsau, als die Russen kamen, und die halfen, als Hitler kam. Wir waren doch beide Katholiken." So sah diese Frau aus der Gegend zwischen Drohobycz und Stryj ihre Geschichte. Jetzt ist sie nicht einmal dankbar für das viel schönere Haus in Schlesien. Ihre Heimat ist das nicht. Erst ihre Kinder sehen das anders. Daß im Gutshaus vor dem Krieg keine Wasserleitung mehr installiert werden konnte, störte die neuen Herren nicht. Die Pumpe liegt nämlich direkt neben dem Hintereingang.

Deutsch-polnische Vertriebenentreffen sind jetzt häufiger als die Zusammenkünfte ostdeutscher Landsmannschaften in der Bundesrepublik. Für Schulzes aus Castrop-Rauxel war deren erste Begegnung mit den neuen Besitzern in der alten Heimat im Sommer 1983 allerdings erst einmal ein Schock. Das Haus auf dem Ring in einer oberschlesischen Kleinstadt stand noch. Auch die Nachbarhäuser. Herr Schulze, der hier vor etwa 65 Jahren zur Welt gekommen war, erkannte alles wieder und strebte zielsicher auf das Haus „Rynek 5" zu. Die Haustür stand offen. Das war früher nicht üblich gewesen. Im ersten Stock über einer Gastwirtschaft, die jetzt allerdings Bäckerei geworden war, hatten Schulzes bis Februar 1945 gewohnt. Wie abgetreten ihm jetzt die Steinstufen vorkamen! Sollte er nun Jahrzehnte später bei den neuen Bewohnern klingeln? Seine Frau hatte den Mut. Sie war ja hier noch nie gewesen, und so drückte sie anstelle ihre Mannes auf den Knopf. Es war nach vier am Nachmittag. Da ist man von der Arbeit zurück und ißt zu Mittag. Lewczuks auch. Eine mit dem deutschen Paar gleichaltrige Frau öffnet die Tür und schaut die Besucher ungläubig an. Aus der Wohnung dringt Lärm, Kinderstimmen. „Prosze?" Eine fragende

Geste. „Ich bin Herr Schulze aus Castrop-Rauxel." Als wenn das ein Grund wäre, jemanden beim Essen zu stören.

Frau Lewczuk versteht nicht. Sie sieht nur die Neugier dieser Fremden und ruft ihren Sohn, der etwas Deutsch kann. Tomasz hat noch einen verschlissenen Blaumann von der Arbeit an. Er ist knapp dreißig, verheiratet, zwei kleine Kinder. Ihm gehört ein einträgliches Taxi. Und weil er an diesem Wagen alles selbst repariert, ist er ein selbständiger und nicht armer Mann. Allerdings wohnen seine Familie und die Eltern in derselben Wohnung. Sechs Personen, wo vor 1945 nur vier lebten. „Vor dem Krieg habe ich hier gewohnt", meint Herr Schulze nun entschuldigend, und will in den Flur treten, wo jetzt zwei blondhaarige Kleinkinder auftauchen. Der Sohn sagts der Mutter: „On mieszkal tu przed wojna." - „Moi Boze (Mein Gott)". Mehr fällt Mutter Lewczuk nicht ein. Aber die Tür öffnet sie vollends. „Bitte rein", meint Tomasz freundlich, wenn auch unbeholfen. Und wie Herr Schulze noch beherzt in den Flur tritt und einen ersten Blick durch eine der offenstehenden Türen tut, scheint ihm übel zu werden. „Da ist doch die alte Vitrine. Das ist doch derselbe Schrank. Und hier steht noch immer das Sofa von Mama."

Ein bißchen sackt der Rückkehrer in sich zusammen. Seine Frau tritt zur Seite. Aber auch Frau Lewczuk ergreift nun die Initiative und führt Herrn Schulze genau zu dem Sofa, bei dessen Wiedererkennen er eben noch erschrak. „Ich bringe Tee", meint Tomasz. Aber das besorgt schon dessen Frau, die zuerst nur ihre Kinder zum Essen zurückholen wollte. In den entscheidenden Minuten eines Lebens wird meist nicht gesprochen. Schulzes schweigen, Lewczuks auch. „Etwas Zukker?" Herr Schulze war auf alles gefaßt gewesen, aber nicht auf so etwas. Und Frau Lewczuk ist froh, daß eine alte Befürchtung nun endlich vorüber ist. Sie atmet tief durch, entdeckt dabei den Geruch nach Kohl und öffnet das Fenster. Die Gardine bläht sich. Herr Schulze faßt sich ein Herz: „Das ist hier alles noch genauso, wie wir es verlassen hatten." Die Übersetzung wartet Frau Lewczuk gar nicht ab. „Als wir hier im Frühjahr 1945 reinkamen, waren nur die Gläser und Bilder überall kaputt. Die Federkissen und Gardinen waren durch einen kleinen Zimmerbrand verkohlt. Es gab auch kein Geschirr mehr." - Gegen Abend können Schulzes nicht mehr weiterfahren. Zusammen mit Herrn Lewczuk sen. war eine kleine Flasche Wodka leergetrunken worden. Und bei Alkohol im Blut wird Polens Polizei streng. Schulzes schlafen auf dem Sofa. - 1984 reisten die Eltern Lewczuk das erste Mal in die Bundesrepublik. Ein Jahr später kam Tomasz zur „Schwarzarbeit" ins Ruhrgebiet. Es ging ihm um ein neues Taxi.

Es gibt auch andere Erfahrungen als die, die Schulzes in der alten Heimat machten. Leserbriefe erzählen von wütenden Auseinandersetzungen, verschlossenen Türen. Vor allem in früheren Jahren kam es oft zu Mißklängen, wenn die ehemaligen Eigentümer auf die neuen Herren trafen. Aber zum Streit gehören immer zwei. Und die guten Beispiele nehmen von Jahr zu Jahr zu. Die Furcht der Polen vor einer weiteren Verschleppung und neuem Leid wich erst nach dem deutsch-polnischen Vertrag „über die Grundlagen der Normalisierung ihrer gegenseitigen Beziehungen", der am 7. Dezember 1970 von Kanzler Brandt und Außenminister Scheel in Warschau unterzeichnet wurde. „Damals nahm meine Mutter dieses Haus erst richtig in ihren Besitz", erinnert sich die Frau in Frauenburg am Frischen Haff. Dieser Vertrag war mit viel Propaganda verbunden, und in Polen traute man ihm nicht gleich; denn wenige Tage später stürzte die Parteiführung über Arbeiterunruhen an der Küste. Bei einem Schußwechsel in Danzig gab es Tote. „Aber im Sommer darauf wurde angebaut, und wir haben das Haus gestrichen." Der deutsche Gast in seiner alten Heimat kann sich an nichts Besonderes 1970 erinnern. Er weiß nur, daß er sich etwa zur selben Zeit einen Bungalow an der Costa Brava leistete. An einen ersten Besuch in Ostpreußen dachte er erst später. Eine befreundete Familie sollte mitkommen. Aber sie stellten fest, daß ihr Hof im heute sowjetischen Ostpreußen liegt. Und da verloren sie die Lust. In diesem Jahr war ihm der plötzliche Tod seiner Frau erst der Anlaß zur Heimweh-Reise.

Weil er das Auto in der Nähe der Burg geparkt hatte, begleiten die polnischen Gastgeber den Mann dorthin zurück. Einige Meter gehen sie unter einer Allee, drei Viertel Kopfsteinpflaster, den Rest Sommerweg. Der Mann zieht den Duft von Linden durch die Nase. Ein Pferdefuhrwerk zieht vorbei. „Halten Sie Kopernikus für einen Deutschen?" wird er gefragt. In der ersten Hälfte des 16. Jahrhunderts war der große Astronom ermländischer Domherr. In dieser Burg wohnte er und starb 1543. Sein wichtigstes Werk schrieb er hier: De revolutionibus orbium coelestrium. Auf Lateinisch. Sein Grab muß sich unter einem der Steine des Domfußbodens befinden. Seinem Vater schrieb Kopernikus auf Deutsch. Das weiß der Gast aus der Bundesrepublik. Aber er winkt ab. „Kopernikus gehört uns allen."

Attraktion Wolfsschanze

Ein warmer Sonnentag ist dieser 20. Juli 1944. Um 10.15 Uhr landen Oberst i. G. Claus Graf Schenk von Stauffenberg und sein Adjudant Oberleutnant von Haeften auf dem Flughafen Rastenburg in Ostpreußen. Ein Kurierwagen fährt sie sofort weiter auf der Landstraße in Richtung Lötzen über Krausendorf bis zum Karlshof mit seinen Heilanstalten. Dort biegt der Weg neben einer Eisenbahnlinie nach Norden ab über Schwarzenstein bis zum nördlichen Eingang von Sperrkreis II. Das sind insgesamt etwa sechs Kilometer. Stauffenberg ist ins Führerhauptquartier beordert worden. Sperrdivisionen werden aufgestellt, um das weitere Vordringen der Roten Armee in das „Generalgouvernement Polen“ und nach Ostpreußen zu verhindern. Stauffenberg soll Bericht erstatten. Der Weg führt erst nach Osten über eine kurvenarme Allee durch leichtes Hügelland. Kleine Höfe zu beiden Seiten der Straße. In den Feldern verblühen Mohn- und Kornblumen.

Vierzig Jahre später zieht ein Bus zur gleichen Zeit über dieselbe Strecke. Sechzig Schüler aus dem zentralpolnischen Ort Kielce verbringen ihr Sommerlager in Masuren. Heute steht der Ausflug nach „Wilczy Szaniec“ auf dem Programm. Das ist die polnische Übersetzung von „Wolfsschanze“. Die Vorstellung davon ist gering: Hauptquartier von Hitler, Zweiter Weltkrieg, Bunker. Aber für vier Knaben ganz hinten im Bus ist fürs erste nur die Entscheidung wichtig, ob man sich Eis kaufen werde oder Limonade. Zwar regnet es an diesem 20. Juli. Aber wieder stehen die Ähren hoch am Halm, wieder verblühen Mohn- und Kornblumen. Über dem Schilf des Moj-Sees kreist ein Storch. Ein PKW aus der Bundesepublik überholt den Bus. Rastenburg heißt Ketrzyn. Das Straßenschild weist nach Gizycko, nicht nach Lötzen. Hinter hohen Hecken läßt sich wenig vom früheren Karlshof erkennen. Schon 1939 waren diese Heil- und Pflegeanstalten enteignet worden. Im Krieg wurde ein Lazarett daraus. Hier starb ein Opfer des Attentats, Generalleutnant Schmundt. Karlshof heißt heute Zbyslawiec.

Gleich hinter Schwarzenstein scheint nur noch die Landstraße den Moj- vom Zeisersee zu trennen. Danach beginnen sumpfiges Gelände und der Wald. Ein idealer, weil unzugänglicher Ort für ein Hauptquartier. Den Menschen wurde damals der wahre Zweck der Anlage im

Wald verschwiegen. Dort entständen die chemischen Werke „Askania“, hieß es offiziell. Die Eisenbahnlinie, die früher einmal weiterführte, hatte nun am Bahnhof, dem „Kurhaus Goerlitz“, ein Ende. Der gehörte noch zum Sperrkreis II. Dort ist an diesem 20. Juli 1944 der Frühstückstisch gedeckt. Schon um 11 Uhr aber geht es weiter zu verschiedenen Besprechungen in den Sperrkreis I.

Vierzig Jahre später ragt noch ein Eisenpfeiler aus der Straßenböschung, dort, wo einmal der Schlagbaum die Sperrkreise III und II voneinander abgrenzte. Friedlich - wie damals - wiegen sich die Wipfel der Bäume dieses Mischwaldes im Winde. Allmählich überwuchern Kraut und Gräser auch die Eisenbahnlinie. Die Grenze zwischen I. und II. Sperrkreis ist nicht mehr zu erkennen. Auf der Höhe des Bahnhofes liegen zur rechten Straßenseite Bunkerreste. Nach einem alten Plan könnten sich hier einmal Heiz- und Nachrichtenbunker befunden haben. Wie bei jeder Touristenattraktion der Welt weist ein Schild zum Parkplatz. Der liegt auf der anderen Seite der Gleise. „Wilczy Szaniec“ steht darauf und ein Hinweis auf Restaurant und Hotel. Ein Pförtnerhäuschen, ein Halteschild. Hier muß man Eintritt bezahlen. Polen zahlen für den Eintritt ein Drittel weniger als die Ausländer.

Gleich hinter den Schienen steht auch ein Kiosk für Ansichtskarten. Fremdenführer durch die Ruinen sind dort nicht erhältlich, weder auf polnisch, noch auf englisch oder deutsch. Aber ein gewiefter Privatmann, der an den Ausländern vorbeiflaniert, zaubert jeweils „ein letztes“ Exemplar aus seiner Tasche, stets in der Sprache, die er hört. Dafür will er Devisen. So wird das deutsche Lehrerehepaar versorgt, das aus dem Personenwagen steigt. Vom „Kurhaus Goerlitz“ gibt es keine Spuren mehr. Aber gleich vor dem Sperrkreis I ist ein Gebäude gut erhalten. Dort, wo früher zu ebener Erde Garagen mit Unterkünften standen, sind heute unten eine Gastwirtschaft und darüber ein Hotel minderer Qualität eingerichtet. Auf dem Dach erkennt man die Haken für Tarnnetze. Ein Touristenführer weist Gewölle aus Grünzeug und Netzen als Originale aus.

Wie mag das am 20. Juli 1944 ausgesehen haben? Fein geharkte Wege zwischen hohen Bäumen. Die schweren Bunker mit zuweilen sechs Meter tiefen Wänden und acht Meter dicken Decken sind ihrerseits noch einmal mit Gras und Sträuchern, sogar Bäumen bepflanzt. Diese massiven Bunker, die manchmal sogar in sich selbst noch einmal einen zweiten Bunker bergen, liegen verstreut in einem Gelände von gut einem Quadratkilometer. Im größten haust Hitler, ohne natürliches Licht. Selbst im Sommer muß geheizt werden. Gitter in brutalem, grau-grün verputzten Beton deuten auf die Belüftungsanlage hin.

Knapp zweihundert Meter ist es von dort, am Bau von Reichsleiter Bormann vorbei, bis zum Gästebunker, in den am Nachmittag dieses Tages der italienische Diktator Mussolini einziehen soll. Gleich dahinter befindet sich die „Lagebaracke". Dies Gebäude ist nicht aus Beton, sondern aus gebrannten Ziegeln, die Innenwände sind mit Holzplatten bespannt. Im Lagezimmer stehen nur ein langer Tisch mit dicker Holzplatte und einige einfache Stühle. Erst seit dem 15. Juli wird hier die Lage beraten; zuvor geschah dies meist in einem der Bunker, wo der Sprengstoff wesentlich wirksamer gewesen wäre.

Nach einer Besprechung mit dem Chef des Oberkommandos der Wehrmacht, Generalfeldmarschall Keitel, fragt Stauffenberg dessen Adjudanten, wo er sich die Hände waschen könne. Die Zeit drängt. Auf dem Flur trifft Stauffenberg auf seinen Adjudanten Haeften. In dem engen Raum, für wenige Minuten ungestört, packen beide den Sprengstoff in Stauffenbergs Aktentasche. Aber sie werden unterbrochen. Stauffenbergs Vorgesetzter Major Ernst John von Freyend mahnt zur Eile. Sie können nur eine der beiden je ein Kilogramm schweren Sprengstoff-Packungen in der Tasche verstauen. Stauffenberg hat nach einer Kriegsverletzung nur noch drei Finger an seiner linken Hand. Mit einer eigens zurechtgebogenen Flachzange - später wird man Teile davon am Tatort finden - zerdrückt er rasch die Säureampulle am Zeitzünder. Dann eilt er - Keitel und den anderen nach - zur Lagebaracke. John von Freyend begleitet ihn. Er möchte dem hochdekorierten, kriegsverwundeten Soldaten die schwere Tasche tragen. Aber Stauffenberg gibt sie nicht her.

Während sich die Jungen aus Kielce an dem regnerischen Sommertag vierzig Jahre später an magerem Eis mit Kaffee-Geschmack zu 18 Zloty vergnügen, folgt das Lehrerehepaar den Spuren der Vergangenheit. Der kleine polnische Führer durch die Wolfsschanze mit einer Zeichnung vom Sperrkreis I ist kaum in Deckung zu bringen mit dem komplizierten Lageplan, den Peter Hoffmanns Standardwerk über die Attentats-Versuche abdruckt. Und im polnischen Führer ist auch die sogenannte Lagebaracke nicht kenntlich gemacht. Aber eine ortskundige Polin nimmt sich der Suchenden an. Auch sie hat Hoffmanns Buch gelesen und weist auf einen überwucherten Steinhaufen unweit des noch gewaltig aussehenden Gästebunkers hin. Hier habe die Baracke gestanden, hier habe der Attentatsversuch von Graf Stauffenberg stattgefunden. Nichts erinnert an dieser Stelle an die Helden des mißglückten Staatsstreichs vom 20. Juli 1944

Dann schildert die polnische Führerin in Einzelheiten den Hergang: Es war etwa 12.30 Uhr. Die Besprechung hatte schon begonnen, und Generalleutnant Heusinger berichtete über die Lage an der Ostfront, als Stauffenberg, Buhle und John von Freyend mit knapp zehn Minuten Verspätung das Zimmer betraten. Doch dies fiel nicht weiter auf. Es herrschte stets ein reges Kommen und Gehen. Keitel meldete Hitler den Obersten Graf von Stauffenberg, und der Diktator gab seinem Attentäter kurz die Hand. John von Freyend verhalf dem Offizier zu einem Platz an der rechten Seite Hitlers. Der beugte sich mit seinem Oberkörper bereits wieder über eine auf dem Tisch ausgebreitete Karte. Stauffenberg mußte sich noch ein wenig drängeln. Die Tasche mit ihrer Sprengladung durfte niemandem im Wege sein. Um nicht unhöflich zu erscheinen, plazierte er sie deswegen nicht auf jener Seite des schweren Tischbeines, wo Hitler stand, sondern auf der anderen. Da Heusinger mit seinem Bericht noch nicht geschlossen hatte, fiel es auch nicht weiter auf, als Stauffenberg mit ein paar Worten der Entschuldigung noch einmal das Zimmer verließ. Er wolle telefonieren. Die erbetene Leitung nach draußen wartete er aber nicht ab. Er verließ ohne Mütze und Koppel die Baracke. Stauffenberg ging zu einem etwa zweihundert Meter entfernten Gebäude, wo ein Auto für ihn bereitstand. Die polnische Führerin weist auf ein flaches Gebäude in der Nähe. Heute ist da ein Kino untergebracht, in dem in regelmäßigen Abständen ein Dokumentarfilm gezeigt wird.

Es ist 12.40 Uhr. In jeder Sekunde muß die Sprengladung explodieren. Aber unter den wassertriefenden Buchen und Eichen hört man nur die lauten Rufe der Kinder. Kundig werden Neugierige durchs Labyrinth der Bunker, Mauern und Drahtverhaue geführt. Irgendein Besucher mäkelt über die schlechte Küche des Restaurants. Ein emsiger Fotograf ruft zum Gruppenbild vorm Führerbunker auf. Eine halbe Stunde später liegt das Foto schon abholbereit in einer Hütte, etwa dort, wo früher Stenografen arbeiteten. Die Phantasie kehrt wieder zu jenem Tag im Juli 1944 zurück. Was wäre geschehen, wenn? Eine Frage für die Imagination des Besuchers. Der Historiker stellt sie sich nicht. Die polnische Führerin meint, daß Deutschland wohl nicht geteilt worden wäre, Schlesien und Pommern könnten noch deutsch sein. „Aber hätte Polen Lemberg und Wilna zurückbekommen, die nach dem Hitler-Stalin-Pakt vom August 1939 und dem deutschen Sieg über Polen kampflos an die Sowjetunion fielen?“

Im Juli 1944 rollten schon die Viehwaggons voll mit Opfern den Gaskammern von Auschwitz und Treblinka zu. Hitlers Wahnsinn hatte dem Deutschen Reich keine milden Gegner mehr belassen, nur noch erbitterte Feinde. Doch bevor das Reich unterging, mußten die Verschwörer vom 20. Juli sterben, erhängt, erschossen, vergiftet. In der

Wolfsschanze sah sich Hitler den Film über die Exekution in Plötzensee an. Dann diente sie nicht mehr lange als Hauptquartier. Drei Tage vor der Besetzung durch die Russen, am 24. Januar 1945, sprengte die Wehrmacht die Bunker der Wolfsschanze in die Luft. Ungeheure Massen von Sprengstoff waren dazu nötig. Die Decken stürzten ein, die Seiten kippten um. Eisenträger mit Betonklötzen flogen meterweit. Bis 1959 wurden noch Minen gefunden und Betonkrater abgesichert. Seitdem haben Touristen Zutritt. Ganz Europa kommt. Bundesbürger sind häufig Gäste, Bewohner der DDR seltener. An den nicht abgesicherten Betonwänden hat sich schon mancher die Sehnen gezerrt oder Knochen gebrochen. Ein Mahnmal des Krieges, für das Polens Regierung wenig Unterhaltungskosten zahlen muß. Der betongewordene Wahnsinn Hitlers wird alle Besucher durch mächtige Ruinen überleben. Für die Erinnerung an Claus Graf Schenk von Stauffenberg und seine Mitverschwörer muß dagegen mehr getan werden.

Auschwitz - Birkenau

Die Rampe von Birkenau ist mehrere hundert Meter lang. Sie beginnt an einem aus roten Ziegeln erbauten Tor und Turm, als wolle sie den Weg zu einem Gutshof öffnen. Aber sie endet an Trümmern von Gebäuden, die einmal Gaskammern waren. Rechts und links neben der Rampe sind Gleise, mit vermoderndem Grün verwachsen, glücklich rottend. Einst glänzten sie auf dem Weg zur Hölle, nun haben sie seit Jahrzehnten ihren Dienst hinter sich, als möchten sie verwachsen in Vergessenheit. Tief liegt matschiger Schnee auf den Gleisen. Die gut fünfzig Jahre alte Frau kann sich nicht genau erinnern. Sie war damals noch ein Kind. Es war auch schon Nacht, allerdings erhellte gleißend kaltes Licht das Dunkel. Massen von Menschen. Und dann diese Rufe: „Raus, raus!" - „Judenschweine raus!" Jetzt erinnert sie sich wieder: Ein SS-Mann steht dort mit Schäferhunden. Stöcke schwingen, die uniformierte Kerle in den Händen halten, deren Augen man nicht sieht. „Mutter hat mich an der Hand. Meine Zwillingsschwester Miriam ist für einen Moment im Gewühl untergetaucht. Wir sind neun. Da sehen wir den Vater, aber nur seinen Rücken. Miriam ist wieder da. Der Befehl „Männer dort - Frauen dort". Dann noch ein Ruf. Ein Mann, als Arzt erkenntlich, schreitet mit ungerührtem Gesicht durch die sich ordnende Masse. Er trägt weiße Handschuhe. „Zwillinge?" fragt er meine Mutter. „Ist das gut?" antwortet sie mit einem letzten Funken von Vertrauen. Doch ihre Augen suchen nur Erbarmen. „Ja, das ist gut", kommt als Antwort. - „Hier sind Miriam und Ewa. - Geht nach dort", sagt die Mutter noch. Der Vater ist schon weg. Wir wußten nicht, daß wir die Eltern niemals mehr wiedersehen würden."

Vierzig Jahre danach - an derselben Rampe: Miriam und Ewa sind das einzige Zwillingspaar, daß es wieder hierher geschafft hat. Insgesamt 1500 Paare sonderte Dr. Josef Mengele aus. Dieser zweifelhafte Doktor ist mittlerweile längst in Südamerika umgekommen. Aber das weiß man noch nicht. Von seinen Opfern entkamen nur 180 dieser Hölle, etwa 150 leben heute noch, in aller Welt verstreut. Nur in Ausnahmen gelingt es Juden aus Israel, ein Visum für den Besuch ihrer polnischen Heimat zu bekommen. Seit dem Sechs-Tage-Krieg 1968 sind die diplomatischen Beziehungen zwischen Tel Aviv und Warschau unterbrochen. Nun wird über Jahre schon um Erleichterungen verhandelt. Zumindest konsularische Beziehungen wurden aufgenommen. An diesem Wochenende haben es wenigstens ein paar der Mengele-Zwillinge nach Auschwitz-Birkenau geschafft. Mit Tränen in den Augen, mit zuweilen verschleierter Stimme, berichten sie den Nachgeborenen ihre Erfahrungen in einem der schlimmsten Konzentrationslager der Hitler-Diktatur. Heute tragen sie freiwillig den gelben Judenstern auf ihrem Mantel, und ein Davidstern auf der blau-weißen Flagge Israels wird der Gruppe vorangetragen.

Während die meisten eingelieferten Opfer, zumal nicht mehr arbeitsfähige Juden, sofort in den Gaskammern umkamen, unternahm Mengele verschiedene medizinische Experimente. Jeweils ein Kind mußte Prozeduren über sich ergehen lassen, während das andere noch geschont wurde. Dadurch glaubte er, besser zwischen gesund und krank unterscheiden zu können. Pedantisch verglich er dann später die Körper seiner ermordeten Zwillinge. An diesem Wochenende hat Miriam ihre schon erwachsenen Kinder mit nach Polen gebracht, Sohn und Tochter. Sie entzünden mit feierlicher Konzentration Kerzen auf dieser Rampe. Sie wollen geloben, ihre Großeltern nie zu vergessen und all die anderen Verwandten, die sie im Holocaust verloren. Die Kameras verschiedener Fernsehteams filmen diesen Moment. Private Trauer wird in die Welt getragen.

Aber der erste Besuch in Auschwitz nach vierzig Jahren, nach der Befreiung durch die Rote Armee am 27. Januar 1945, gilt auch all den anderen vier Millionen Opfern, die in den Gaskammern umkamen. Es sei ihr sehr schwer gefallen, wieder hierher zurückzukehren. Die psychische Belastung sei zu groß, meint Ewa. Meist muß sie jemand stützen, so als könnte sie jeden Moment zusammenbrechen. Man sei ja auch nicht wohlhabend, berichtet ein anderer. Überdies hätten die polnischen Behörden etwa zehn Personen das Visum verweigert. Mühsam, wie in Erinnerungen gefesselt, gehen sie durchs Lager, wiederholen noch einmal den Todesmarsch am Vortag der Befreiung, die drei Kilometer von Birkenau ins Stammlager Auschwitz, in dem nicht nur Holzbaracken stehen sondern mehrstöckige Häuser aus roten Ziegeln. Auch die Gaskammern sind nur in Birkenau auf der anderen Seite der Eisenbahnlinie. In Auschwitz dagegen mahnt noch immer die Todeswand zwischen zwei Häusern, vor der SS-Mannschaften ihre Opfer erschossen.

Zwei Knesset-Abgeordnete aus den beiden wichtigsten Parteien gehören mit zur jüdischen Reisegruppe. Sie wurden nicht vom polnischen Parlament, dem Sejm, empfangen. Kein Offizieller, nicht einmal der „Direktor des Museums Auschwitz“, begleitet den Marsch der jüdischen Opfer durch das Lager, von der Rampe über die Baracken zum Krematorium. Dort sprechen sie gemeinsam das traditionelle Totengebet. Der polnischen Regierung wäre es wohl am liebsten, wären hier nur Polen umgekommen. In der Todesstatistik wird zwar nicht zwischen Polen und Juden unterschieden, das wäre ja auch sinnlos, aber in der Politik wird dieser Unterschied gemacht. Am Vorabend hatten sich „polnische" Auschwitz-Opfer, Bürger Polens, - und darunter gibt es gerade noch 2000 praktizierende Juden und nicht einmal einen Rebbe -, zu ihrer Jahresversammlung getroffen. Eine Familienfeier. Beide Gruppen wissen nichts voneinander und suchen auch nicht den Kontakt, obwohl doch die polnische Sprache verbindet.

Einer der Knesset-Abgeordneten kommt aus Boguslaw. Sein Polnisch klingt verschlafen und altertümlich, jiddisch. Er gehe durch dieses Land wie im Traum, sagt er. „Ich kenne dies Land als Kind, ich kenne die jüdich-polnische Welt. Die finde ich nicht mehr." Szymon Szurmiej, der Direktor des jüdischen Theaters in Warschau, einer wichtigen Institution, die er patriarchalisch leitet, hat sich mit den Mengele-Zwillingen getroffen. Aber in Krakau mußte der Sabbat im Hotel gefeiert werden. In der noch arbeitenden Synagoge von Kazimierz, dem alten jüdischen Stadtteil der polnischen Residenz im Mittelalter, ließen sich nicht zehn erwachsene Juden für einen Gottesdienst finden. In der Nachbarschaft ist noch der alte Friedhof. Das Tor dazu ist fast immer geschlossen, die Kapelle auch. Wer aber in den Flur eines der benachbarten, zunehmend unbewohnten und baufälligen Häuser geht, dessen Kellerwand zum Teil Friedhofsmauer zu sein scheint, der kann von dort in den Friedhof klettern zu stiller Andacht über eine versunkene Kultur. Galiziens Juden von Rzeszow, Przemysl, Lemberg, Drogobytsch und Stryj sind tot. Ein paar ihrer Kinder leben nur noch, in Israel, in New York oder Chicago.

Nun regnet es auch noch. Der matschige Schnee geht in Niesel von oben über. Die Schuhe scheinen zu quellen. Zwischen den Baracken des Lagers bilden sich Pfützen. Wie wärs, hätte man Holzpantinen an und grau-weiß-gestreiften Drillich? Wie wärs, wären die Haare geschoren, die Hände wund vom Arbeiten und der Magen leer? - Durch den kalten Dunst zieht eine Gruppe Jugendlicher. Es sind Christen. Einer trägt dem Zug ein Kreuz voran. Der Regen dämpft ihr Lied und läßt ihre Mäntel schwer herunterhängen, als wären die Körper darin bewegungslos. Ihre Schritte ziehen den Juden entgegen, in fester Ordnung, versunken in Psalm und Rhythmus. Gar nicht weit von hier in einer Auschwitzer Strafzelle, in der man weder liegen noch stehen kann, hat ihr Heiliger Maksymilian Kolbe seinen Hungertod erwartet. Für einen

Familienvater, der heute noch lebt, war er aus dem Glied getreten: „Nehmt mich. Er hat Kinder." Hier starb auch die vom Judentum übergetretene Ordensschwester Gertrude Stein. Müßten sich Juden und Christen an diesem Ort nicht die Hände reichen? Bringt sie denn keiner hier zusammen? Der Zug der Katholiken bewegt sich weiter, vorbei an dem der Juden. Auch die Juden kümmern sich nicht.

Mein Bekannter von der Miliz

Es dauerte eine gute Dreiviertelstunde, bis ich herausfand, daß er Milizionär von Beruf war. Doch da waren wir schon „alte Bekannte". Vielleicht war es ihm unangenehm, überdies muß er den Ausländer von vornherein am Zungenschlag erkannt haben. Aber auch ich hielt diese Annäherung keineswes für schicklich, nur für erstrebenswert, fast exotisch. Milizionäre; das sind nämlich die anderen, nicht „Freund und Helfer", sondern „Okkupanten" oder „Kollaboranten". Diese „Lakaien des Systems" werden überdies in vielen polnischen Witzen als Idioten abgestempelt: Milizisten haben Prüfung in Gesellschaftskunde. Wird einer gefragt, wie denn Polens Hauptstadt heiße. Antwortet der artig - Warschau. Und draußen zischt er seinem Nachprüfling noch schnell zu: „Ganz einfach, es ist Warschau." Und als der dann wenig später nach dem längsten polnischen Fluß gefragt wird, kommen ihm zwar Zweifel. Aber hatte er nicht in langen Jahren den Teamgeist kennengelernt, und daß man seine Kameraden unmöglich in eine Schweinerei hineinziehen könne? So antwortet er - zögernd - „Warschau".

Nun werden die Herren im Innenministerium nicht müde zu betonen, daß mehr als achtzig Prozent aller Mitarbeiter in leitenden Positionen zumindest Abitur haben und 22 Prozent sogar Hochschulbildung. Aber wer weiß, wie dann bei weiteren Tests die Fragen ausfallen? Und was ist mit dem Rest? All das bleibt im Dunkel, weil man gemeinhin einen Milizionär nicht kennenlernt. Abgesehen von dem, der mir mit wildem Flackern in den Augen und kräftigem Schwung bei einer Demonstration im Januar 1982 so einen Schlag auf die Schulter versetzte, daß ich noch Wochen danach kein Glas heben konnte. Und diese Rotte von ZOMO-Leuten, die im Gänsemarsch die Wache auf der Wilcza-Straße für eine Pause stürmte: graue, müde, brutale, geschundene Gesichter von meist jungen Leuten. Grau-grün auch die Uniform; die dreckig dunkelroten Stiefel meist abgetreten. Das war im Kriegsrecht, als vor allem die Motorisierten Polizeieinheiten (ZOMO) gefürchtet waren. Sie wurden gegen Demonstranten auf den Straßen eingesetzt und in den besetzten Betrieben. Allerdings schlugen bei der Grube „Wujek" Militärpanzer für die Milizionäre eine Bresche in die Werkmauer. Das Militär deckte sonst meist nur in der Etappe. In ganz Polen soll die ZOMO-Truppe, eine von sechs Sicherheits-Einheiten unter der Verwaltung des Innenministeriums, aus etwa 25 000 Mann, in Warschau Ende 1983 aus circa 4000 Mann bestanden haben, darunter 2500 Mannschaften. Und dieser Kumpel an der Haltestelle hatte einmal dazugehört.

Der Mann hatte meinen Wagen nicht angehalten. Es gibt da wohl eine - oft übergangene Vorschrift, Ausländer-Wagen mit ihren Sonder-Kennzeichen nicht als Mitfahrgelegenheit zu benutzen. Mein Wagen stand zudem ja auch mit Motorschaden da. Es goß in Strömen, war grau und diesig, als wir zwei - sonst niemand - auf einen Bus warteten. Das war vier Dörfer vor Warschau im Süden. Kein Dach über dem Kopf. Statt dessen spritzte jeder vorbeiziehende Wagen den Inhalt von Pfützen gegen unsere Waden. Der Bus fuhr natürlich nicht nach Plan, war verspätet, eine halbe Stunde schon. Die Kleidung schützte schon nicht mehr, sie verstärkte das Gefühl nackter Nässe. Als er schon etwas nervös beim Anzünden einer neuen Zigarette feststellte, daß es sein Feuerzeug nicht mehr tat, bat er mich um Feuer. Dergleichen konnte ich nicht bieten, aber wir kamen ins Gespräch. Der Mann hatte mein Alter. Seine Hose ließ naß schimmernd Erdfarben erkennen. Der Anorak schien von gleicher Tönung wie die Gegend um uns herum. Nur auf seinem Kopf trug er eine keck rotbraune Tweed-Mütze, wie sie die meisten Polen vom 1. November an zu tragen pflegen, obwohl sie gegen den Regen zu dünn ist und im Winter gegen die Kälte nicht genug Schutz bietet. Sie reicht nicht einmal über die Ohren. Einen Schnäuzer hatte der Kumpel auch.

Der Mann hatte seine Eltern besucht, die vornehmlich von den Erträgen eines Obstgartens lebten. Das erzählte er ausführlich, und ich träumte in Gedanken diesen Novembertag weg und üppig tragende Kirschbäume herbei. Sein Vater sei krank. Und deswegen habe er Urlaub bekommen, eine „przepustka“. Ja, lästig so lange auf den Bus zu warten!? Aber bald werde er wohl ein Auto erstehen können, fügte er freudig zu, während wir im grauen Schleier einen Bus ausmachten, der dann auch bald neben uns hielt, nicht, ohne zuvor eine Ladung schmutziger Brühe auszuschütten. - Wir saßen schon drinnen. Alle Fahrgäste verbreiterten unter ihren Schuhen die Pfützen, als ich den Faden wieder aufnahm: „Mußten Sie lange auf Ihren Wagen warten?“ Seine Antwort hätte mich mißtrauisch machen müssen, denn er sagte, sein Beruf bringe ein paar Erleichterungen mit sich. Aber ich schaltete nicht. Schließlich läßt jeder so seine Beziehungen spielen. Wir haben dann noch länger über Wagen und Computer gesprochen, er in der unverdorbenen Gläubigkeit an die neuen Dinge in der Welt, ich ohne Kenntnisse. Dann frug er nach meiner Nationalität und schien kaum erschrocken, als ich ihm eröffnete, ein Deutscher aus der Bundesrepublik zu sein. Überdies gab ich auch meinen Beruf bekannt, erzählte über die wöchentlichen Pressekonferenzen mit Regierungssprecher Urban. Die interessieren jeden Polen, allein schon deshalb, weil dort Themen aufkommen, die sonst unzugänglich sind.

Die Fragen der Korrespondenten seien doch ziemlich einseitig, meinte er. Das machte mich stutzig. Dann lenkte er irgendwie ein. Man wisse ja leider in Polen auch nicht viel über den Westen, denn Polens Presse berichte auch nur, was ihr so in den Kram passe. Auch jetzt horchte ich wieder auf. Normalerweise hört der Gast aus dem Westen ausschließlich Schmähungen über die lügenhafte Propaganda, wobei im übrigen der Begriff Propaganda erst einmal wertfrei verstanden wird. Und dann würde sich so einer Suada der Vermerk anschließen, man sei durch Freunde, Verwandte im Ausland natürlich besser unterrichtet, und die Sender des Westens gäben ja auch reichlich Bescheid. Dieser Mann also schien ein Offizieller zu sein. Dennoch brach bald das „Du" durch, üblich zwischen (fast) Gleichaltrigen, die es darauf anlegen, über bestimmte Barrieren hinweg, nett zueinander zu sein. Mirek reichte mir seine Hand. Die war ohne Schwielen. Ein Arbeiter saß nicht neben mir. Meine Neigung, über die große politische Lage zu plaudern, wurde von ihm nicht aufgegriffen. Er entrollte vielmehr seinen Lebensweg, so als wolle er mir eine Lektion erteilen.

Als ich über die Spaltung von Staat und Gesellschaft sprach, antwortete er mit dem Hinweis, für ihn habe es keine Aufstiegschancen gegeben. Daheim auf dem Lande hätte sich nach dem Krieg bei den kleinen privaten Höfen wenig getan. Der Staat habe sich nur um die staatlichen Betriebe gekümmert, wenn er überhaupt in der Landwirtschaft investierte. Größter Fortschritt bei ihnen daheim seien in den letzten dreißig Jahren die Elektrizität gewesen und eine Wasserleitung. Der Anschluß von der Straße zum Haus der Eltern sei von seinem Gehalt mitfinanziert worden. „Für Sie sind Satelliten-Antenne und Computer Fortschritte. Wir aber liegen ein paar Jahrzehnte zurück." Für ihn sei es ein Traum gewesen, in die Stadt zu ziehen, der ärmlichen Misere zu entkommen, dem Lehm als Parkett in der Hütte. „Ein richtiges Badezimmer und ein Klo mit Wasserspülung sind nicht selbstverständlich." Seine Eltern könnten zwar lesen und schreiben. Aber das Wort „ZOMO" habe für sie erst jüngst eine Bedeutung erhalten. Und er sei nun der Erste seiner Familie mit einer Fachmittelschulausbildung.

Ob er denn nicht beim Priester gewesen sei? Mirek winkte ab. „Eine Schwester gab Kommunionunterricht. Fürs Leben hab ich nichts gelernt. Aber es hagelte Ohrfeigen." Ich wurde immer neugieriger. Ein

Pole, der der Kirche nicht gewogen war? Ich bohrte. Und Mirek vertiefte sein Urteil: „Die meisten Predigten, die ich gehört habe, gaben auf die Probleme des Lebens nur idealistische Antworten. Die Kirche bietet nichts außer schönen Worten." Ich unterbrach, er wurde unwirsch: „Priester sind Privilegierte. Ein Kaplan hat schneller einen Wagen als ich. Und waren Sie schon mal in der Residenz eines Gemeindepfarrers? Wohnungen mit fünf Zimmern, ein Bad mit Marmorfliesen, Parkett im Wohnzimmer und schöne Teppiche. Das trägt die Gemeinde an den Hof des Geistlichen, damit der es mit den Göttern halte, solange die Schafe auf Erden sündigen." Daneben protze dann meist ein prächtiger Kirchenbau. Und die Bauern und Arbeiter dämmern in ihren Hütten dahin oder warten auf eine Wohnung. Mirek nannte sogar einige Priester mit Namen. Das waren gute Beispiele. Dann strich er wie zur Demonstration eines Gegensatzes das bescheidene Reihenhaus von Parteichef Jaruzelski heraus und die Zwei-Zimmer-Wohnung des von mir so oft zitierten Ministers Urban.

Der Mann war geschult. Ich erkundigte mich nun direkt nach seinem Beruf. Er sei Milizionär, versehe seinen Dienst auf einer Wache in Warschau. Welchen Dienst? Das könne er genauer nicht sagen. Aber ich insistierte auch gar nicht weiter. Es drängten sich noch andere Fragen auf. Vor allem war mir unverständlich, wie man überhaupt zur Miliz gehen könne. So ein Beruf! Wo seine Kollegen doch Kaplan Popieluszko auf dem Gewissen hätten. Das sei ein Einzelfall gewesen, unentschuldbar und geahndet, eine Provokation gegen die auf Toleranz erpichte Führung. Kein Staat käme ohne Polizei aus. „In Polen wird nicht gut gearbeitet, zu viel getrunken, gestohlen. Viele scheuen sich vor der Arbeit. Die Ordnung braucht Hüter, und ein Großteil der Bevölkerung sieht das genauso." Ob seine Familie nicht völlig isoliert lebe? Ja, das sei nach Verhängung des Kriegsrechts so geworden, gab er zu. Ob ihn das wundere? Damit habe die Gesellschaft doch nur auf das brutale Verhalten der Miliz reagiert, die gegen die Bürger mit Wasserwerfern, Tränengas und Knüppeln vorgegangen sei, warf ich ein. Mirek blieb mir die Antwort nicht schuldig. Er sagte etwa mit den Worten des früheren Vizepremiers Rakowski, immerhin sei das Kriegsrecht eine polnische Lösung gewesen. Jeder Staat müsse sich gegen Extremisten verwahren. So habe die Bundesrepublik auch gegen die „Rote Armee Fraktion" gekämpft.

Diesen Vergleich wies ich mit vielen Worten brüsk zurück. Dann frug ich Mirek nach seinem Einsatz am 13. Dezember 1981, als in einer Nacht zum Sonntag das Kriegsrecht erklärt wurde. Bei ein paar Festnahmen sei er dabei gewesen. Vor allem erinnere er sich daran, daß man auf höfliches Vortragen der Internierungsbefehle oft boshafte Antworten geerntet habe. Aber meist hätten bei dieser „Aktion" ältere, reaktivierte Kollegen das Wort geführt. Mehr wollte er nicht sagen. Statt dessen erklärte er mir, daß es nicht von vorneherein sein Wunsch gewesen sei, zur Miliz zu gehen. Ihn habe man anstatt zum Militär zur ZOMO geholt. Er habe sich aber auch nicht dagegen gewehrt. „Den Unterschied kannte ich kaum. Das war vor dem Kriegsrecht." 1982 gab es irgendwann Streit zwischen Staat und Kirche, als diese Praxis bekannt wurde. Später hieß es, schon seit 1973 legten Rekruten bei der Miliz ihren zweijährigen Dienst ab, auch bei der ZOMO, die es seit etwa dreißig Jahren gibt. Früher aber war zum Eintritt bei der Miliz eine freiwillige Entscheidung nötig. Jetzt ist dieser Einsatz „mittels direkten Zwangs" gesetzlich geregelt. Das befördere bei der Bevölkerung das Bewußtsein von der gesetzmäßigen Handlung der Organe und bestärke die Funktionäre in ihrem Rechtsbewußtsein. So führte ein Direktor im Rechtsdepartement des Innenministeriums im Sommer 1984 aus.

Die Zeit in Goledzinow bei Warschau sei kein Zuckerschlecken gewesen, berichtete Mirek weiter. Aber die Verpflegung war gut. „Wir lebten in Vier-Bett-Zimmern. Aber bisweilen waren die Fenster demoliert. Da hatten wohl Trinkereien stattgefunden. Nach drei Monaten Theorie und drei weiteren Praxis durften wir das erste Mal aus den Kasernen." In der Freizeit habe man sich mit Uniform aber kaum unter Leute getraut. „Nur in meinem Dorf war dann alles in Ordnung. Da kennt man die Unterscheidungen nicht." Nun aber sei es seit Anfang 1986 möglich, im Urlaub die Uniform abzulegen. – Aber er sei ja nun schon länger nicht mehr bei der ZOMO. Ob vor den brutalen Einsätzen tatsächlich Rauschmittel ausgegeben worden seien? Mirek gab keine klare Antwort. Er sagte nur: „Mut haben wir uns manchmal angetrunken." Als sie uns nachriefen, wir seien wie die „Nazis" und die „Gestapo", da habe sie das in Rage gebracht. Wenn er einen Tag mehr frei haben wollte, sei er stets Blut spenden gegangen. Daß die „Gestapo" bei Masseneinsätzen nicht auftrat, sondern Einzelverhaftungen vornahm, interessierte Mirek nicht weiter. 70 Prozent dieser polnischen Miliz-Rekruten bleiben nach der Pflichtzeit bei der Polizei. So auch Mirek.

Unser Bus hatte Warschau erreicht. Der Regen fiel nur noch in nieselnden Tröpfchen. „Nach zwei Jahren dachte ich schon an die Sicherheit. Ich wollte bald heiraten und fand auch eine Frau. Und wie hätte ich sonst aus dem Dorf herauskommen sollen? Ich hatte auch einen Onkel. Der war Fahrer im Dienst. Nun gebe es auch wohl keinen Weg mehr hinaus." Wieso? Glaube er an Schwarze Listen der „Solidarität", durch die er überall sonst als Spitzel denunziert würde? Daran glaube er nicht mehr. „Aber Ende 1981 hatten viele Kollegen Angst, sie würden von den Extremisten umgebracht." Ich lachte nur. Die „Solidarität" habe doch gar keine Waffen, Totschlag sei nie ihr Programm gewesen? „Und Kaplan Zych, der Halbstarke deckte, nachdem die einen Kollegen in der Straßenbahn umgebracht hatten?" Das sei ein Einzelfall gewesen. Er winkte ab. Der Bus stand. Uns war wohl beiden ziemlich kalt. Ob man nicht noch einen Wodka trinken wolle in der Bar da am Bahnhof? Es wurden zwei, gegen nasse Füße und auf die neue Bekanntschaft.

Und sei es wirklich leichter, als Milizionär an ein Auto heranzukommen? Er wurde nicht präzise, verwies auf Kontakte, die man so habe. Und ich fragte auch nicht weiter nach. Aber ich solle nicht denken, die Miliz habe große Vorrechte. Sein Grundgehalt nach sechs Dienstjahren liege bei 16 250 Zloty. Da kämen dann noch Zuschläge für Frau, Kind und Einsätze hinzu, so daß er mehr verdiene als ein durchschnittlicher Arbeiter, den die Statistik 1986 mit 20 000 ansetzt. Er habe eine Wohnung durch das Ministerium. Aber viertausend Kollegen in Warschau hätten keine. Und das Gesundheitswesen und der Urlaub? Wahrscheinlich wär er als schlesischer Bergmann noch etwas besser dran, gab Mirek zu bedenken. – Mehr Fragen fielen mir nicht ein. Ich gab ihm meine Adresse. Wir haben uns noch ein paarmal gesehen. Wahrscheinlich nutzte er diesen Kontakt aber nur dazu aus, durch mich eine Medizin aus dem Westen zu bekommen, die für ihn sonst nicht erreichbar gewesen wäre. In Uniform habe ich Mirek nie gesehen.

In der Villa von Gerhart Hauptmann

Schon aus der Ferne habe er die Villa Wiesenstein an einem Berghang liegen sehen: massive Steinmauern, hoch aufragender Turm, ziegelgedecktes Giebeldach. „Die Straße schlängelte sich hin, und die Villa wandte uns alle vier Seiten zu, anfangs die prächtige Fassade, dann die Terrasse und schließlich das beeindruckende, für Jahrhunderte erbaute Portal. Die Villa glich einem Schloß und einem Kastell zugleich." So erinnerte sich Mitte der siebziger Jahre der sowjetische Journalist Grigorij Weiss an jenen Besuch im Spätjahr 1945.

Im Sommer 1987 stehen die Tannen und Birken zu hoch, um das Haus gleich zu erkennen. Das Augenmerk fällt mehr auf Kinder, die am Fuße des Abhangs auf einer Wiese toben. Und wer die Villa doch findet, muß ein Gartentor öffnen, unbefugt vielleicht, um näher heranzutreten. Die kieselsteingestreute Auffahrt wirkt wie frisch geharkt und doch leblos. Einige Fenster sind geöffnet, doch niemand reagiert auf das Klopfen an der Tür, die sich über ein paar Treppenstufen erreichen läßt. Seit vierzig Jahren ist Gerhart Hauptmann tot. Wer wird einen da hineinlassen?

Es riecht nach Feuchtem, nach tiefem Wald, würzig. Der Ort scheint verwunschen. Die Villa beherbergt ein Jugendheim. Das Dorf heißt heute Jagniatkow, liegt unweit von Hirschberg, – dem heutigen Jelenia Gora – in Niederschlesien. Eine Tafel mit dem markigen Profil des Dichters erinnert an den früheren Hausherrn. Dort steht zu lesen: „Hier lebte und schrieb im Schatten des Riesengebirges Gerhart Hauptmann – von 1902–1946. Ein fortschrittlicher Dichter der deutschen Nation." Als er starb, wurden um ihn herum schon das Mobilar verpackt und die Bücher verstaut. Lebend wollte Hauptmann Schlesien nicht verlassen. Seine letzte Frage war voll Bangigkeit, richtete sich an seine Frau. „Bin ich noch in meinem Hause?"

Der Nobelpreisträger ist in Polen heute nicht vergessen. Aber das liegt nicht an einer Zuneigung Hauptmanns für Polen. Die gab es nicht. Vielmehr begann es mit einem Schutzschein des neuen Erziehungsministeriums in Warschau unter dem Datum vom 7. August 1945. Da war das Potsdamer Abkommen fünf Tage alt. Diesem Brief war eine Reise des – oben zitierten – Herrn Weiss zum greisen Hausherrn vorausgegangen. Entweder Marschall Schukow oder Marschall Rokossowski in

Liegnitz hatte zusammen mit Weiss, damals Kultur-Offizier der sowjetischen Militärverwaltung von Berlin, den späteren Kultusminister und Hymnendichter der DDR Johannes R. Becher mit einer Sonderorder ins Riesengebirge geschickt, um die Villa Wiesenstein mit ihrem Bewohner aus den Kriegswirren herauszuhalten. Diese Order betraf auch das Sommerhaus von Gerhart Pohl, einem damals erfolgreichen Schriftsteller und Freund des Herrn vom Wiesenstein.

Aber bleiben durfte Hauptmann nicht. Am 7. April 1946 legte der sowjetische Oberst Sokolow dem Dichter eine Ausweisungs-Anordnung vor. Die polnische Regierung bestehe darauf, soll er entschuldigend gesagt haben. Den Polen wird Hauptmann - im Gegensatz zu Russen und Deutschen - keine besonders sympathische Erscheinung gewesen sein. Alfred Döblin, der Autor von „Berlin Alexanderplatz“, schreibt Mitte der zwanziger Jahre in seinem Reisebericht aus Polen: „Hauptmann spielt man fast gar nicht. Er gilt als Hakatist, hat sich unsympathisch zuletzt noch bei der Abstimmung über Oberschlesien gezeigt.“ Die drei Landwirte Hansemann, Kennemann und Tiedemann hatten 1894 einen „Verein zur Förderung des Deutschtums in den Ostmarken“ gegründet, (nach den drei Anfangssilben als Hakatistenverein bezeichnet).

Dieser bürgerlich nationalen Organisation stand Hauptmann nicht fern. Er war Schlesier, geboren in Obersalzbrunn, wo sein Vater das Hotel „Zur preußischen Krone“ unterhielt. Viele Anregungen für seine Dramen und Erzählungen zog der Sohn aus seiner Heimat, für „Die Weber“ -, die man später gern als Bekenntnis zum Sozialismus verstand -, genauso wie für seinen ersten Roman „Der Narr in Christo Emanuel Quint“. Darüber muß die stille polnische Ehrung heute hinwegsehen. Die Polen haben im übrigen auch seinen älteren Bruder Carl nicht vergessen. Auch dieser war Schriftsteller, starb aber schon 1921 unweit von Agnetendorf in Schreiberhau. Auch er fühlte sich besonders der schlesischen Heimat verbunden. Derzeit - aber schon seit langem - wird sein Grabstein restauriert. Die Werke beider Hauptmanns dürften jedoch in Polen so gut wie unbekannt sein.

Es seien wohl nur zwei Stücke von Gerhart Hauptmann ins Polnische übersetzt, sagt die mittelalte Frau, die, auf einiges Klopfen und Rufen hin, die Villa dann doch noch für die Gäste öffnete. Aber nicht einmal diese beiden Bücher seien derzeit an Hauptmanns altem Wohnsitz vorhanden. Sie habe nur eine deutsche Gesamtausgabe. Aber diese Frau versteht kein Deutsch. So sind ihre Bemerkungen nicht gerade reich an Wissen über den früheren Hausherrn. Sein Name kommt ihr nur mit dem Adjektiv „fortschrittlich“ über die Lippen.

Schon Lenins ältere Schwester habe in den letzten Jahren des 19. Jahrhunderts „Die Weber“ für Moskaus sozialistische Organisation ins Russische übersetzt. „Die Weber“ seien das einzige Stück schöner Literatur, das von Wladimir Iljitsch redigiert wurde. Und Lenin habe sogar darüber geschrieben, wie er dieses Buch im Moskauer Proletariat verteilt habe. Etwa zur selben Zeit übrigens mag der Kaiser in Berlin die Aufführung der „Weber“ zum Anlaß genommen haben, seine Loge im Deutschen Theater zu kündigen.

1902 habe Hauptmann von dem Geld seiner ersten Frau dieses Haus für seine zweite bauen lassen, erzählt die Führerin weiter. Heute lehnt sie als Hausherrin am Türbogen zu jenem Raum, in dem der Dichter am 6. Juni 1946 aufgebahrt wurde, seinem Arbeitszimmer neben der Bibliothek.

Hauptmann war in eine braune Franziskanerkutte mit dem weißen Strick gehüllt. In den Händen hielt er das Neue Testament. Unter dem Kopf lag eine Schmuckausgabe von „Der große Traum“. Dort, wo jetzt das Herz nicht mehr schlug, hatte Frau Margarete ein Säckchen schlesischer Erde hingelegt.

Die hohen Tannen am Abhang lassen kaum Licht auf die heutige Möblierung fallen. Hocker und Sessel sind an den Wänden des Zimmers aufgestellt und lassen den Blick auf ein Fernsehgerät frei. Kein Gegenstand aus neuerer Zeit in diesen und den anderen Räumen im Erdgeschoß deutet auf Geschmack hin. Zweckmäßigkeit herrscht vor. Unsere Führerin leitet dieses Jugendhaus.

Jeweils für zwei Monate kehren über das gesamte Jahr verteilt Gruppen von stets etwa 60 Jugendlichen bei ihr ein, meist zwischen 14 und 18 Jahre alt. Sie kommen aus gefährdeten Familien oder aus umweltverschmutzten Gegenden. Für sie muß dieses herrschaftliche Haus ein Schock sein. Der erste Augenblick in dieser Villa flöße jedem Ehrfurcht ein, berichtet die Direktorin auch. Deshalb werde den jungen Gästen sofort von der Geschichte dieses Hauses und seinem „fortschrittlichen Besitzer“ berichtet. Stücke zur Erinnerung an ihn gibt es kaum noch. Früher habe mal eine Vitrine in der Halle gestanden. Dann seien daraus Exponate gestohlen worden. Und nun liegen auf einem Tischchen vor dem Kamin im Fernsehzimmer noch ganze zwei Broschüren vom Anfang des Jahrhunderts.

Aber der Glanz blieb erhalten. Die große Halle wird noch immer von den Fresken des schlesischen Künstlers Johannes Avenarius geprägt, einem Freunde Hauptmanns. Sie stellen rundherum und den Treppenflur hinauf Szenen aus Hauptmanns Werken dar. Das sei freilich kaum von künstlerischem Wert, urteilt die Jugendbetreuerin hart,

Noch wird am Fronleichnams-Altar vor der Warschauer Drei-Kreuze-Kirche gebaut. Der polnische Adler mit der Krone erinnert an Traditionen der Adelsrepublik (vorhergehende Seite). Vor ihnen die Marienkirche und hinter ihnen die Tuchhallen: die Masse wartet auf den Papst (links oben). Pilger küssen ein Kreuz vor der Warschauer Stanislaw-Säule. Am nächsten Tag werden viele tausend Jugendliche aus ganz Polen nach Tschenstochau ziehen (links unten). Der Primas, Kardinal Glemp, pilgert bisweilen auch.

Das Leben auf dem Land ist hart. Zwar sind mehr als 75 Prozent des Bodens in privater Hand. Aber die Höfe sind aus ökonomischer Sicht viel zu klein, altmodisch und unwirtschaftlich.

Dennoch kann sich Polen fast selbst ernähren. – Der Staat förderte viel zu lange fast ausschließlich die Industrie. Aus der Landwirtschaftsstiftung der Kirche wurde nichts. So bleiben die Bauern auf Menschen- und Pferdekräfte angewiesen. Nach dem Viehhandel auf dem Pferde-Markt wird das Geschäft mit Wodka begossen.

In der Stadt wird mehr mit Autos gehandelt, mit Ersatzteilen; eigentlich mit allem, was der Mensch begehrt.

Das Drei-Kreuz vor der Lenin-Werft in Danzig wurde Ende 1980 von Staatsführung, Kirche und „Solidarität" gemeinsam eingeweiht. Es soll an die brüchigen Hoffnungen und die Todesopfer der Unruhen von 1970 erinnern (links). Die Mariacka (Frauengasse) in der Danziger Altstadt (rechts oben). Vor einem dieser Häuser wurde ein Teil des Films „Buddenbrooks" nach Thomas Mann gedreht. Die Beischläge sind typischer Hausschmuck. Im früheren Ostpreußen verzaubern noch immer die Masurischen Seen (rechts unten).

NEPTUN

Danzigs „Dluga“ (Langer Markt) am Rathaus (links oben) wurde nach dem Krieg gleich dem Breslauer Markt (oben) getreu wiederhergestellt. Beides hat schon wieder Patina angesetzt, wirkt ähnlich alt wie Krakaus unzerstörtes historisches Zentrum und die umliegenden Viertel (links unten). Die traditionelle Bergmanns-Hochzeit in Kattowitz (rechts unten). Die Volksrepublik hat Überkommenes nicht verdrängt (folgende Seite).

doch historisch seien die Fresken wichtig, müßten darum erhalten werden. In dem Buch von Weiss ließt man: „Ansonsten war die Halle mit Ebenholz getäfelt. Die Treppe zur Linken führt zu einer Galerie hinauf, wo eine Marmorbüste Goethes und verglaste Bücherschränke standen."

Nach gut vierzig Jahren hält sich mit dem anderen Gast das erste Mal wieder Luise Pohl in Hauptmanns Haus auf. Sie war die junge Schwägerin von Gerhart Pohl, der während des Krieges bisweilen als Sekretär Hauptmanns, vor allem aber als junger Kollege, vom nahen Krummhübel nach Agnetendorf kam. Die sowjetische Hilfe für Hauptmann schloß die Unterstützung für dessen gesamten Mitarbeiterstab, auch für die Familie Pohl, mit ein. Sofort nach dem Tode 1946 wurde der Haushalt des Nobelpreisträgers von seinen Freunden aufgelöst. Mühsam waren die Verhandlungen mit den Sowjets und den Polen. Härter erwiesen sich die polnischen „Neusiedler", die an Hauptmann kein, aber an seinem Besitz viel Interesse hatten. Schließlich durfte der Tote mit seinem gesamten Stab abreisen. Ein Zinnsarg, Möbel, Kisten und 36 Personen – natürlich mehr, als tatsächlich für Hauptmann gearbeitet hatten – konnten in einem Sonderzug über die Lausitzer Neiße fahren. Auf der Insel Hiddensee wurde der Dichter beigesetzt.

Auch Gerhart Pohl gehörte zum Troß. Ihm bot man im sowjetischen Sektor von Berlin „eine Wohnung und eine verantwortliche Arbeit in einer führenden Literaturzeitschrift an. 1953 ging er heimlich in den Westen und schmähte in seinen Schriften bis zu seinem Tode diejenigen, die ihm einst geholfen und Vertrauen entgegengebracht hatten," schreibt Weiss in seinen Erinnerungen, die ein DDR-Verlag abdruckte. Später finden wir Pohl als Mitarbeiter einer Heimatzeitschrift der schlesischen Landsmannschaft wieder, bis er 1966 in West-Berlin stirbt. Seine Schwägerin Luise aber lebt bis heute unweit von Agnetendorf. Die Breslauerin, mehr als achtzig Jahre alt, liebt diese Landschaft zu sehr, um ihr für immer den Rücken zu kehren. Wenn sie heute den Zustand der Villa Wiesenstein lobt, dann kann man dieses Urteil getrost übernehmen.

Die Kinder, die Hauptmanns Villa jetzt bevölkern, dürfen nicht einmal die Haupttreppe benutzen, von der Weiss in seinen Erinnerungen schreibt. Blumentöpfe versperren den Weg. Schließlich könnten schmutzige Hände – wenn auch unabsichtlich – den Bildern von Avenarius schaden. Statt dessen müssen die Kinder eine enge, frühere Dienstboten-Treppe benutzen. Wenn es nach ihr ginge, meint überdies die Führerin lachend, dann würde man auch den alten Weinkeller wieder instandsetzen und das Schwimmbad im Untergeschoß. Aber daran sei natürlich nicht zu denken. Zweihundert Tonnen Kohle schlucke die Heizung dieses massiven Hauses jährlich. 25 Angestellte betreuen Haus und Kinder.

Die frühere Bibliothek ist heute ein Schlafsaal. 13 Betten stehen darin dicht nebeneinander. Alles wirkt reinlich aber auch ärmlich, ebenso der Eßsaal, in dem früher Feste gefeiert wurden. Der Kamin ist einziger Schmuck; im übrigen stehen in diesem großen Raum mit Plastikdecken geschützte Tische und einfache Stühle eng beieinander. Das Miteinander alten Schmucks und karger Möbel der Gegenwart wirkt befremdlich. Der Prunk des archaisierenden Baustils, wie er sich in den Kaminen, den Türbogen mit buntkalter Bemalung erhalten hat, mag für Kinder aus beengten Verhältnissen besonders erschreckend sein. Ob sich hier nicht erst recht Heimweh breit macht? Die Direktorin verkörpert auch nicht gerade den Typus einer liebenswerten Ersatzmutter. Sie scheint in sozialistischer Erziehungstradition zu stehen, zu der ein Blickfang in der Halle paßt, an dem niemand vorbeisehen kann. Die Gerhart Hauptmann-Büste oben auf dem Kamin-Sims fällt dagegen kaum auf: in goldenem Rahmen jüngster Kitsch-Fabrikation prangt auf blutrotem Tuch „40 Jahre Volksrepublik Polen."

Am Abend in Danzigs „Mariacka“

Lange Wege gingen wir durch die alten Straßen dieser Stadt und kehrten doch wieder zurück zu unserer Lieblingsgasse, traten unter dem Westportal der Marienkirche einen Schritt zurück und durchmaßen mit unseren Blicken die Länge der Mariacka, der Frauengasse des früheren Danzig. Es hatte geregnet. Doch es trocknete schnell, und so kehrte auch wieder etwas von der Schwüle des Tages zurück. - Kein Staub. Die letzten Lichter des Abendrots lassen Sauberkeit aus den Regenrinnen und Kupferwannen blitzen, auch aus den gezierten Gaupen. Bei der Betrachtung dieser gotischen, barocken und doch jungen Fassaden, Beischlag nach Beischlag, beim langsamen Gehen über das ebenmäßige Kopfsteinpflaster, steigt eine Stimmung auf, die wir einmal vermissen werden. Viele Male sind wir hierher schon zurückgekehrt. Ich habe ihr meinen Arm über die Schulter gelegt. Mit einer Hand spiele ich in ihrem langen Haar. Wir haben unsere Gedanken und Gefühle. Sie liebt Danzig. Ich verehre diese Stadt.

Ganz da vorn, vor dem Frauentor rechts, ist ein archäologisches Museum eingezogen. Die Historiker haben auch in ihren Kellern gegraben und stießen auf Mauer- und Holzreste aus dem Mittelalter. Wie lange sind schon Menschen durch diese Gasse gegangen? Erst die Fischer der Mottlau, dann die ärmeren Bürger, die furchtsam durch jenes Tor getreten sein mögen, denn wenige hundert Meter links davon trutzte bis Mitte des fünfzehnten Jahrhunderts die Stadt der Ordensritter, die Feste der ungeliebten Herren. Als sich dann später der Handel mit Preußen und mit Polen, mit Litauen und Rußland frei entwickeln konnte, als sich die Hanse in Danzig einen festen Stützpunkt geschaffen hatte, zogen die Ärmeren aus diesem Gäßchen nach draußen, und die Reicheren bauten sich hier ihre Häuser. Noch sahen sie dabei mit Neid auf die reichsten Patrizier des seit 1454 fast unabhängigen Freistaates, auf jene, die es sich leisten konnten, am Langen Markt, in der Langgasse zu wohnen, also in der Nähe des Rathauses und des gesellschaftlichen Mittelpunktes der Reichsstadt, dem Artushof. Dort in der Feststube der Stadt, auf diesem Platz, wo man Fürstlichkeiten empfangen kann und wo Straßenleuchten allen Prunk bei Dunkelheit erhellen müssen und wo Neptun von seinem Brunnen herab Tag und Nacht den Passanten mit seinem Dreispieß droht, da ist für Beschaulichkeit kaum Platz.

Die Beischläge von der einen zur anderen Gassenseite sind wenige Kindersprünge voneinander entfernt. Jedes Haus in der Frauengasse hat so einen Terrassenvorbau. Durch ihn zieht sich das Wohnzimmer von drinnen ein paar Meter in die Öffentlichkeit nach draußen. Mit ihm zeigt man auch ein wenig seinen Wohlstand: wie sich das Treppengeländer zum Altan hinauf kunstvoll schmiedeeisern schwingt oder wie mächtige steinerne Bälle löwengleich den Aufgang bewachen. Die Rinnen, die das Regenwasser hoch vom First durch einen Drachenschlund oder ein Fischmaul auf das Kopfsteinpflaster prasseln lassen. Diese Beischläge sind auch nicht immer gleich hoch, häufig unterschiedlich breit, so daß sich Individualität, Geschmack und Vermögen deutlich präsentieren – aber dies doch immer mit Zurückhaltung.

Selbst ein geflüstertes Wort dringt von der einen Terrasse zur gegenüberliegenden. Und wenn sich die Frau Senator bei der Gattin des Richters auf der anderen Seite über die Schlechtigkeit ihrer Magd beklagt, dann hört man das vielleicht auch noch im hellhörigen Heim der Witwe zwei Häuser weiter. Ich wende ein, daß sie sich nicht auf offener Straße so deutlich über ein delikates Thema geäußert haben wird. „Aber stell es dir doch einfach einmal vor", meint meine Begleiterin und will mir die Augen schließen. Ich ahne eine andere Szene, einen Sonntagmorgen vor vielen Jahren. Die Glocken von der Marienkirche läuten, und längst schon ist der Pfarrer hinter uns durch die Kirchentür verschwunden. Es ist warm. Man kann draußen frühstücken. Auf der einen Straßenseite scheint sogar die Sonne, was allerdings die Zofe im Hause des Senators nur dazu veranlaßt, einen Sonnenschirm aufzuspannen. Doch aus anderen Häusern dringt nun das Leben auf die Straße. Es riecht nach frischem Kaffee und heißer Schokolade, und während sich Vater später eine erste Zigarre ansteckt, verschwinden die Kinder vom Beischlag und schließen sich den anderen auf der Straße an. Die Mütter tauschen Neuigkeiten aus. Die Gasse ist eine Gemeinschaft. Man kennt einander. Man mag einander zuweilen wenig schätzen, aber man muß miteinander auskommen. Schließlich gehen ja zuweilen sogar die Kellergewölbe des einen Hauses in die des Nachbarhauses über. Danziger wohnen hier: stolze, unabhängige, aber gesellige Leute. Ihnen gehen der freie Handel, später die selbständige Kleinindustrie über alles; denn daraus ziehen sie ihren Reichtum. Und da mag es weniger wichtig sein, ob der Getreidehändler die Ernte von einem polnischen Rittergut oder einem deutschen Hof erwirbt. Das Korn muß gut sein.

Es ist der Steinmetz aus dieser Gasse heute, der uns in die Wirklichkeit zurückruft. Mit lautem Lachen verabschiedet er einen Freund, der aus dem Haus getreten ist. Etwas Licht fällt auf die Straße. Wir merken, daß es vollends dunkel geworden ist. „Komm wieder“, ruft der Steinmetz dem Freunde zu. Nur eine Handbewegung quittiert den Ruf, der Schritt verhallt. Mariacka heißt die Gasse nun. Im März 1945 ist die Stadt verbrannt, sie wurde zerschlagen, ein Schutthaufen blieb zurück. Schon am 30. März 1945, noch vor Kriegsende also, wird Danzig als Gdansk im polnischen Staat eingegliedert. 1949 beginnt der Wiederaufbau. Es sind vor allem Fremde aus dem fernen polnischen Osten, die dieses Gdansk nach alten Vorlagen wieder errichten, auch wenn man sich bei Eingeweihten in Danzig heute noch gern an jenen deutschen Restaurator erinnert, der die Stadt während des Nationalsozialismus erhalten half und dann später zusammen mit den Polen zurückkehrte, um sie nun völlig neu wieder aufzubauen.

Die Fassaden leben wieder, können geduldig Kulisse spielen, wenn zum Beispiel die Buddenbrooks aus Lübeck hier verfilmt werden. Aber sie sind auch beredt genug, um aus ihrer eigenen Geschichte zu erzählen. Aber was sagen sie uns über die Gegenwart? Es ist hier wie vielerorts in dieser Weltgegend. Die Bürgerlichkeit, die auch aus dem Ebenmaß der Fassaden, aus dem Gleichmaß von Schmuck und Zweckmäßigkeit spricht, die Wohlhabenheit zeigt, aber nicht protzt, entspricht nicht mehr den heutigen Lebensformen. Die Bürgerhäuser sind heute meistens ohne Bürger. Aber das heißt nicht, daß die jetzigen Bewohner nicht ihre Häuser, ihre Gassen, ihre Stadt zu lieben beginnen. „Mir fällt es schwer, dieses Danzig zu lieben“, wende ich ein, „ist es nicht zu steifrückig hier, zu sehr in Spitzenkragen und Jabot?“ – „Früher zeigten sich wohl die Leute in ihren Kleidern genauso wie in den Fassaden ihrer Häuser?“ höre ich. „Sie demonstrieren Distanz und Wohlerzogenheit, aber sehen doch neugierig durch die Gardinenspitzen auf das Bett dahinter. Und dort und in den Gefühlen, in den Träumen und Wünschen der Menschen geht die Geschichte beständiger weiter als in dem äußerlich wahrnehmbaren Treiben. Da entledigt sich das Leben seiner Eitelkeit und hat Bestand.“

Wir sind aufgestanden, gehen eingehakt die Frauengasse, die Mariacka, hinunter zum Tor, an die Mottlau. Kann eine Stadt erziehen, Menschen formen und Liebe spenden? Wir werden auch zurückkommen.

Urlaubsziele: Zoppot oder Paris?

Es ist besser, die Vollpension mitzubuchen. Die Versorgung in den kleinen Ferienorten, deren eigentliche Einwohnerzahlen in der Sommerzeit zuweilen auf das Zehnfache anschwellen, kann zum Problem werden. 450 Zloty kostet das 1986 pro Tag, für Kinder die Hälfte. Die Verwaltung des Speisesaals kassiert auch gleich die Rationskarten für Fleisch mit ein - bei zwei Wochen Aufenthalt die Berechtigungsschnipsel auf der Fleischkarte für ein Kilogramm pro erwachsene Person. Es gehört zu den beliebteren Sommerjobs für Schüler, in solchen Speisesälen zu servieren. Viele Klagen hören sie nicht. Jeden Tag gibt es Fleisch, Kartoffeln und Salat als Hauptgang, meist eine Suppe zuvor und danach noch Kompott. Am Morgen nach einem Milchbrei, auf den man auch verzichten kann, für alle Malzkaffee, (Sonntags Kakao) aber auch Wurst, Honig und Marmelade. Etwa 150 Personen sitzen in dem großen Saal an festen Tischen. In zwei Schichten wird gegessen, morgens entweder um acht oder um neun Uhr: abends entweder um sechs oder sieben. Dann steht Tee auf dem Tisch, zuweilen ein warmes Fischgericht, Tomatensalat und ein Apfel.

Man kann wirklich nicht klagen. Die meisten, die dieses Jahr wieder nach Stolpmünde, heute Ustka, an der Ostsee gekommen sind, haben anderswo schon schlechtere Erfahrungen gemacht. An irgend etwas fehlte es immer. Mal ging die Milch aus, mal gab es keinen Fisch, obwohl doch die Ostsee direkt vor der Haustür liegt. Stolpmünde scheint besser versorgt. Aber so ein Urlaub ist auch teuer. Etwa sechzig Prozent der Arbeitskräfte, die berechtigt wären, durch ihre Firma einen Platz in einem Freizeit-Heim zu bekommen, haben 1986 abgesagt. Bei einem Monatslohn von 24000 Zloty könne man sich keinen Urlaub leisten, der etwa diesen Betrag kosten werde. Viele bleiben also zu Hause. Dem Wochenblatt „Polityka" berichtet ein Mann: „Statt um 4.45 Uhr steh ich um 6 Uhr auf. Wenn meine Frau dann zur Arbeit gegangen ist, mach ich mir einen Tee und zünde mir eine Zigarette an. Dann geh ich häufig vors Haus, treffe Kollegen. Wir unterhalten uns. Danach machen wir manchmal etwas, oder wir sind im Keller, wo der Kollege bastelt. Gegen zwei gehe ich zurück nach Hause und esse Mittag - ganz wie ich Appetit habe. Dann reihe ich mich in die Schlange vorm Kiosk ein, um den „Express" (eine Abendzeitung wie „Bild") zu kaufen. Ich kehr zurück, lese, eß Abendbrot, sehe irgendeinen Film im Fernsehen, na - und ins Bett." So können Ferien auch aussehen.

Nach westlichen Maßstäben klingt all dies recht traurig. Vom Schwelgen in ausgedehnten Mälern in Gasthäusern direkt am Strand kann in Polen nie die Rede sein. Selbst beste Hotels, so wie das der Touristenkette „Orbis" in Mragowo (früher Sensburg in Ostpreußen), bieten mehr spartanische Küche an. Aber wer fährt schon zum Essen nach Masuren? Die Polen nicht. Auch wenn die Anzahl der Touristen an der Ostsee oder in Ostpreußen jedes Jahr zunimmt, und immer mehr Deutsche aus beiden Staaten mischen sich unter die polnischen Urlauber, - dort läßt sich noch ursprüngliche Natur genießen. Der Wald um das Forsthaus, in dem der Heimatdichter Ernst Wiechert geboren wurde, hat sich kaum verändert. Die Johannisburger Heide oder weiter östlich das ehemals kaiserliche Revier in der Rominter Heide locken bis heute Jäger an, für viel Geld auch solche aus dem Westen, die eine Trophäe mit Devisen nach Gramm bezahlen müssen. Pilzsammler sind hier die einzige Gefahr für das Gleichgewicht der Natur. Sie dringen immer tiefer in den Forst ein, hinterlassen Picknick-Reste, verängstigen das Wild. Polen sind leidenschaftliche Pilzsammler.

In „Zycie Warszawy" steht heute wieder eine Anzeige. An der See, auf der Frischen Nehrung sind private Villen für Familien zu vermieten, in Stegny (Steegen) und Krynica Morska (Kahlberg). Für zwei Wochen zwischen 15 000 und 18 000 Zloty. Das ist der Preis pro Erwachsenem, für Kinder zwischen drei und sieben Jahren zahlt man 2600 Zloty weniger. Wer sich nun selbst versorgen muß, zuweilen auch nach Brot in der Schlange zu warten hat, weil sich die kommunale Bäckerei offensichtlich erst nach der Saison auf den Touristenstrom umstellt, wird wenig Freude an seinem Urlaub haben. Allerdings ist die Versorgung seit 1981 besser geworden. So eine Villa können sich nur Reiche leisten, die zur Not auch im „Pewex" einkaufen und in den privaten Läden. Und die gibts genug. Zwischen Juni und September ist es schwer, an der polnischen Ostseeküste noch ein freies Bett zu finden. Die Strände zwischen Swinemünde und Braunsberg sind heute voller als vor dem Krieg. Aber noch immer beherrschen rote Backsteinbauten die Küste. Die neuen polnischen Gebäude haben meist ein flaches Dach. Sie sind weiß bis grau oder gar rosa und scheinen dem Klima nicht so gut zu trotzen wie die Zeugen der Vorkriegszeit.

Wenn es am späten Abend langsam dunkel wird, die Sonne als schwerer roter Ball hinter dem Horizont versinkt, etwa dort, wo Skandinavien beginnt, dann soll man am Strand nicht weiter nach Bernstein suchen. Eigentlich lohnt es sich sowieso nicht. Die kleinen honiggelben Splitter, die sich finden lassen, geben nicht viel her. Aber nur derjenige, der etwas Bernstein nach Hause mitbringt, kann sagen, er habe an der östlichen Nordsee Urlaub gemacht. Direkt hinter dem weißen breiten Strand, der hier auf der Frischen Nehrung selbst im Hochsommer nie so überfüllt ist wie der Strand von Kolberg oder Stolpmünde, beginnt ein kleines Wäldchen, das man erst nach wilden Erdbeeren, dann nach Blau- und schließlich nach Him- und Brombeeren durchforsten muß. Hier bleibt die Sonne mit warmem Duft auch über Nacht in den Blättern von Birken und Büschen hängen. Ein Schlafsack genügt eigentlich für die Nacht. Wozu Hotel und Betten? Hinter dem Wäldchen landeinwärts endet das Land dann auch bald, eine Straße, ein paar Häuser, und schon geht es wieder hinab zum Haff. Schilf macht es schwer, die Grenze zwischen Land und Wasser genau zu unterscheiden.

Zu dieser Zeit am frühen Abend schimmert über das stählern glänzende Wasser des Haffs die rote Domburg von Frauenburg herüber, nur durch einen fadigen Dunst sichtbar, in den Konturen verschwimmend, aber wie das Licht eines Leuchtturms von blinkendem Glanz. Die letzte Fähre hat Kahlberg schon verlassen, wohl nach Tolkemit (Tolkmicko), etwas westlich, nicht weit von Cadinen (Kadyny), wo der Kaiser sich einst ein Gestüt anlegte, das bis heute Anziehungspunkt für viele Touristen ist. Nur auf der Nehrung ist es möglich, direkt bis an die Grenze vorzustoßen, die das heutige Ostpreußen in einen polnisch und einen sowjetisch regierten Teil trennt. Schon der Rest dieser Landzunge gehört heut der Sowjetunion, so daß niemand das Haff verlassen kann, ohne russisches Gewässer zu durchfahren. Aber auf dem Land hier bald hinter Neukrug (Nowa Karczma) versehen nur Streifen ihren Dienst. In Braunsberg (Braniewo) dagegen steht schon einen knappen Kilometer vor dem Grenzhäuschen und der Barriere ein Stopschild, das nicht nur Autofahrern sondern auch Fußgängern jede weitere Annäherung verwehrt. Sowjetische Grenzposten können selbst auf polnischem Gebiet patroullieren. Sie übergeben jeden „Spion“ der polnischen Miliz. Und die darf nicht nachlässig sein. Hier saß schon mancher Tourist für Tage dann auf einer polnischen Wache.

In dieser Region, aber natürlich auch in Pommern, Westpreußen und in Schlesien, mischen sich jedes Jahr viele deutsche Touristen zwischen die Polen. Aus den Westen kommen jährlich etwa 400 000 Besucher, eine erstaunliche Zahl bei den hohen Umtauschquoten (36 Mark pro Tag und Person). Der Tourismus dürfte jetzt wieder das Ausmaß erreicht haben, das im Sommer 1981 herrschte, vor dem Kriegsrecht. In einer alten Villa bei Stolpmünde wohnen polnische

Touristen des privaten Reisebüros „Intertour". Ihnen geht es im Verhältnis zu den Urlaubern des Arbeiter-Wohlfahrts-Fonds (FWP) königlich: Auch auf fließend warmes Wasser braucht nicht verzichtet zu werden! Das Bett pro Nacht ist für 600 Zloty zu haben. Das ist 1987 der Schwarzmarkt-Wert eines Dollars; eine Halbliter-Flasche Wodka ist zum gleichen Preis zu haben. In den Häusern des FWP dagegen ist das Bett nur halb so teuer. Aber den Wasseranschluß findet man meist für mehrere zusammen am Ende des Flurs. Und an Feiertagen gibt es keine heiße Dusche. Da hat der Heizer frei. Das Plumpsklo ist auch noch nicht ausgestorben. Aber die Touristen sind zufrieden. Auch daheim läuft nicht alles nach westlichen Vorstellungen, und die Polen sind an Improvisation gewöhnt. Vor allem aus Schlesien kommen sie hierher. Sie arbeiten und leben in den dreckigen Grubenstädten, in Kattowitz und Hindenburg. Saubere Luft allein ist schon ein Erlebnis.

Das Meer wirkt klar, obwohl die Abwässer irgendwo in die See geleitet werden. Kolberg zum Beispiel ist schon seit 1972 Kurort, aber erst 1983 wurde mit dem Bau einer Kläranlage begonnen, durch die Abwässer eines dreißig Kilometer langen Küstenstreifens laufen sollen. Noch ist das Schwimmen im Umkreis von dreihundert Metern an jener Stelle verboten, wo der Schmutz direkt in die Ostsee entlassen wird. Noch sind vierzig Prozent der Stadt nicht kanalisiert, verfügen die meisten Häuser nur über Sickergruben. Aber jährlich kommen mehrere zehntausend Touristen nach Kolberg. Zwischen dem 1. Juni und dem 1. Oktober stehen dort 300 Erholungsheime offen, wird in hundert Speisesälen Essen serviert. In letzter Zeit häufen sich aber die Klagen über Hygiene-Mängel, und Strafen werden verhängt. Die veraltete Infrastruktur ist dem Massentourismus nicht gewachsen.

In Niederschlesien, rund um Hirschberg, ist das Waldsterben akute Bedrohung. Der Wald duftet nicht mehr, und kahle Wipfel ragen in den Himmel. Nur die schädlichen Borkenkäfer sind noch zahlreicher als die Touristen. In Zakopane in der Tatra, einstmals ein mondäner Kurort an der galizisch-tschechoslowakischen Grenze, fehlt auch die Kläranlage. Im Sommer wollen sich dort täglich etwa 36 000 Urlauber erholen, im Winter sind es dreimal so viele. Dann sind die Wasserprobleme noch krasser. Die Quellen versacken, kostbares Heilwasser fließt in den normalen Gebrauch, und in die Bäche des Nationalparks werden die Abwässer aus Fleischerei und Molkerei abgeführt. Brot muß aus einer hundert Kilometer entfernten Bäckerei herbeigeschafft werden. Wenn der Wind ausbleibt, hängt über Zakopane, das einst wegen seiner typischen Holzhäuser berühmt war, wegen der Volkskunst der Góralen, eine Wolke aus Staub und Abgasen, die sich kaum von der in

Krakau unterscheidet. Selbst überzogene Preise halten die Urlauber nicht ab. Der polnische Gast muß im „Orbis"-Hotel pro Nacht mit 2000 Zloty rechnen, der Westler mit dem Vierfachen.

Irgendwo ein einfaches Haus, ein Bungalow, fern von der Straße gelegen. Das verspricht heute den erholsamsten Urlaub. Daß darunter auch die Natur leidet, spricht sich erst allmählich herum. An der Ostsee und in Masuren werden Bungalows bis in die Fichten- und Birkenwälder hineingebaut, fürs erste mit behelfsmäßigen Installationen. Das sind dreieckige Gebäude, fast nur Dach, eine Terrasse davor und dahinter mindestens zwei Räume auf zwei Etagen. Diese Hütten sind zuweilen auf Jahre hinaus ausgebucht. So ein Gebäude gibt es manchmal schon für gut 10 000 Zloty die Woche, also für einen knappen halben monatlichen Durchschnittslohn. Aber was macht man in diesen Hütten, wenn es tagelang regnet? Wer sich keine Lampen mitbringt, wird bei der schummrigen Beleuchtung kaum lesen können. Kinos, Theater oder irgendwelche Belustigungen für die Kinder gibt es nur in den angestammten Erholungsorten, wo auch einmal ein Pianist am Abend an der alten Orgel in der Holzkirche die Serenade spielt. Platzkonzerte unter der Muschel an der Promenade gibt es selbst in Zoppot kaum, wo doch noch immer das alte „Grand-", das frühere „Kasino-Hotel", neben der Mole prunkt. Von einigen Apparaturen in den Bädern läßt sich der Produzent dieser Installationen aus dem Deutschen Reich ablesen.

Noch vor wenigen Jahren waren die Touristen fast ausschließlich auf die Versorgung in Eßsälen angewiesen. In den Läden gab es wenig zu kaufen. Mittlerweile haben die privaten Fischstände wieder aufgemacht, an denen man frisch gebratenen Dorsch kaufen kann, für gut hundert Zloty. An einem anderen Stand gibt es Waffeln mit Blaubeeren und Sahne oder Eis. Staatliches Eis auf einer Waffel kostet im übrigen um die zwanzig Zloty, dagegen muß man im privaten Café für eine solche Portion 160 Zloty hinlegen. Dann aber säumen Nüsse, Rosinen, Blaubeeren oder andere Früchte das Vanilleeis. Überall, wo ein Privathändler seine Waren feilbietet, wird es für viele polnische Touristen unbezahlbar, aber auch erst richtig schmackhaft. In der FWP-Kantine des Arbeiter-Urlaubs-Fonds gibt es den subventionierten Tee für sieben, im privaten Café für 150 Zloty. Nur dort erhält man auch richtigen Bohnenkaffee zu ähnlichem Preis.

Die Bewohner dieser Orte werden Ende September wieder unter sich sein. Die kurze Saison, die im Juni beginnt, muß sich lohnen. Manchmal rücken die Familien auf engem Raum zusammen, damit im Wohnzimmer Platz für Sommergäste bleibt. Man gestattet den Gästen, im Garten ihr Zelt aufzustellen. Ein Wohnwagen steht neben der Garage. Meist sind Litauer in diesen Gegenden am alten deutschen Ostseestrand heimisch geworden. Bis 1960 war es ihnen verboten, neue Häuser zu bauen, heißt es. Immerhin durften die alten, so sie schadhaft wurden, niedergebrannt werden. Die Litauer sind Holzhäuser gewöhnt, eine andere Landschaft. Manchem Gesprächspartner merkt man den Schmerz an, wenn das Gespräch auf die alte Heimat kommt. Sie haben Verständnis für die Gefühle von Gästen aus der DDR und der Bundesrepublik. Gastfreundschaft zeichnet sie aus. Meist gibt es selbstgebrannten Wodka, Bimber, zum Kennenlernen. Im Winter, wenn der Ort einsam wird, wird neuer Schnaps gebrannt.

In „Zycie Warszawy" steht im übrigen noch eine Anzeige. Da werden acht Tage Camping in Griechenland angeboten, für fünfzig Mark und 4800 Zloty. Die Devisen sind für den Zeltplatz, der polnische Geldbetrag soll die Reise mit einem polnischen Bus decken. Die Kirche organisiert ähnliche Fahrten nach Rom. Touristenbüros bieten Trips in fast alle mitteleuropäischen Hauptstädte an, vor allem Paris. Bonn allerdings dürfte fehlen, Ost-Berlin nicht. Immer mehr Polen buchen solche Arrangements. Sie müssen dabei nicht an den westlichen Botschaften in Warschau um ein Visum bitten. Das erledigt das Reisebüro. Vor dem Kriegsrecht reisten jährlich 1,2 Millionen Polen in den Westen. Dann wurden es wesentlich weniger. Jetzt sind die alten Zahlen wieder erreicht. Venedig ist nahegerückt. Aber der polnische Tourist, der eine Reise dorthin unternimmt, wird nicht in einem Hotel an den Kanälen schlafen, sondern auf dem Camping-Platz in Mestre.

Lieder zur Ehre der Soldaten

Hinten links auf der Rückwand des Amphitheaters prangt der Adler; das polnische Wappentier krallt sich an einer stilisierten Amphore fest. Das ist die Kulisse für das mehrtägige Festival des Soldatenliedes in Kolberg, dem heutigen Kolobrzeg. In jedem Sommer füllen sich die Bänke; und wenn auch viele begeistert Beifall spenden, bei manchen Soldaten ahnt man, daß sie hierher wohl befohlen wurden. Wenn der Ort an diesen Abenden sonst nichts bietet, dann mag dies Ereignis auch für Badegäste ein Anreiz sein. An derselben Küste, nur einige hundert Kilometer weiter östlich, in Zoppot, feiert dagegen Polens Jugend alljährlich voll Begeisterung ein Festival der Pop- und Rockmusik. Dorthin machen sich Pilgermärsche auf. Aber in Kolberg wird der offizielle Geschmack geboten, und der ist mehr als nur bieder. Er ist eng und spröde. Das Festival soll den Soldaten ehren, neue Marschlieder präsentieren; es soll Spaß an der Uniform wecken. „Der Jugend gefällt das", meint ein Offizier unter den Zuschauern. Das Amphitheater ist tatsächlich voll; auch viele junge Leute, braun gebrannt vom Sonnenbad am Strand, sitzen hier. Aber finden sie tatsächlich ihre Freude an dem Spiel da auf der Bühne? Ein Mädchen sagt dem Fernsehen artig, man könne viel von den Liedern lernen. Vielleicht wähnt sie ein ostdeutsches Kamera-Team vor sich. Denn was könnte man schon aus dieser Schau schöpfen?

An einem Abend tritt eine Musikanten-Gruppe in Uniform auf. Einer aus dem Team mimt einen Minensucher. Und wenn ein anderer auf die Pauke schlägt, dann zucken alle Mann zusammen. Die Mine ist explodiert. Der launige Kommentar: das könne nur einmal passieren. Da treten Sänger auf und geloben, erst beim Militär lerne man das Leben richtig kennen. Männerstimmen raunen den Mädchen zu, sie sollten ihrem Liebhaber treu bleiben, auch wenn er eines Tages nicht mehr die schmucke polnische Uniform trage. Dann besingt eine Schöne den Tod von Soldaten in einem Panzer, und wenig später erklingt das Lob auf die Mutter, die ihre Söhne im Kampf verlor. Eine lichtscheue Disco-Gestalt bejubelt das Leben auf dem Truppenübungsplatz. Sie brauche die Diskothek nicht mehr, wenn Schüsse schallten. Wenn Leuchtstrahler den Nachthimmel erhellten, dann bedeute ihr das viel mehr. Ein Soldat bringt seiner Lieben einen Blumenstrauß vom Truppenübungsplatz mit. Die Blumen hätten ihm Glück gebraucht; nun sollten sie auch das Mädel beglücken.

Am späteren Abend tritt ein Kinderchor auf und bezwitschert in höchsten Tönen das Soldatenleben. Eine Krankenschwester pflegt den Verwundeten, und die strahlend blauen Augen des Soldaten vereinen sich mit dem liebenden Blick aus dem blondgelockten Maidenschopf. Der Grenadier im Kampfanzug, mit Marschgepäck und Waffe über der Schulter, tritt auf. Vertreter anderer Waffengattungen folgen, nicht verfremdet, stets um Echtheit bemüht. Dann mischen sich Schlagersternchen und ihre männlichen Gegenstücke in diese Gruppe, die auf der weichen modischen Welle moderne Unterhaltungsmusik vortragen. Es kommt nicht auf Qualität an, nicht auf musikalische Besonderheit, sondern auf einfache Rhythmen. Wenn man dazu schunkeln kann, um so besser. Dann hakt man einander ein und läßt, als sei es Karneval, das blutgewohnte Kampfesleben des polnischen Kriegers hochleben. Ein Starlet nach dem anderen grient mit dem üblichen Show-Lächeln ins Publikum und verabschiedet sich mit einer Verbeugung. Zwielichtige Damen sind darunter; zuweilen spielen ihre Gesänge auf den weibstollen Soldaten in der Kaserne an, dem man für ein Stündchen lieb sein sollte.

Das ist also der offizielle Geschmack der Militärs in Polen? Als während des Kriegsrechts der „Militärrat der Nationalen Errettung“ regierte, war das Festival besonders blutrünstig und offen militaristisch. In den späteren Jahren wurden die Lieder wieder „ziviler“. Doch am Charakter der musikalischen Waffenschau änderte das nichts. Wer sind die Künstler bei diesem Klamauk? Polen hat nennenswerte Schlagersänger und Chansoniers, Große in der Unterhaltungsmusik. Die trifft man auf dem Schlager-Festival in Oppeln oder beim Rock-Festival in Zoppot. Nach Kolberg kommen sie nicht. Da gibt sich die zweite Garnitur ein Stelldichein. Wer mit diesen kriegsfreudigen Schmarren seinen Namen beschmutzt, hat es später schwer auf dem internationalen Schlagermarkt. Die Musiker des Rundfunk-Orchesters können ihren Auftritt nicht verhindern. Sie sind quasi Beamte, und das weiß jeder. So schadet ihnen ihr Spiel nicht.

Manchem Mädchen da auf der Bühne möchte man die Neigung zum ältesten Gewerbe der Welt ungeprüft nachsagen. Aber der Alltag in Polen ist hart, und so ein Auftritt in Kolberg ist einträglich. Mehrere zehntausend Zloty für einen Bühnengang sind da schon drin, vielleicht für ein längeres Engagement auch eine Telefonleitung nach Hause, ein Coupon für den Autokauf oder gar eine größere Wohnung. Da gehen viele Kompromisse ein. Die Soldatenzeitung „Zolnierz Wolnosci“

(Soldat der Freiheit) stiftet Sonderpreise. Solchen, denen schon aus Mangel an Begabung wenig mehr bleibt als der Tingeltangel von Kaserne zu Kaserne, kostet so ein Auftritt wenig Überwindung. Während des Kriegsrechts mußten sich die „Künstler" vorwerfen lassen, sie seien Kolaborateure des Regimes. Das sagt heute niemand mehr. Aber die Verherrlichung des Militärs wird weiter kritisiert. Hier werden der Krieg und das Sterben, der Nationalismus und das Soldatenlos besungen. Das erscheint als ein Relikt der dreißiger Jahre.

Aber diese Kritik wird nur in Gesprächen geäußert. Sie ist kein Thema für die Zeitungen, auch wenn darin vieles unerwartet offen debattiert werden kann. Das Festival lohnt offensichtlich den Kampf mit der Zensur nicht. Es ist eine althergebrachte Institution, etwa zwanzig Jahre alt, und gehört zum Sommerleben an der Ostseeküste wie die Regentage. Die daran heute noch ihre Freude haben, will man nicht um einen billigen Spaß bringen, sagen die Intellektuellen. Kolberg bietet ohnehin nicht viel. Die Urlauber verbringen ihre Ferientage in kleinen Pensionen oder dürftigen und engen Bungalows von Fabrik oder Behörde, ihren Arbeitsplätzen daheim. Und Abends, wenn man Sonne getankt hat, aber der Tag noch nicht zu Ende ist, dann täten Vergnügungen gut. Aber es gibt nur wenige Kinos, wenige Tanzbars, und diese sind oft grau und griesgrämig. In den Kneipen gibt es manchmal kein Bier mehr, oder es wird nach sechs Uhr nachmittags nicht mehr ausgeschenkt. Verliebte mögen sich Hand in Hand am Strand ergehen, aber die übrigen? So nimmt man vieles in Kauf und geht zum Festival.

In dieser Gegend liegt auch viel Militär; immer dort, wo der Strand am schönsten zu sein scheint, verbirgt sich hinter den Dünen oder der Steilküste ein Gitter, ein Zaun und schirmt ein weiteres militärisches Gelände ab. In frühere deutsche Gutshöfe sind jetzt zuweilen Stäbe von Marine, Heer oder Luftwaffe eingezogen. Von hier kommen die Soldaten ins Amphitheater. Womöglich werden sie zu so einem Stadtgang abkommandiert. Das ist schon große Gunst. In ihren ersten Monaten dürfen Rekruten nämlich gar nicht aus der Kaserne. Und während ihrer gesamten zweijährigen Wehrdienstzeit sind sie meist und absichtlich besonders weit von ihrer Heimat weg stationiert. Ihr Leben soll vollends vom Dienstherrn kontrolliert und bestimmt werden. Den Rekruten vom Land, denen die Welt noch nicht viel gezeigt hat außer vielleicht ihren väterlichen Hütten und dem weiteren Land ihrer Heimat, mag diese Glitzerwelt schon vorkommen wie Las Vegas oder Hollywood. Die Kolberger haben sich an den Klamauk jeden Sommer gewöhnt. Und nur noch ein paar Unentwegte stehen an der Glastür zum Hotel, vergleichen die Gesichter der Hotelgäste mit den Porträts im

Programmheft und bitten „Verdächtige“ hin und wieder um ein Autogramm.

Der polnische Nationalismus, die Verherrlichung vergangener Kämpfe von Tannenberg 1410 bis zum „Wunder an der Weichsel“ 1920 sind der Nährboden dieses Festivals. Der Soldat der Vergangenheit genießt hohes Ansehen in Polens Kultur. Das Fest von Kolberg, es wurde mit Absicht in diese ehemals deutsche Stadt gelegt, steht so in einer Tradition, die älter ist als die Volksrepublik. Die kommunistische Regierung nutzt diese Neigung der Polen für sich aus. Da werden nicht alte Soldatenlieder gesungen oder Tanzspiele in alten Uniformen. Für Kolberg wird jedes Jahr zum Lobe der sozialistischen Armee neu komponiert. In Uniformen gepackte Ballettänzer oder Soldaten - als Tänzer getarnt - lernen alljährlich neue Schritte und Formationen. Kolberg ist ein Teil des Propagandaspiels mit der öffentlichen Meinung, und dabei durchaus in seinen Absichten beschränkt. Die Organisatoren wissen von der Kritik. Sie geben teilweise die Peinlichkeit dieser Veranstaltung zu. Aber die Masse, die Lehrlinge, die Mädchen in den Großküchen oder die Arbeiter in den Fabriken, die sich schon mit ein bißchen Glanz zufrieden geben, die will man gewinnen.

Eine große Portion Sex spielt da auch seine Rolle. In einem sozialistisch-prüden Land wirken allerdings schon Andeutungen von Lüsternheit geil und reichlich primitiv. Den Soldaten mag es erfreuen, wenn er einmal in den Mittelpunkt des „kulturellen Geschehens“ gerückt wird; denn allabendlich wird das Festival vom Fernsehen zu den Leuten nach Hause gebracht. Aber diese Lieder bauen nicht die Brücke vom Kasernenalltag zu der Familie daheim, sie verbinden nicht das uniformierte mit dem zivilen Leben, sondern sie trennen. Die Soldaten-Idylle vom Alltag in den Kasernen und die makabren Anspielungen auf Krieg und Tod haben mit dem Rekrutenlos nichts gemein. Deshalb sind auf den Zuschauerrängen im Amphitheater von Kolberg auch die Soldaten oft merkwürdig still. Nur wer schon vorher einen Wodka oder zwei getrunken hat, scheint von Skrupeln frei und schunkelt mit. Wann ist eigentlich Propaganda in einem sozialistischen Land erfolgreich? Wahrscheinlich braucht sie nicht die Menschen einzufangen oder mitzureißen. Es gibt weder Wahlen noch Wehrdienstverweigerung. Aber auch die Propaganda hat ihren Plan zu erfüllen. Der sieht in Kolberg ein mehrtägiges Abendprogramm vor. Thema: der polnische Soldat im Sozialismus kämpft für eine gute Sache. Da die Argumente dafür ziemlich verbraucht sind, soll das Kriegerleben idealisiert werden. So werden aus Uniformen Disco-Kleider und Waffen erscheinen wie Mikrophone. In diesem Sinne ist Kolberg alljährlich ein Erfolg.

Zum Beispiel Weihnachten

Sind das in diesem Jahr „normale“ Weihnachtstage? Schon 1985 schien Polen wieder in Ruhe zu feiern, wenn auch gedämpft und ohne viel Hoffnung. Aber die Jahre der Erregung waren vorüber. Vor allem das Weihnachten der Trostlosigkeit: 1981. Damals brannten zuweilen in den Feldzelten der Soldaten die Weihnachtskerzen. Das Militär lagerte an den Stadtausgängen, an den Brücken. Soldaten schoben Wache oder mußten in den Kasernen bleiben. Die Dienstpflicht wurde verlängert. Heim kamen die wenigsten. Das Kriegsrecht hatte einige tausend Frauen und Männer in Lager interniert und von ihren Familien getrennt. Da wurden dann die Weihnachtslieder, die Koledy, (Kolendy gesprochen) in Zellen und Gemeinschaftsräumen gesungen. Zu Hause brach manche Familie vom Vater getrennt die Oblate. So war es Weihnachten 1981. Im Dezember 1982 wurde das Kriegsrecht teilweise suspendiert. Doch die Sondervorschriften für „militarisierte“ Betriebe blieben in Kraft, so daß die Kirche eine Rückkehr zur Berufsfreiheit anmahnte und die Ausbeutung der Menschen in Gruben und Hütten kritisierte. Ein Jahr später war in der Politik vom Kriegsrecht kaum mehr die Rede. Regierungssprecher Urban würdigte die Weihnachtsbotschaft des Primas, der die gesamte Nation zur Versöhnung aufgerufen und zugesichert hatte, man werde die Priester davor warnen, sich mit Politik zu beschäftigen.

Gleichzeitig teilte Urban an jenem Tag vor Weihnachten 1983 mit, man habe bei dem kürzlich festgenommenen Kaplan Popieluszko außer Flugblättern, Matrizen und Druckfarben auch eine „gewisse Menge“ Sprengstoff, Munition und Tränengas gefunden. Gegen den Priester werde wegen illegalen Waffen- und Munitions-Besitzes ermittelt und wegen des Aufrufs zur Unruhe. Das ansonsten so ruhig begonnene Jahr 1984 verkehrte sich dann in Wochen der Sorge und Trauer um diesen Geistlichen, als ihn Sicherheitsbeamte Mitte Oktober entführten und brutal ermordeten. Die Weihnachtskrippe in seiner Kirche zeigte später ein Jesuskind auf Heu und geknebelt im Kofferraum eines Wagens liegend, wie ihn die Entführer benutzt hatten. Das Jahr 1985 begann mit dem Prozeß gegen die Mörder, dem ersten Prozeß dieser Art in Polens Nachkriegsgeschichte. Gleichzeitig wurde das Ende der „Normalisierung“ eingeläutet, als im Oktober – genau ein Jahr nach der Popieluszko-Entführung – zur Wahl eines neuen Sejm aufgerufen wurde. Damit sollte die Phase von „Chaos und Kriegsrecht" endlich abgeschlossen sein. Das neue Parlament bestellte eine neue Regierung. In einer Begnadigungsaktion wurden bis auf gut 150 politische Gefangene alle Oppositionellen auf freien Fuß gesetzt. Der X. Parteitag der Polnischen Vereinigten Arbeiterpartei Juni/Juli 1986 wurde dann noch einmal zum Anlaß für eine Art Amnestie, die 13. Aktion dieser Art. – Ist nicht auch dies ein Grund für normale Weihnachten?

Primas Kardinal Glemp ruft wie immer zum inneren Frieden und zur Versöhnung auf. Sonst spricht er vor allem über Religion. Die Regierung hält sich an Weihnachten meist mit großen Erklärungen zurück. Auch das ist normal. In den Geschäften gibt es Karpfen, die zuweilen dort noch in Badewannen ihre letzten Runden schwimmen. Das traditionelle Menu-Programm der polnischen Familie, das vor allem Fischgerichte kennt, die Rote-Rüben-Suppe, Pilze, Waffeln, Leb- und Mohn-Kuchen, insgesamt nach der Zahl der Apostel zwölf Gerichte, wird sich herrichten lassen. Aber das war auch im härtesten Winter 1981 so. Da standen allerdings die Familienväter, Mütter und Kinder wohl eine halbe Nacht und bis in den Nachmittag hinein vor geschlossenen Geschäften, um für Heiligabend einen Karpfen und doch noch Schokolade kaufen zu können; diesmal nicht Fleisch. Das verbietet der katholische Fastenbrauch. Fleisch ist übrigens 1987 noch die letzte Ware, die immer teurer wird und noch immer auf Marken erhältlich ist. Die Preise sind ins Unermeßliche gestiegen. 1982 kostete ein mittelgroßer Weihnachtsbaum noch knapp 1000 Zloty. Nun sind für die gleiche Tanne etwa 2800 Zloty zu zahlen, weit mehr als ein Zehntel des Monatsgehalts. Aber eher macht man Schulden, als auf Karpfen und Grün zu verzichten. Über die Jahre ist auch in Polen die Lust an den Konsumgütern übermächtig geworden. Der „Konsum-Terror" rast auch hier, obwohl es auf den ersten Blick so viel weniger zu kaufen gibt. Irgendwie ist dann aber doch alles erhältlich, nur schwieriger, teurer und oft ausschließlich für Reiche. Wer's nicht lassen kann, kauft auf den wenig weihnachtlichen aber sehr geschäftigen Sonntagsmärkten eine Heim-Computer samt joy-stick.

Erster Programmpunkt an Heiligabend ist das Essen. Das kann schon beginnen, wenn der Abendstern sichtbar wird. Um vier wirds dunkel. Vor Zeiten soll die Hausfrau noch etwas Heu unter die Tischdecke gelegt haben. Und wer von den jungen Leuten am Tisch einen grünen Halm zog, dem versprach es Glück in der Liebe oder sogar die Hochzeit. Das ist kein verbreiteter Brauch mehr. Aber die Oblate wird noch immer gebrochen. Jeder teilt sie mit jedem. Man vergibt so seinem Nächsten begangene Schuld. Polen und ihre Freunde in aller Welt denken an diejenigen zu Haus. Das Essen wird nur durch die Ungeduld der Kinder begrenzt, die auf Bescherung drängen. Denn um elf Uhr abends ist schon Christmette. Die Kirchen sind in Polen immer gefüllt. Aber am 24. Dezember sind sie es erst recht. Dann konzentriert sich die Andacht um eine Krippe, die sich entweder vorn am Altar oder in einem Seitenschiff befindet. Noch 1984 war nicht nur in Popieluszkos Kirche eine Krippe mit politischem Touch aufgebaut. Anderswo sahen die Kirchgänger den gefesselten polnischen Adler über dem Jesuskind oder politische Häftlinge, die vor der Heiligen Familie knieten. Seit 1985 sind die Krippen jedoch meist wieder religiös bestimmt, aber auch und weiterhin national. Weiß-rote Fahnen sieht man häufig. Den Kindern ist allerdings die Krippe in der Kapuziner-Kirche am liebsten. Dort bewundern sie in der Sakristei ein riesiges Krippenspiel mit fahrenden Eisenbahnen und winkenden Menschen. Irgendwo fast verborgen liegt auch das Christuskind in seiner Strohkiepe.

Von „Sieg und Freude" für die Menschheit singt Irena Santor in einem Weihnachtslied, das Jan Zalewski 1985 dichtete. Aber es ist doch mehr Beklemmung in den Texten. Der Dezember hat in Polen seit 1981 einen besonderen Ruf. Die Sängerin wundert sich, wie das Christkind in so trüber Dezemberzeit auf die Welt kommen kann. „Du bist noch so klein wie ein Brotkrümel und schon weißt Du, was das heißt – Dezemberzeit, denn Du weinst immer wieder ... Aber Du weinst mit uns." Und im nächsten Lied fragt sie sich, was Polen denn dem Christkind statt Weihrauch und Myrrhen schenken könne: Tränen der Freude und der Bitterkeit, „eine leere Tasche, reine Herzen und die ungewisse Zukunft". In einem weiteren Text dieselbe Frage: „Was könnten wir Dir bringen, stumpf vor Gram: ein Bezugskärtchen für Butter und eine kleine Handvoll Zucker. Und die Reicheren brächten Dir wohl etwas von dem – schon an sie – gespendeten Öl." Zalewski greift ein Ur-Thema auf: „Wir sind weder aus Salz noch aus frischgepflügter Erde – sondern aus Sklaverei. Die zaristische Peitsche und der preußische Riemen schmerzen noch immer. Wir sind nicht aus Angst oder Trauer. Wir sind aus dem Gedenken des Widerstands gegen die Feinde. Kein Unglück kann uns noch brechen. Kein Dezember wird uns verändern. Dir, Jesus werden wir uns vollends hingeben, damit Du uns wie Deine Untertanen führst – aus der Sklaverei."

Wehmut. Gehört sie zur Normalität in Polen? Auch die anderen alten Koledy der Polen sind nicht nur heiter. Stets finden sich Takte der Rührseligkeit und Trauer darin. Chopins Scherzo in G-moll wird in vielen polnischen Familien als Weihnachtsmusik gehört und erinnert doch nur an das Heimweh des Emigranten. Aber diese generelle Neigung zur Wehmut hat ihre aktuellen Bezüge. 1985 hatte Polen zwar ein neues Parlament und eine neue Regierung beschert, aber keine neue Politik. Der Schock des Kriegsrechts, in dem die Wirtschaftsreform hätte durchgesetzt werden können, ist ungenutzt vergangen. Daran hat sich auch 1986 nach dem X. Parteitag nichts geändert. Die Arbeitsmoral - das Grundübel der lahmenden Wirtschaft - hat sich nicht verbessert. Schuften für Zloty lohnt sich nicht. Und wenn das Arbeitsleben weder Gewinn noch Freude bringt, dann erlahmen die Kräfte, der Einsatz und die geistige Spannkraft. Immer mehr Polen flüchten sich in Alkohol, Zigaretten und Rauschgift. In den Betrieben stehen Maschinen still. Viele Unternehmen produzieren rote Zahlen und vergiften Luft, Erde und Wasser. Aber dennoch setzt die Regierung, Premier Zbigniew Messner hat es auf dem X. Parteitag nochmals bestätigt, ihre Konzentrationspolitik zumindest bis 1990 fort. Sie fördert vor allem die Schwerindustrie, obwohl doch Konsumgüter und Waren der Leichtindustrie Absatz im Westen finden könnten und damit Devisen für Polen erbrächten.

Weihnachten ist stets ein Anlaß, um die Kirchenpolitik des Staates abzuschätzen. Es gibt zwar weiterhin den Dialog zwischen Staat und Kirche. Er ist fest verankert, bricht nicht ab. Aber er bringt wenig Früchte. Es kommt auch nicht zur Arbeit des Landwirtschaftsfonds der Kirche, damit den privaten Bauern und Handwerkern in den Dörfern geholfen werden kann. Vom öffentlich-rechtlichen Status der Kirche wird zwar gesprochen. Aber die Kurie ist daran nur interessiert, wenn sie danach nicht schlechter dasteht als vorher. Regelmäßig geht es um Sonderrechte für politische Häftlinge in den Gefängnissen, immer wieder um Kruzifixe in den Schulen. 1986 begann aber auch die Auseinandersetzung um einen neuen „Religionskunde-Unterricht", der den Schülern als einzig vernünftige Philosophie die „wissenschaftliche Weltanschauung" einprägen will, nachdem die Religionen in großer Parteilichkeit behandelt wurden. Es sei unannehmbar, daß im gesellschaftlichen Leben nur der Atheismus einen Platz habe und Gläubige in einem vorwiegend katholischen Land zu Bürgern zweiter Klasse gemacht würden, hieß es in einem Kommunique der Bischofskonferenz. Der Dialog zwischen Staat und Kirche kreiste 1986 um den dritten Besuch von Papst Johannes Paul II., der zum Polnischen Eucharistischen Kongreß im Juni 1987 wieder in Polen erwartet wurde.

In Staat und Partei hat man sich noch immer nicht damit abgefunden, daß die Idee der „Solidarität" weiterlebt, daß Freiheitssehnen nicht unterdrückbar ist und daß man die öffentliche Meinung nicht mehr lenken kann wie in den Zeiten des Stalinismus. In den Büros der Bonzen liegen noch immer die „Speziellen Bulletins", die vollständige Nachrichtenüberblicke und Pressestimmen des Westens enthalten. Der polnische Rundfunk und die Zeitungen für den Normalbürger werden zensiert, während gleichzeitig mehrere Rundfunksender des Westens ein reiches Bild der Wirklichkeit in alle Bürgerstuben ausstrahlen. Das ist einer von vielen Anachronismen, der die Polen darin bestärkt, daß Partei und Regierung das Volk nicht ernst nehmen. Gleichzeitig treten die Funktionäre wieder so selbstgerecht wie vor den Monaten der „Solidarität" auf. Das Kriegsrecht bot nach dem ersten Schock die Handhabe zu einer Öffnung gegenüber der Gesellschaft. Aber entsprechende Schritte blieben Gesten. Immer wieder wird bis heute offen über ein „Zentrum" debattiert. Die Staatsspitze sollte eine Gruppe von gesellschaftlich-staatlichen Vertretern zusammenbringen, die die gesamte Nation vertreten können. Dieser Kreis sollte die Grundprobleme der Nation beraten und der Regierung Vorschläge machen. Doch Staatspräsident Jaruzelski winkt ab, geht nur halbe Schritte in diese Richtung.

Weihnachten ist das Fest der Vergebung. In vielen polnischen Familien wird die Oblate von einem Mann gebrochen, der in der Partei oder im Heer treu zur Regierung steht, während seine Frau und die Kinder anders denken. Der Westen hat im letzten Jahr signalisiert, daß er Polens Regierung wieder den Weg aufs internationale Parkett öffnen wolle. Diese Führung habe es allemal mehr verdient als die Herren in Sofia oder Bukarest, denen die Minister der freien Welt freigiebig Geschenke machen. Im Frühsommer 1986 wurde Warschau in den Internationalen Währungsfonds (IWF) aufgenommen. Aber der Umgang mit Polen ist schwierig. Manche Regierungen im Westen, die sich vor fünf Jahren über das Kriegsrecht grenzenlos entsetzt gerierten, tun nun so, als sei mittlerweile Arbeiterführer Walesa an der Regierung und alles im Lot. Andere verwechseln den mittleren Kurs der Warschauer Führung mit dem Spätstalinismus in Bulgarien und Rumänien. Mit jenen Ländern wird verhandelt, mit Polen aber nicht. Washington hat weiterhin keinen Botschafter in Warschau.

Polen bleibt 1986 ein Land, wo außer Partei und Regierung und neben der Kirche eine mitteleuropäische Gesellschaft aktiv ist mit öffentlicher Meinung und starkem Selbstverständnis. Zwischen Danzig und Krakau wirken nicht nur ein paar Dissidenten, sondern da lebt eine durch ihre Geschichte politisierte zentraleuropäische Nation. Das ist normal. Und normal ist auch ihr Wunsch, gemäß jener Strophe des Zalewski-Liedes aus der Sklaverei geführt zu werden.

Am Ende – doch nicht hoffnungslos

Der alte polnische Journalistenkollege, er schreibt lieber über Amerika oder die Bundesrepublik als über die Innenpolitik, ist enttäuscht. Wieder gehe eine dieser wöchentlichen Konferenzen mit Regierungssprecher Urban vorüber. „Und ihr habt nur dämliche Fragen gestellt. Ob so ein Oppositioneller in Untersuchungshaft geschlagen wurde oder nicht. Das passiert nun einmal, in jedem Staat – auch bei Euch. Doch die für Polen wirklich wichtigen Fragen kamen nicht dran." Der weise Herr, dem die Regierungszeitung „Rzeczpospolita" jede Menge Blei zur Verfügung stellt, wendet sich ab und bestellt Kaffee.

Die Frage nach dem wirklich Wichtigen bleibt unbeantwortet. Läßt sich das Wesentliche aus den polnischen Zeitungen, aus „Rzeczpospolita" zum Beispiel, entnehmen? Oder was ist das wichtigste Thema für die Leute auf der Straße? Der pluralistische Blätterwald im Westen hält Sozial- und Wirtschaftspolitik für vorrangig. Zumindest in groben Umrissen sieht der Bürger der Bundesrepublik, daß es einen Zusammenhang gibt zwischen seiner Arbeit, seinen Steuern und den Leistungen der öffentlichen Hand an ihn zurück. So ein Zusammenhang würde wohl in Polen geleugnet werden. Seit die Presse liberaler geworden ist, also seit den 16 Monaten der „Solidarität", deckt sie Mißstände der Verwaltung auf. Selbst Gesetzesübertretungen von Milizionären werden nicht mehr verschwiegen. Im Fernsehen, wo früher nur sozialistische Errungenschaften bejubelt wurden, werden nun bisweilen staatliche Wohnungsbaufirmen vorgeführt, die schlampige Arbeiten verrichteten oder Energieunternehmen, bei denen die Kohle einfror.

Doch die Zusammenhänge zwischen solchen Störungen („Avaria") und dem System werden geleugnet. Es wird so zum Tabu, daß die sozialistische Wirtschaft es nicht schafft, die Absichten und Wünsche des einzelnen mit den Zielen des Systems in Einklang zu bringen. Hohe Leistung fürs Gemeinwohl bringt nicht Gewinn. Das private Handwerk macht reich. Ohne diese „private Nische" in Handel und Gewerbe aber würden Verbraucherwünsche nicht erfüllt, wäre das System geschwächt, das doch den Kapitalismus ausmerzen wollte. Die Debatte über den Sozialismus wird in Rundfunk und Presse nicht geführt. Die Journalisten schreiben also am Kern der Geschichte vorbei. Das Wichtigste bleibt unveröffentlicht. Und dennoch kommen Tag für Tag Verordnungen aus Ämtern und Ministerien, die das tägliche Leben prägen, die also keineswegs unwichtig sind. Aber wie sie entstehen, der Entscheidungsprozeß, ist undurchsichtig.

Doch vor allem authentische Erfahrung macht für den einzelnen die Dinge wichtig. Weil der Pole noch immer glaubt, daß seine polnischen Zeitungen lügen, - obwohl die Zensur keineswegs mehr die Presse am straffen Zügel führt -, nehmen das Erlebte und das Erzählte den Raum ein, der anderswo der veröffentlichten Meinung gebührt. In Oberschlesien wurde ein Werksdirektor gefeuert, weil er schmutzige Abwässer in den Fluß leitete. Ehe es in der Zeitung zu lesen ist, hat es sich herumgesprochen. Sorgenvoll habe Primas Glemp an Staatschef Jaruzelski geschrieben, und noch sei nicht geantwortet worden. Beschwerden von Kollegen an der Polnischen Akademie der Wissenschaften über die fristlose Kündigung eines politisch Streitbaren hätten zu hitzigen Debatten in der Partei geführt. Ein führender Miliz-General habe Selbstmord verübt. Solches und mehr wird debattiert. Einer hats vom andern. Niemand kanns belegen. Aber aus diesen Wahrheiten, Halbwahrheiten und Gerüchten speist sich eine öffentliche Meinung, die in keinem anderen Land des Warschauer Pakts so stark ist wie in Polen.

Dieser Umstand sollte dazu führen, daß Polen nicht als ein Land des monolithischen Ostblocks gesehen wird. Natürlich gehört die Volksrepublik Polen zum Warschauer Pakt. Sie ist militärisch und wirtschaftlich unzerreißbar eingebunden ins Netz der Staaten, die Moskau verpflichtet sind. Aber diese Zwänge verzurren nicht auch noch Polens Gesellschaft. Diese hat den Zugang zu westlichen Zeitungen. Sie hört westlichen Rundfunk. Jeder Pole kann ungestört seine Meinung sagen, solange er nicht das Staatsoberhaupt verunglimpft. Jeder kann ätzend scharf Kritik üben; nur veröffentlichen darf er das nicht. Wenn auch unter Vorbehalt: der Pole kann sich frei im Land bewegen, und Hunderttausende reisen jährlich auch ins Ausland, nach Ost und West. Mit Neid blicken DDR-Bürger auf die polnischen Kleinwagen, die bei Frankfurt über die Oder zuckeln, um sich dann ungehindert gen Hannover durchzuschlagen.

Polen gehört nicht zum Ostblock, sollte es den überhaupt noch geben, mit seinen monolithischen Gesellschaften und der Staatskontrolle, weil in diesem Land eine öffentliche Meinung wirkt, die zwar nicht das System abwählen - aber jederzeit ablehnen kann. Neben vielen nicht offiziellen Kräften ist die katholische Kirche institutionalisierte Opposition. Zwar arrangiert man sich. Priester und Parteiführer liegen nicht dauernd im Kampf, auch wenn fast ständig um den Religionsunterricht oder um Kruzifixe in öffentlichen Gebäuden gestritten wird. Aber zwischen Staat und Kirche muß seit der Entlassung von Primas Wyszynski aus stalinistischer Internierung 1956 stets von neuem ein mobiles Gleichgewicht austariert werden. Die Zeiten, in denen der Staat versuchte, die Kirche zu unterjochen, sind vorbei. Jetzt biedern sich die Staatslenker sogar zuweilen an, damit sie vorm Volke sagen können: so schlimm sind wir gar nicht. Ihr seht doch, Papst und Primas achten uns.

Die Phase der „Solidarität" hat dies verstärkt. Und das Kriegsrecht hat davon nichts zurückgenommen. Deutliches und nicht zu unterschätzendes Zeichen dafür ist der Sonntagsgottesdienst, den der Rundfunk direkt überträgt. Für die Kirche aber wurden die Monate der Gewerkschaft zu einer Herausforderung mit Konsequenzen. Die Gesellschaft war in einem solchen Maße politisiert und mobilisiert, daß religiöse Werte offen an den Rand des gesellschaftlichen Denkens gedrängt wurden. Plötzlich war kirchlicher Schutz für Oppositionelle nicht mehr nötig. Jene Dissidenten aus der kommunistischen Jugendbewegung, die sich in der zweiten Hälfte der siebziger Jahre unter ihren Schirm begeben hatten, brauchten diesen Schutz nicht mehr. Die gesellschaftliche Debatte wurde zwischen Partei und Opposition direkt geführt. Während der Streiks und Gewalttätigkeiten rief die Kirche zur Mäßigung auf, aber diese Worte gingen nicht so zu Herzen, wie das der Klerus gehofft hatte. Später wurde der Primas in diesem Konflikt zwar als abgehobener Mittler gesucht, er brachte Jaruzelski und Walesa an einen Tisch; aber gerade das zeigte, daß sich die Kirche inzwischen von ihren Gläubigen entfernt hatte. Die gehörten zum Lager der Gewerkschaft.

In der zweiten Phase der „Solidarität" wurden die radikalen Kräfte stärker. Walesa hatte nur noch die Hälfte der Gewerkschafter hinter sich. Die anderen waren weniger christlich als sozialistisch geprägt. Allmählich wurden die Kirchen leerer. Zu dem Hochgefühl von Freiheit schien das demütige Gebet am Sonntag nicht zu passen. Der „junge" Primas Glemp hatte auch noch nicht die Autorität seines Vorgängers. Und dazu kam noch, daß die gerade geweihten Kaplane zwar gehorsam, aber doch reichlich politisiert waren, also lieber mitdemonstrierten als die Hostie brachen. Zwei Auswege boten sich. Die Kirche konnte sich vollends aus dem gesellschaftlichen Leben zurückziehen. Sie würde sich dann nicht mehr einmischen in die Konflikte des Tages, sondern die Jugend im Kommunionunterricht und die Erwachsenen in der Kirche zu mehr Religiösität anhalten. Der andere Weg führte zu mehr Engagement vor den Kirchen und in der Gesellschaft.

Das Hilfsprojekt für die private Landwirtschaft und die Handwerker in den Dörfern entsprach diesem zweiten Weg. Die Kirche der Volksrepublik durfte bisher sozial nur in der Altenarbeit tätig sein. Die Caritas, Krankenhäuser und Kinderheime wurden ihr nach 1945 entrissen. Die Landwirtschaftsstiftung hätte eine neue Situation geschaffen. Westliche Gelder sollten von einer kirchlichen Stiftung gesammelt und betreut werden. Meist hätten die geförderten Projekte im Wettbewerb zu Staatsbetrieben gestanden. Hätte der Staat sofort zugestimmt, wäre das Unternehmen angelaufen - aber womöglich mißlungen, dann würde Polens Primas kritisiert worden sein, sich staatliche Aufgaben angemaßt, jedoch versagt zu haben. Die Landwirtschaftsstiftung der Kirche wäre mit denselben Maßstäben kritisierbar geworden wie staatliche Genossenschaften. Das war eine Gefahr.

Mutmaßlich waren deshalb viele Kleriker zufrieden, als sich der Staat - unter anderm durch schmalen Geldfluß gezwungen - nicht zu einer raschen Entscheidung gedrängt sah. Zwar entstand schnell ein Gesetz über Stiftungen, aber die Regierung wollte der Kirche die Autonomie bei der Entscheidung über die Projekte nicht zuerkennen. Als die Diskussion versandete, mit Terminen gespielt und nichts mehr entschieden wurde, war die Geduld des Primas plötzlich erschöpft. Das Projekt wurde fürs erste abgeblasen. Schon während der drei Verhandlungsjahre schlug die Kirche zunehmend den zweiten Weg ein: Die polnischen Priester sahen die Zeit kommunistischer Parteiherrschaft stets als kurze Phase in einer jahrhundertelangen Geschichte an. Man muß sich arrangieren, innerlich festigen und das Volk kräftigen für die Zeit danach. Polen soll ein katholisches Land bleiben. Die Gesellschaft muß religiöser werden, um gegen Politisierungen gefeit zu sein.

Der priesterliche Kampf richtet sich jetzt verstärkt gegen Abtreibung und Rauschgifte. Die Menschen sollen vor Brutalisierung bewahrt werden. Würde es zu einem neuen Ausbruch der Gesellschaft kommen, soll drohendes Blutvergießen verhindert werden. Ebenso wichtig ist aber auch die Förderung des Ethos der Arbeit. Wo Leistung nicht richtig gewürdigt wird, muß der Priester den Wert der Arbeit hochhalten. Diese Schlußfolgerung zog die Kirche aus den Monaten der „Solidarität“. Gleichzeitig rückte sie merklich von gesellschaftlichen Kräften der Opposition ab, die aus der sozialdemokratischen oder sozialistischen Richtung kamen. Die Unvereinbarkeit von Christlichkeit und Marxismus hatte sich nebenbei in der Umbruchsphase deutlich gezeigt.

Es waren nur wenige; aber die Marxisten, die in jenen Monaten hofften, sie könnten die PVAP zu Reformen veranlassen, wurden rasch enttäuscht. Die Parteiführung schien interesselos, oder aber sie fühlte sich so bedroht, daß sie sich selbst noch vor diesen Kräften abschirmte. Das bekannteste Beispiel ist Adam Schaff, ein Euro-Kommunist, der halb in Wien und halb in Warschau lebt und als unorthodoxer Denker geschätzt wird. Ihn stieß man nach Verhängung des Kriegsrechts aus der Partei. Dabei war er sogar bereit, die Militarisierung der Gesellschaft nach dem 13. Dezember 1981 mitzutragen. Die PVAP zeigte sich also auch noch unfähig, mit ihr symphatisierende Kräfte zu integrieren. Ein Massenaustritt begann. Weil für die Karriere die Mitgliedschaft vollends erläßlich wurde, trat zumal die technische Intelligenz aus. „Karteileichen" sahen sich ermuntert, wenigstens für die Rücksendung des Parteibuchs „aufzuerstehen".

So wurde die PVAP zu einer isolierten Minderheit in der Gesellschaft. Abgeschottet. Sie wirkte in den Monaten der „Solidarität" nicht mehr als authentische gesellschaftliche Kraft. In den Betrieben hatte sie kaum mehr etwas zu sagen. In der Auseinandersetzung um Löhne, Arbeitsplatzsicherheit, Preiserhöhungen schwieg sie, und es protestierte und stritt die Gewerkschaft. Dort, wo staatliche Logistik zusammenbrach, die Waren nicht mehr zum Konsumenten gelangten, sprang „Solidarität" ein. In den Hochschulen war die PVAP die verachtete Sekte der Unzeitgemäßen. Selbst in der Presse wandelten sich bisher loyale Journalisten in Streiter für „Solidarität". Der gesamte Propaganda-Apparat brach zusammen.

Wäre die Partei stärker gewesen, hätte sie Funktionen der Gesellschaft für sich bewahren können, in die nun – wie in ein Vakuum – die „Solidarität" eindrang. Die Gewerkschaft konnte sich ausdehnen; sie konnte – in einem sozialistischen System auch originär der Partei zudiktierte – Gebiete an sich reißen, so daß sie vollends unkontrollierbar das gesellschaftliche Leben durchblutete. Die Gewerkschaft war jung. Begeisterte suchten hier nach Freiheit und Bestätigung. Da wuchsen Kräfte und Gegensätze heran, die sich wie in jeder Revolution nicht im Zaume halten ließen. Das bedrohte die Gewerkschaft selbst. Die Stärkung der „Extremisten" bot dann auch dem Parteichef das Argument, das Kriegsrecht auszurufen.

Ein Bürgerkrieg hatte nie gedroht. „Solidarität" hatte keine Waffen. Die Furcht des Westens, Jaruzelski habe einem Einmarsch der Truppen des Warschauer Paktes zuvorkommen wollen, läßt sich auch nicht belegen. Die wirtschaftlich-militärischen Verflechtungen boten der Sowjetunion ohnedies ungezählte Möglichkeiten der Einflußnahme; billigere als den teuren Eingriff, der mit einem machtvollen gesellschaftlichen Widerstand, mit Blutvergießen zu rechnen hatte. Schon im März 1981 war wohl die „Option Einmarsch“ im Kreml zu den Akten gelegt worden. Gewiß auch, weil Warschau versicherte, man werde schon allein mit der „Konterrevolution“ fertig werden.

Die polnische Regierung hatte schon über Monate die Kompromißbereitschaft der gegnerischen Seite getestet, rückte immer mehr ab von ihren Zugeständnissen in den Vereinbarungen von Danzig, Stettin und Jastrzebie aus dem Herbst 1980. Es waren aber kaum politische Mittel, die sich der „Solidarität“ entgegensetzen ließen. Die Führung mußte zu Tricks und physischem Druck greifen. Miliz und Sicherheitsdienst wurden aktiv - niemals die Partei. Während die Parteiführung noch mit Walesa verhandelte, wurden anderenorts Walesa-Anhänger von der Miliz festgenommen. Diese Phase des „Krieges“ zwischen Obrigkeit und Gesellschaft fand weniger zwischen den Führern statt als auf mittlerer Ebene. Den Pressionen setzte die Gesellschaft Streiks und Streikbereitschaften entgegen. Die Lage wurde für beide Führungen unkontrollierbar.

Wäre die Partei als politische Kraft einsetzbar und wirksam gewesen, vielleicht hätte Jaruzelski nicht zum Kriegsrecht greifen müssen. Aber gerade die Impotenz der PVAP stärkte „Solidarität“; und so mußte schließlich die „Solidarität“ geschlagen werden, weil die Partei so schwach war. Das Vakuum, das die Partei hinterlassen und „Solidarität“ wirr gefüllt hatte, wurde nun vom Militär kontrolliert. Selbst der Nachrichtensprecher im Fernsehen trug nun Uniform. Das gesellschaftliche Netz der „Solidarität“ wurde recht schnell zerstört, die Führer isoliert. Am längsten hielt das Netz in großen Betrieben. Dort existiert es bisweilen noch immer. Mitgliedsbeiträge werden gezahlt, soziale Härtefälle ausgeglichen. Die Miliz hat es aufgegeben, hier rigide durchzugreifen. Der Nimbus von „Solidarität“ aber blieb erhalten. Seine Symbolkraft wurde indirekt dadurch gestärkt, daß die Obrigkeit zu einer Zeit eingriff, wo „Solidarität“ noch nicht durch innere Reibung zerschlissen war.

So wurde aus der Gewerkschaft ein Märtyrer für Freiheit und Demokratie, mittlerweile aber auch schon fast so ferne in der Vergangenheit wie manch anderer Heiliger. Diejenigen, für die „Solidarität“ zu dem Generationserlebnis wurde, sind 1988 schon fast dreißig; und die Schulkinder lernen „Solidarität“ aus dem mündlichen Geschichtsbuch ihrer Eltern kennen. Wahrscheinlich ist trotz Kriegsrecht mehr aus jener Epoche, die nur Monate währte, erhalten geblieben als gemeinhin angenommen wird. Die Regierung aber hat den Militärzustand nicht so stark genutzt, wie dies geplant war: Unter dem Schutz der Generale ließ sich die Partei nicht neu beleben. Im Gegenteil: es zeigte sich, daß man auch vollends ohne PVAP regieren kann. Und so geschieht es nun. Die Partei erfüllt nur mehr repräsentative Aufgaben im Pakt. Parteischriftsteller ihres Verbands schickten Botschaften an die nämlichen nach Moskau. Die große Wirtschaftsreform, die auf die Selbständigkeit der Betriebe und Selbstfinanzierung ausgelegt war, scheiterte schon daran, daß man zum Beispiel ein großes Hüttenwerk, das jährlich Milliarden Schulden einfährt, nicht schließen kann, da es zwar für Polen weitgehend Unnützes, weil nach Westen nicht Exportfähiges, produziert, das aber für den sowjetischen Partner unerläßlich ist.

Es gibt Konzepte der Regierung, die hoffnungsfroh stimmen, aber auf dem Weg der Verwirklichung liegen offensichtlich nur Stolpersteine. Die mehr als 30 Milliarden Dollar Schulden im Westen, knapp sieben Milliarden Rubel im Osten sind drückende Last. Die Restriktionen des Westens nach Verhängung des Kriegsrechts haben Polens Einbindung in den Comecon verstärkt, die Ökonomie damit nachhaltig geschwächt. Um das Konsumniveau zu halten, sind Zugeständnisse bei den Investitionen zu machen, die sich Polen nicht leisten kann. Die Inflation ist bei etwa 15 Prozent jährlich gerade noch kontrollierbar. Dafür ist der Schwarzmarktpreis von Devisen seit 1986 ins Wanken geraten. Innerhalb kurzer Zeit stieg die Mark von 200 auf 800 Zloty. Und das hat wieder drastische Preiserhöhungen zur Folge.

So entsteht für den Bürger eine Politik ohne erkennbare Strategie. Die Öffentlichkeit gewinnt den Eindruck, der Regierung gelinge manches nicht, weil sie in Zwängen nicht frei handeln könne. Oft gelte es zum Beispiel, gegenüber dem Partner im Osten Linientreue zu markieren. Aber dies Bild stimmt nicht. Die Ziele der Regierung in bezug auf das Erscheinungsbild der Gesellschaft unterscheiden sich keineswegs so stark von dem, was man sich in Moskau wünschen könnte. Große Differenzen gibt es allerdings in der Wirtschaft; sie betreffen unter anderem die zu geringen sowjetischen Öllieferungen oder den zu großen Export polnischer Schiffe an den Kreml, der für westliche Technologie nur mit unkonvertierbarer Münze zahlt. Für Wirtschaft aber interessieren sich die Polen nicht. Hier hat die von oben geplante Wirtschaft „erzieherisch“ gewirkt. Ökonomische Kreisläufe und Zwänge lassen den Bürger kalt. Er will immer weniger arbeiten und immer mehr fordern. In der Gesellschaftspolitik ist der polnischen Regierung daran gelegen, die Verantwortung für eine Politik der harten Hand an den Kreml abzuwälzen, auch wenn das seit dem 27. Parteitag der KPdSU Anfang 1987 immer schwieriger werden dürfte. In dem Bemühen, die Macht zu stabilisieren, wird sie sich so lange mit neuen Gesetzen

Mittel zum härteren Nachfassen verschaffen, wie fehlender Gegendruck das möglich macht.

„Wer den sozialistischen Staat anerkennt und nach seinen Gesetzen handelt, wird es nicht schwer haben“, so meinte gleich nach Verhängung des Kriegsrechts ein parteitreuer Kollege. Und wer bestimmt, was sozialistisch ist? Das geschieht in Polen per regierungsamtlicher Behauptung. Die polnische Regierung hat seit der Verhängung des Kriegsrechts versucht, ihre Macht ohne Zugeständnisse zu festigen. Administrative und rechtliche Schritte überdecken ideologische Leere. Der polnische Staat braucht keine höhere Idee. Der Verfassungsauftrag von Artikel 3, durch den die Polnische Vereinigte Arbeiterpartei führende Kraft beim Aufbau des Sozialismus sein soll, ist unerfüllbar. Je stabiler aber der Apparat ist, desto mehr kann er sich Zugeständnisse leisten. Die Reformpolitik der Sowjetunion unter Generalsekretär Gorbatschow muß für Polen nicht zwangsläufig zu Veränderungen führen. Warschau, das offizielle genauso wie die Opposition, sieht vielleicht wohlwollend aber bestimmt skeptisch nach Moskau. In der Beurteilung von „glasnost“ und „perestroika“ sind die gebrannten Nachbarn wesentlich zurückhaltender als der Westen. Man will erst einmal Taten abwarten. Auf vielen Gebieten, auch in der Wirtschaft, ist Polen der Sowjetunion voraus. Da gibt es nicht viel abzugucken. Ungewöhnlich in der bilateralen Geschichte aber ist, daß sich ein polnischer Führer, Staatsratspräsident Jaruzelski, mit einem russischen Staatslenker, dem Generalsekretär, gut zu verstehen scheint. Das Einverständnis ist nicht vorgetäuscht. Die polnische Gesellschaft straft Jaruzelski dafür auch nicht mit Verachtung. Aber sie bleibt dennoch passiv, nimmt am „öffentlichen Leben“ nicht teil. Das ist nicht nur für die Ökonomie eine Katastrophe. Es gelingt der polnischen Regierung einfach nicht, ihre Bürger zu staatsloyaler Aktivität zu bewegen. Sie kann dafür kaum Anreize schaffen. So ist die derzeitige Stärke des Apparats nur scheinbar. Eine desintegrierte Gesellschaft ist leicht zu regieren. Doch was geschieht bei einem neuen Aufbruch der Nation?

Nachwort

Dieses Buch ruft in mir Erinnerungen wach. Erinnerungen an Erlebnisse und Gespräche, die fast 50 Jahre zurückliegen, an Menschen und Schicksale, die aus dem Gedächtnis nicht zu löschen sind.

Drei polnische Teilungen haben dem Volk der Polen nicht so tiefe Wunden gerissen wie der Herrenwahn des Nationalsozialismus.

Regierungen können menschliches Leid nicht wiedergutmachen. Sollen die Wunden heilen, die im polnischen Volk immer noch bluten, müssen die Menschen wieder zueinanderfinden. Aus gegenseitiger Achtung muß wieder Vertrauen erwachsen und aus Vertrauen wieder Verständnis. Ein schwerer, ein langer Weg.

Dieses Buch ist ein Baustein auf diesem Wege. Ich wünsche ihm deshalb viele Leser, vor allem aus der jungen Generation.

Berthold Beitz

Bildnachweis

P. Glados (1)
M. Glinicki (3)
J. Kozínska (2)
W. Krassowski (2)
W. Kuliński (1)
W. Lemm (2)
M. Osiecki (1)
K. Pawela (40)

Schutzumschlag-Bild

Focus, Photo- und Presse-
agentur GmbH, Hamburg